台灣工藝地圖

林明德◎主編

晨星出版

重現民間工藝的風華

中華民俗藝術基金會執行長

林明德

■ 多族群的文化台灣

台灣之名，文獻不詳，稱謂也紛歧，或琉球、或東番、或台員、或大員、或台灣……，不一而足。

明神宗萬曆初，葡萄牙人航經台灣，望見島嶼「山嶽如畫，樹木青蔥」，驚嘆稱為「Ilha Formosa」──美麗之島，（葡語的 Ilha 是「島」，Formosa 為「美麗的」之意）。從此台灣以 Formosa 之名出現於世界地圖上。

四百年來，荷蘭、西班牙、明鄭、大清、日本等外來勢力，相繼進出台灣，不同政治與文化影響這個移民社會的人文內涵。台灣面積有三萬六千平方公里，主要住民是「原住民」，包括「平埔族」與「高山族」，前者深受漢文化影響，早已失去原有的風俗習慣；後者有十族，即阿美、達悟、泰雅、賽夏、布農、排灣、曹族、卑南、魯凱與邵，各族人文獨特，為台灣增添不少的聲色。

明鄭（1661）以來，大陸閩、粵人民相繼渡大海，入荒陬，以拓殖斯土。

1949年，國民政府退居台灣，經過三十年全民共同的努力，逐漸累積「台灣經驗」，創造了舉世矚目的經濟奇蹟與政治奇蹟。

台灣族群眾多，人文豐厚，我們深信透過挖掘、整合，必能呈現台灣圖像，締造文化奇蹟。這裡，我們嚐試民間工藝的探索，例證台灣豐富的人文資產。

■ 民間工藝的傳承

民間工藝，乃指傳承於民間，具有地方色彩和民俗意象的工藝美術成品，或稱民藝，或謂傳統工藝。《周禮‧冬官考工記》則稱為「百工」，所謂「審曲面勢以飭五材，以辨民器，謂之百工。」

　　至於百工系統又分為攻木之工、攻金之工、攻皮之工、設色之工、刮摩之工與搏埴之工；當中的工藝原則也是最高境界，即：「天有時，地有氣，材有美，工有巧。合此四者，然後可以為良。」

　　連橫《台灣通史‧工藝志》云：「工藝之巧，乃可以侔神明而制六合。」並分台灣工藝為十類；《安平縣雜記》則稱為工業，包括百種工藝，真是琳瑯滿目。現在，大家認為民間工藝概括：編織、雕刻、陶瓷、金工及其他等五大類。

　　台灣經濟社會發展過程中，民俗藝術一直被忽略、誤解，無法同步生長，委實令人遺憾。七、八○年代，一些學者專家驚覺這些「正在流失的遺跡──古老傳統習俗」的事實，於是積極投入田野調查，進行研究，呼籲維護，鼓勵薪傳，逐漸喚醒大家的疼惜與政府的正視。

■ 民俗藝術的整合

　　《台灣工藝地圖》涵蓋台澎金馬地區十八篇，作者包括學者專家與文化工作者十六人，大家提供觀點，詮釋民間工藝的內涵與魅力，也證明了民俗學者馬雷特（R.R.martt）所說的：「儘管民俗是在古代形成，但它屬於這裡和現在，它們隨時都會恢復青春。」

　　本書隨文繪製地圖，既方便入門，又可一窺台灣工藝的生態。

　　面對豐繁多樣的台灣工藝，身為主編，個人所抱持的原則是：「斟酌雅俗，實用審美兼顧；諦視工藝，傳統創新並行。」

　　在台灣，類似本書的出版堪稱前所未有，由於毫無依傍，所以遭遇到許多問題，經過大家的努力，得以一一克服，順利出版。多謝來自各方的因緣與助力。

　　這是一次「挖掘族群人文，整合民俗藝術」的結果，充分顯示斯土斯民的人文內涵，我們願意將這份成績獻給台灣社會。

Contents

TAIPEI

大台北篇

◎林明德

大台北地區，概括台北縣、市。基於地緣，加上交通、經濟、文化、歷史、宗教、民間工藝……等關係密切，長久以來，形成一種人文共同體。

台北，舊名雞籠，或稱淡水。光緒元年（1875），沈葆楨奏請添設台北府，才有「台北」之稱；或因地理位置在台灣北部，所以得名。日治初期（1895），仿清代台北府之制，設台北縣，後來廢縣置廳，地方行政區域劃分也幾經更迭。一九二○年，廢廳置州，名為台北州，州治在台北市。光復後（1945），改台北州為台北縣，縣治設於板橋市。

台北縣毗鄰宜蘭、桃園兩縣。其地域文化約有六大系統，即：原住民文化（烏來山區泰雅族為代表）、閩粵移民的拓墾文化（以淡水河流域為主）、茶葉文化、礦業文化、漁業文化、陶瓷文化（以鶯歌為主要中心）。台北縣屬於移民社會，在這些地域文化的梭織下，逐漸成為厚實、多元的人文資源，其中的民間工藝更是多采多姿。

台北市，初名大加蚋，或稱艋舺。原為平埔族凱達格蘭人活動的區域。康熙二十八年（1689）泉州籍墾戶陳賴章請得諸羅縣墾照，為漢人入墾最早的記錄。當時淡水河航行方便，艋舺與大陸諸埠直接貿易，成為台北盆地的貨物集散中心，繁華一時，俗諺云：「一府二鹿三艋舺。」可為例證。

台北市的族群複雜，包括：平埔族、閩（漳、泉）、粵，開發過程呈點線面推展，由艋舺、大稻埕、士林，逐漸擴散，形成都市。台北市涵蓋傳統與現代，是台灣政經文化中心，也是國際知名的大都會。

三百多年來，台北市與台北縣多方交流，形成人文共同體；在民間工藝（或雕刻或陶瓷或編織……）傳釋無限的魅力。

大台北地區，概括台北縣、市，涵蓋城鄉，族群多，人文薈萃，加上外來人口不斷移入，形成開放活潑、充滿創意的文化特性，儘管時代的變遷急遽，卻也累積不少人文資產，民間工藝更是多采多姿，於雕刻、陶瓷、編織及其他類型，多所造詣。

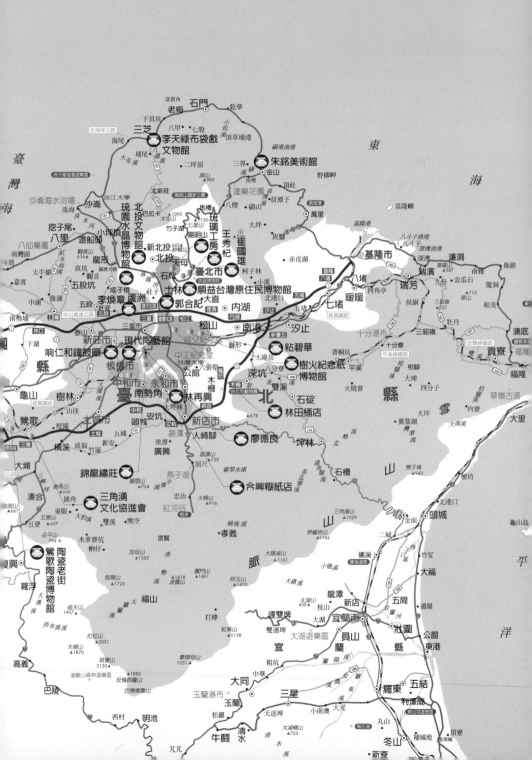

鶯歌陶瓷

俗諺云：「鶯歌出碗盤，大溪出豆干，三峽出魯鰻。」鶯歌以「陶瓷王國」聞名，由來已久，目前可說是台灣陶窯最興盛繁榮的地方；當地陶瓷工廠林立，街道上的陶瓷產品琳琅滿目。鶯歌陶瓷歷經近兩百年的發展（清嘉慶九年，1804至今），逐漸成為獨特的產業文化。

就技術傳承而言，鶯歌發展了相當完整的製陶技術，包括中國和日本的製陶傳統，以及今天的自動化機械製陶技術。就陶瓷製品而言，在台灣各地所製的陶瓷產品，鶯歌都曾生產過；但有部分的產品則是鶯歌地區所獨有的。因此，無論在成型技術、陶瓷產品、釉藥使用、窯爐形式等方面，鶯歌均有豐富的經驗內容。鶯歌陶瓷史，可以說是台灣陶瓷史的縮影。

早期的鶯歌陶器以實用為主，紋飾較少，仍見巧思；後來無論是碗盤、花器或其他裝飾陶瓷，都很精緻，而且以品質取勝，尤其是在現代的商業裝飾陶瓷方

【MAP】陶瓷老街・陶瓷博物館

陳忠儀

鶯歌陶瓷博物館

大漢溪

文化路 110

三峽鎮歷史文物館

鶯歌陶瓷老街

三鶯交流道

三角湧文化協進會

■ 陶瓷老街──台北縣鶯歌鎮尖山埔路
■ 陶瓷博物館──台北縣鶯歌鎮文化路200號
(02)86772727
【開放時間】週二至週五9:30～17:00；週六9:30～20:00（每年11月～隔年3月開放至18:00）；週日9:30～18:00；週一休館
【大眾運輸】1.可搭火車於鶯歌站下車可抵；2.搭桃園客運往鶯歌、三峽的班車或台北客運702，分別於尖山埔站或陶瓷博物館下車可抵。
【自行開車】車行下三鶯交流道後，沿縣道110往鶯歌鎮方向行駛，循指標分別可抵陶瓷老街與陶瓷博物館。
【注意事項】每年的陶瓷嘉年華會約在年底舉行，但無固定日期，有興趣者可在8、9月份電話詢問鶯歌鎮公所。(02)26780204

①炭燒時期的方形古煙
囪是鶯歌的地標
②出窯
③出窯後再次上釉
④再次上釉後再進窯燒
／以上圖片由中華民俗
藝術基金會提供

面，鶯歌更是執業界的牛耳。

清朝嘉慶年間（1796～1820），泉州人吳鞍在鶯歌大湖地區發現當地的大湳土適合捏製與燒窯，接著，在鶯歌尖山附近，又發現尖山黑土、永昌赤土也有此特質，便定居下來，加以開墾、燒窯，一代傳一代，「吳家班」在鶯歌的陶瓷史留下了足跡，其定居處即現今的尖山埔路（俗稱舊街）。

除了土質以外，鶯歌與三峽產煤礦，大漢溪穿流而過，讓鶯歌陶瓷在燃料、水利兼備的情況下，有了得天

獨厚的優勢，成爲當地的特色。一九〇九年縱貫鐵路在
鶯歌設站，陸運取代水運，成爲運輸主要交通工具；一
九二一年，日人組織尖山陶器組合，將製陶業合理化，
之後逐漸推動製陶工業化、專業化、機械化，陶瓷工業
在鶯歌得以蓬勃發展；一九三七年因市場需要，鶯歌生
產的陶瓷由原來磚瓦、粗陶、水缸改爲碗盤、杯子、茶
壺等日用瓷，也開始生產馬桶、臉盆等。

　　一九四五年，鶯歌的陶瓷工廠約三十家，後因台灣
人口增加，亟需民生與工業容器，加上來自各地的師父
和引進日本的技術，造就了鶯歌的陶瓷產業；一九七一
年，業者開始利用天然氣燒製陶瓷，步入現代化。目
前，鶯歌約有大小陶瓷工廠九百家，生產的陶瓷分爲五
大類，即：藝術瓷、建築瓷、衛生瓷、日用瓷和工業用
瓷。多元與多樣的發展下，讓鶯歌有「陶瓷之都」的稱
號。

陶瓷老街的夜景別有一番風味／許元國提供

■ 陶瓷老街

　　尖山埔路為鶯歌最具歷史的陶瓷街，在台北縣政府以及地方人士的努力下，老街再現新貌，如今已成為台北縣重要的觀光景點。

　　然而觀光雖然帶動買氣，帶來資源，但相較於昔日的風光，仍不可同日而語；面對替代品日新月異的今天，鶯歌陶瓷的前景讓人憂慮。許多陶藝愛好者亟思因應之道，以「陶驛‧陶藝」這個複合式經營的陶藝世界為例：它結合陶藝教學、出售陶藝商品、安排陶藝之旅、陶藝家交流、陶瓷製作、提供餐點等多種功能據點，可說是陶藝家如何使生活、工作完全與陶瓷結合的一個範例。

　　民眾來這裡，可以在專人的指導下，學習手拉坏、捏捏陶土，畫畫彩繪；肚子餓時，這裡提供茶香湯煲，餐具全都是陶瓷製品，盛湯煲的砂鍋還是這裡製作的。如果想知道砂鍋如何製作，工廠就在隔壁。這裡也賣陶藝品，包括進口的、鶯歌本土的；或手工的或機器量產的。至於作品則涵蓋實用的與創作的；在創作作品中，有不少是出自本地的陶藝家。

鶯歌陶瓷博物館的外觀／鶯歌陶瓷博物館提供

■ 陶瓷博物館

　　鶯歌陶瓷博物館於二○○○年十月落成，佔地三千
五百坪的空間內，以台灣百年來陶瓷發展爲主體，呈現
台灣先民在這塊土地上的記憶及歷史。除了讓民眾認識
鶯歌陶瓷產業的發展，並藉由國際性陶瓷展覽與交流，
引領民眾重新體驗陶瓷的多元可能性。鶯歌高職已於一
九九七年正式招生，有計畫地培養相關人才，傳承之
外，進一步發展陶瓷業。至於和成文教基金會的「金陶
作品獎」，成立十年，宗旨是「百煉彩陶・窯燒之美」
，揭示傳統與創新，鼓勵作者匠心獨運，爲台灣陶藝的
國際化鋪路。

上圖：陶瓷博物館內的特展室／鶯歌陶瓷博物館提供
下圖：陶瓷博物館內的台灣陶瓷發展展覽室／鶯歌陶瓷博物館提供

交趾陶

林再興（1929～），嘉義縣新港鄉月眉村人。十八歲才開始跟隨姑丈石連池學習交趾陶製作。石連池是洪坤福派下的首席弟子，跟隨師傅學習最久也最踏實，其得意門生就是林再興。林氏長期投入師父主持的廟宇翻修工作場，深得師門心傳，技藝更為精湛。

用志不分，乃凝於神／林再興提供

一九五二年，李梅樹教授主持三峽清水祖師廟的修建，遍訪全省工藝名師，共同營造「東方藝術殿堂」。林再興的手藝深受賞識，也在邀聘之列。他參與屋頂裝飾與剪黏部份，意匠經營，留下許多色彩豔麗、栩栩如生的作品。

他創作的內容，不外「漁樵耕讀」、《水滸傳》、

台灣工藝地圖

【MAP】林再興「大手薪傳」

■ 林再興——台北縣新店市中正路501-21號4樓　（02）22183276

【大眾運輸】搭聯營公車松江幹線，綠13、905、906、909於遠東工業城下車即可抵，或搭捷運新店線於大坪林站下車，沿民權路步行再右轉中正路可抵。

【自行開車】車行羅斯福路、北新路再轉民權路、中正路可抵，或經由基隆高架道路、新店環河快速道路接中正路可抵。

【注意事項】欲拜訪參觀林再興先生及其作品，請事先電話聯絡為宜。

《三國演義》、《封神榜》等神話傳說與民間故事，這些都是來自小時候經常閱讀的「閒書」。他從事廟宇建築交趾製作將近六十年，走遍台灣，翻修廟宇兩百多座，例如：台南天后宮、嘉義城隍廟、北港朝天宮、新港奉天宮、艋舺龍山寺、松山慈佑宮、花蓮慈惠宮、宜蘭二結王公廟……等，於廟頂、廟壁也留下不計其數的精品，為台灣人文資產付出不少的心血，同時，引領學徒習藝，培養不少的傳人。

　　一九九八年，林先生七十歲，榮獲教育部頒授「重要民族藝術藝師」（交趾陶），這個冠冕毋寧對他一生執著與努力於交趾藝術所作的肯定。

　　幾年前，林先生落籍新店，在兒子創立的「大手事業公司」推動交趾工藝，將廟宇的裝飾物轉化為典藏的藝術品，藉以充實生活內涵。在傳統藝術的本土化、精緻化與國際化的精進過程，逐步落實，其抱負更是令人敬佩。

林再興作品「八仙過海」

林再興作品「桃園三結義」

林再興作品「九龍衛台」／以上圖片由林再興提供

● 石灣陶

　　陶瓷工藝在中國已有數千年歷史，其中唐三彩、遼三彩、明三彩以及清代的石灣陶都有它獨特的光輝。

　　石灣陶因產於廣東佛山鎮的石灣而得名。石灣，東南北三面環山，有二十多個大小不等的山崗圍繞其間；這些山崗都蘊藏豐富的陶土和崗砂，尤以大帽崗最爲著名。

　　一般說法，石灣陶從明末清初開始出現，原本是廟宇、祠堂等建築物屋脊上的裝飾，稱爲「瓦脊公仔」，以人物爲主；後來又擴展至普通日用品及擺飾器。

　　石灣陶最具代表性的題材莫過於人物塑作，人物大都取材於神話、戲曲、小說、歷史傳說，以及社會生活中的人事描寫，由於通俗性題材，加上釉彩鮮明活潑，極具親和力。

崔國雄作品「鍾馗役五鬼」／左羊藝術工作坊提供

■ 崔國雄（1920～）

　　崔國雄，廣東省鶴山縣人。十六歲自學校畢業後，即到郭佳猷先生門下學習石灣陶器之製作，三年後由郭氏推薦，拜霍文厚先生爲師。二十二歲來台，服務警界四十年，以泥塑聞名，作品散見各處。一九七九年退休後，重新投入石灣陶的製作。憑著過去的基礎，潛心研究，並負債買下電窯，開始製陶生涯。一九八三年初作品首度在今天畫廊展覽，此後陸續在各地展出，一九八六年榮獲教育部頒發民族藝術薪傳獎。

崔國雄作品「牧牛童子」／左羊藝術工作坊提供

【MAP】崔國雄

琉璃工房
敦煌書局

天母北路
天母國小
大使館餐廳
天母西路　　　天母東路
啓明學校

崔國雄

■ 崔國雄——台北市天母東路105巷66號3樓 (02)28760201
【大眾運輸】搭聯營公車220於忠誠路口下車，步行至天母東路可抵。
【自行開車】車行下台北交流道後，過自齡橋接中山北路往北行，右轉天母東路可抵。
【注意事項】欲拜訪參觀崔國雄先生及其作品，必須事先電話聯絡。

● 雕刻

雕刻概括木雕、石雕及其他，大台北地區以木雕、石雕、漆雕最受矚目；印鈕雕刻別具風格，卻一直被忽略，至為可惜，茲介紹於下：

■ 黃龜理的鑿花木雕藝術

黃龜理作品「羅狀元返鄉遊」／中華民俗藝術基金會提供

黃龜理（1898～1995），台北縣人。十二歲接受漢文啟蒙教育，十四歲立志從事雕刻工作。十五歲拜陳應彬先生門下，開始學大木作，後來改為鑿花；他天份過人，學習又認真，所以在短短時間內就能獨當一面，成為鑿花師父中的佼佼者，全省漳派大木系統所承作之廟宇重要部位「通隨」，都可看到他的精彩雕作，尤其是艋舺龍山寺正殿重修時，因當場比試嚇退對手而名噪一時。在鑿花雕刻界，他的藝術造詣是有目共睹的。一九六四年被李梅樹教授延聘到國立藝專教授傳統木雕十年；一九八五年榮獲教育部頒發民族藝術薪傳獎；一九八九年被遴選為重要民族藝術藝師，對黃大師來說，這冠冕可謂實至名歸。

黃龜理作品「「孔子仲尼師項橐」／中華民俗藝術基金會提供

■ 邵來成的神像漆雕藝術

邵來成（1907～1998），台北縣人，漆雕是他擅長的工藝。一百年前，他的父親邵映一先生自福建泉州渡海來台，在淡水從事佛像雕刻工作，日治時代後期，佛雕生意一落千丈，只得改作刻印圖章謀生。邵來成克紹箕裘，兼營照相館，養活一家老小。由於從小耳濡目染，對藝術有著濃厚的興趣，曾從畫家楊三郎先生習畫，並為人畫觀音像或燈籠上的山水人物，但始終未能忘情於神像藝術。民國六十一年赴美探親旅遊時，參觀許多博物館、美術館，驚訝於傳統佛雕藝術之美，回國之後，遍遊國內廟宇，並參考古籍，改良「漆雕」的製作方法。佛像造型則受敦煌壁畫中飛天仙女的影響甚大，各種神佛透過他的意象經營，無不各具靈性及表徵，已從民間工藝的領域，進入超塵脫俗的藝術境界。一九八九年榮獲教育部頒發民族藝術薪傳獎，作品曾在台灣省立博物館及國立歷史博物館展出，深受好評。

邵來成作品：左圖為「迦葉尊者」，右圖為「阿難尊者」／中華民俗藝術基金會提供

■ 朱銘美術館

　　朱銘（1938～），本名朱川泰，苗栗通
霄鎮人。十五歲拜寺廟雕刻匠李金川為師，
學習雕刻與繪畫手藝。出師後，先在基隆
「金山軒」佛具店當師父，不久，與兩位師兄
弟合夥，開始雕刻生意。三年後回到故鄉，
在自家老宅前，搭棚成立工作室，並收徒授
藝，逐漸有了名氣。後來因經營不善，不得
不結束工廠，輾轉后里、大甲。一九六八
年，拜雕塑大師楊英風為師，接受現代雕塑
理念與技法，嘗試將現代精神運用於熟悉的
鄉土題材，從此正式踏入藝術創作的領域。

　　一九七六年，在歷史博物館舉行第一次
木雕個展，一鳴驚人，受到文化界廣泛的討
論與肯定。一九七八年，二度赴日展出時，
發表「太極系列」作品，揚名國際。一九八
一年，為求創新突破，毅然決然赴美，在紐
約埋首創作，並嘗試多樣化的媒材。透過各

朱銘作品「關公」／朱銘美術館提供

台灣工藝地圖

【MAP】朱銘美術館（附李天祿布袋戲館）

■ 朱銘美術館──台北縣金山鄉西勢湖2
號 (02)24989940
■ 李天祿布袋戲館──台北縣三芝鄉芝柏
山莊芝柏路26號 (02)26367330
開放時間僅週六、日10：00～17：00
【大眾運輸】自淡水或基隆搭國光客運兩
地對開的班車，1.於金山下車再轉搭計程
車可抵朱銘美術館；2.於三芝下車後循指
標步行可抵李天祿布袋戲文物館。
【自行開車】從淡水或基隆走2號省道(北
海岸公路)1.過跳石海岸不久後，沿指標
右轉鄉道可抵朱銘美術館；2.循線至三
芝，循指標可抵李天祿布袋戲文物館。

位於金山鄉的朱銘美術館／朱銘美術館提供

朱銘作品「太極」／朱銘美術館提供

專注於雕刻的朱銘／朱銘美術館提供

種不同的技法，作品的題材更加豐富，終於推出「人間系列」，表達深厚的人文關懷。

　　二○○○年，「朱銘美術館」在金山鄉開幕，這是朱銘花費十二年的大創作。散佈館區四周的藝術品，點綴著大地，配合藍天綠野，更襯托出作品宏偉的氣勢，徜徉其間，往往令人渾然忘我。此外，美術館也積極扮演藝術啟發教育的角色，經常在館內、外舉辦演講及教學課程，成功營造出一個充滿知性與感性的空間。

王秀杞作品「跳馬」／王秀杞提供

■ 王秀杞的石雕世界

　　王秀杞（1950～），士林人。世居草山燒更寮（陽明山新安里）山區，田園生活孕育了豐美而自然的生命情調。一九七三年，國立藝專雕塑科畢業後，便投入石雕生涯。一九八四年，榮獲全省美展雕塑第一名；一九八六年，獲全國美展雕塑第一名；一九九〇年，獲中山文藝獎，作品「孕」得到台灣省立美術館（今國立台灣美術館）典藏。

　　王秀杞強調自由創作，不受商業行為的束縛。作品有許多是婦女、

【MAP】王秀杞石雕公園（附順益台灣原住民博物館）

新安路

居安新村

王秀杞石雕公園

陽明大橋台段

士林郭合記

自強大橋段

2

衛理女中

中山北路三段

國立故宮博物院

至善路一段

2

中影文化城

士林官邸

大東路

小東街

順益台灣原住民博物館

中正路

■ 王秀杞石雕公園——台北市士林區新安路166號 (02)28612168
■ 順益台灣原住民博物館——臺北市士林區至善路2段282號 (02)28412611
【開放時間】09：00～17：00，週一休館。
【大眾運輸】：1.搭聯營公車260於陽明山國小站下車，步行可抵。2.於捷運士林站搭聯營公車255、304、小18、紅30於故宮博物院站下車，步行可抵。
【自行開車】1.車行下台北交流道，續行仰德大道右轉接新安路即可抵王秀杞石雕公園。2.車行下台北交流道，過百齡橋直行接至善路，於故宮博物院對面即是順益台灣原住民博物館。
【注意事項】王秀杞石雕公園並非完全對外開放，欲前往參觀需事先電話聯絡。

王秀杞作品「母子情深」／王秀杞提供

小孩的雕像，尤其重視人像笑容的刻劃，既表達母子親情與童稚天真，也流露一股自然、祥和的氣氛。他希望透過石雕來傳釋這些情愫，讓觀賞者與作品對話，同情共感。

　　他在祖傳的土地上建構一座石雕世界，與同好品茗或談石論藝。然而，他凝神觀照的是石雕，透過獨特的雕刻語言，表達鄉土情懷與大地愛戀。

■ 廖德良的印鈕天地

　　印章，古稱印璽，是憑證的信物，也是權力、地位的象徵，約在戰國時代就已普遍使用，其材質以銅鑄為主，金、玉次之。元末，王冕發現質地較軟的花乳石（壽山石、青田石），自此便「以石為紙，以刀為筆」，為文人書畫家開刻印風氣。

　　一方印章包括印鈕、印台、印邊與印身四部份。印章頂部的雕飾稱為「印鈕」，長期以來，以雕工精巧，意象繁複，逐漸成為印鈕藝術。

廖德良的動物立鈕作品／廖德良提供

　　在台灣，從事印鈕雕刻不乏其人，但以藝術造詣而言，廖德良先生是個中翹楚，值得肯定。

　　廖德良（1945～），新店人。國小畢業即拜師學習傳統木雕，擅長佛教人物雕刻。二十歲，經福州壽山石雕西門派傳人陳可駱的指點，轉攻壽山石印鈕雕刻；並與東門派大師林元珠之孫林天泉交往，談石論藝。福州壽山石雕分東、西兩門派，前者講究形似，作品寫實、纖細；後者注重神似，作品樸拙、圓融。廖德良在木雕的基礎上，揉合兩派特色，匠心獨運，雕刻出自己的印

【MAP】廖德良

大漢溪
中興大橋
日新戲院
福
封
街
成都路
來來百貨
內江街
西
環河南北快速道路
萬華分局
龍山寺
昆明街
廣州街
和平西路二段
華西街觀光夜市

■ 廖德良——台北市萬華區開封街2段80號5樓之7 (02)23216079
【大眾運輸】搭捷運板南線於西門站下車，步行至開封街二段即可抵。
【自行開車】下台北交流道後南行，接忠孝東、西路轉中華路即可抵開封街。
【注意事項】欲拜訪參觀廖德良先生及其作品，請事先電話聯絡為宜。

廖德良雕刻對章 (左：荷，右：東　　　廖德良雕刻作品「龍華會」(荷花下隱藏著
方朔偷桃)，高山硃砂凍　　　　　　　龍)，昌化獨石／以上圖片由廖德良提供

鈕天地。

　　他擅長動物立鈕，兼刻人物、花果及博古紋鈕。作
品因材取色賦形，自然可愛。他斟酌寫實與抽象之際，
琢製的獸體，豐滿壯碩、高傲威猛，加之以刀法嫻熟俐
落，形成獨特的藝術風格。

　　製鈕之外，他也擅長相石、切割。面對石材，他凝
神觀照，「窺意象而運斤」，書法篆刻家薛平南曾讚許
他是：「目無全牛廖一刀」。從此，「廖一刀」之名，
騰傳印石界。

　　一方印璽的風華在綜合之美，是集印石、印鈕、篆
刻於一身。廖德良從事印鈕藝術三十多年，與台灣印石
界關係密切，他化粗石為印鈕，提供印章美學的基礎。

新莊鼓藝响仁和

　　在台灣民俗曲藝裡，「宜蘭鑼、新莊鼓」人盡皆知，甚至揚名海外。前者指林午的鑼，後者指响仁和的鼓。

　　响仁和的創始人是王阿塗（1907～1974），新莊人。他原本對傳統戲曲就有相當的興趣，根據哈哈笑掌中戲團團主王炎先生的回憶：「堂弟阿塗年少時最善耍弄樂器及其他技藝性的東西，領悟性高，一學就會，能做樂器與家具，長大後，還是個鼓吹（嗩吶）手。」

　　他曾到泰山製鼓師父蔡心匏（綽號媳婦）家，看了幾回，便透徹製鼓的奧秘，沒正式拜師，卻得到蔡師傅的傾囊相授。後來還獲得蔡師傅兒子蔡寬諒贈送整套製鼓工具，為「响仁和」鋪路。一九二四年王先生創設「响仁和鐘鼓廠」，正式營業。

　　他的三個兒子，從小耳濡目染，卻不曾親自學習，造成鼓藝斷層。一九七四年，王先生去世，响仁和幾乎成為絕響。長子王錫坤（1950～），淡江大學企管系畢

【MAP】响仁和（附現代陶藝館）

新莊　思源路　碧江街五路　大漢溪　①

新莊國小　保天宮

假日花市

江子翠站　雙十路二段

响仁和鐘鼓廠

現代陶藝館

民生路三段　四川路二段　新埔站

■ 响仁和鐘鼓廠——台北縣新莊市中正路171號（02）29927402
■ 現代陶藝館——台北縣板橋市莊敬路62號（02）22534412
【大眾運輸】1.聯營公車257、299於新莊國小下車，步行可抵响仁和鐘鼓廠。2.搭捷運板南線於江子翠站下車，步行可抵台北縣政府文化局現代陶藝館。
【自行開車】1.北二高下中和交流道後取中正路過新海大橋再接中正路即可抵「响仁和」。2.北二高下中和交流道後往板橋方向行駛，走民生路、文化路二段轉雙十路二段，可抵現代陶藝館。

業，基於使命感，在母親的支持下，毅然決然投入製鼓，經過辛苦的嘗試，配合遺傳的悟性，終於重拾鼓藝。製鼓分「鼓身」、「鼓膜」兩部份進行，最後再加以結合，也就是「蒙鼓」（台語叫做「繃鼓」）。鼓身又稱鼓桶，採用楠木，將一瓣瓣木片，不用釘子，組成緊密的圓桶，發揮共鳴效果。接著是鼓膜，生牛皮經過去毛、削皮妥當後，才進行「蒙鼓」，一面鼓終於完成。

幾年前，响仁和再度從新莊響起，因為鼓質、共鳴效果，深受行家的肯定，而飲譽國內外，像蘭陽戲劇團、朱宗慶打擊樂團、優劇場、鴻勝醒獅團所使用的鼓，大都出自「响仁和」。

王錫坤認為工作就是生活，把辛苦的踩鼓面與用力拉繩繃鼓視為運動。他希望能將「台灣味」的鼓精益求精，讓「响仁和」響亮國際。

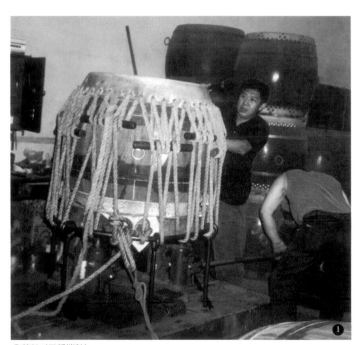

①蒙鼓（又稱繃鼓）

②踩鼓③試音④完成／以上圖片由王錫坤提供

🌑 士林刀——郭合記

　　郭明讓（1970～）先生，是士林刀「郭合記」的第五代傳人。十五歲就開始跟著父親郭文成先生學習家傳的士林刀製作。每天在高溫、吵雜、空氣品質不佳的環境中工作，歷經三年四個月的熬練，終於深得祖傳技藝，也繼承了百年老店。

　　郭家祖先由漳州來台，世居八芝蘭（今士林）舊街，曾祖父郭合先生年輕時曾跟隨廣東匠人「貓牛師」學習打鐵，同治九年（1869）自創刀柄如茄形，刀身為竹葉形的「茄柄竹葉刀」，又稱「八芝蘭刀」，日治時代改名「士林刀」。士林刀的特色是：折刀，攜帶方便；全為手工研磨，觸感、銳利度都不同於一般刀具；可削、可刮。因為具備以上特色，因此極受歡迎，鼎盛時期，士林刀幾乎銷售全台，供不應求。當時郭合除了傳藝給兒子郭振樹之外，還收了不少徒弟，當生意越來越好時，很多人只學了一年半載，就出去開店的，曾經多達十九家；但由於技術不精，加上彼此競爭，幾年之

【MAP】士林郭合記

士林郭合記

王秀杞石雕公園

居安新村

南理女中

國立故宮博物院

中影文化城

順益台灣原住民博物館

士林官邸

■ 士林郭合記——台北市士林區大北路74號　(02)28812856
【大眾運輸】1.可搭聯營公車26、288、618等路於大南路口下車後，沿大北路步行可抵。2.於捷運劍潭站下車走大東路左轉大北路可抵。
【自行開車】車行下台北交流道後，過百齡橋接中正路右轉大東路，再接大北路可抵。

專賣士林刀的郭合記已是百年老店／中華民俗藝術基金會提供

後逐漸被淘汰。

　　郭明讓說，從他阿公郭賜黃那一輩開始，為了拓展商機，開始生產菜刀，注重刀的實用價值。到他這一代，由於製刀技術面臨瓶頸，乃到日本進修，接觸、學習國外製刀技術，並採用日本鋼質作材料，將製刀的技術提升到精緻藝術的層面，同時進口一些名刀，以開闢收藏刀的市場。

　　他父親曾說：祖先的名聲就建立在這把刀上，他雖沒有大事業，但絕不讓家傳的百年行業，在他這一代失傳。很幸運的，在他父親五十幾歲時，三個兒子當中有一位繼承了下來。

　　看著郭明讓年輕的身影，窩在小小的工作室裡，孤獨、默默、經年累月地忍受高溫、噪音。這些似乎只為「百年老店」的一種堅持，無怨無悔的。

淡水李家匠派的台灣風土建築

　　李永坤（1922～），淡水人。出自光緒年間的淡水忠寮燕樓李家匠派，精於傳統民間住宅方位、空間格局，木、石、磚、瓦、洗石、剪黏及彩繪等技藝。長期以來，他大多接受委建傳統民宅，其專長為磚石工，並發展出成熟又異於中土的石砌技術。

　　李家匠師的作品達數百座以上，分布於淡水、北投、士林、陽明山、三芝、金山等地區，這些地區早期交通不便，因此燕樓李家匠派的影響圈大致涵蓋了今天陽明山國家公園及其周邊鄰近地區（海拔在二百公尺以上的山區地帶），經過幾代的技術累積，他們的施工扎實、工藝講究，有時整個聚落的民宅都出於他們之手，其高峰期約在一九六〇年代。

　　因為李家嫡系匠師所建造民宅，造型典雅、線條流暢、結構牢固、施工期短、工資合理，而飲譽同業，擁有較高之評價；他們所累積的專業技藝，別派匠師很難與之抗衡。李先生傳統民宅作品，不但代表其宗派傳承，也是台灣傳統民宅建築史的重要題材。

　　近年來，因為城鄉分際逐漸泯除，使得鄉間的風土建築數量日趨減少，工匠日益凋零，造成台灣的傳統古老民居日漸式微，如今已很難找到格調統一的傳統聚落。燕樓匠師的傑作成為台灣風土建築的里程碑，其形式法度精練成熟，風格一脈相傳，對台灣文化資產之保存、維護，自有其積極的意義。

「李五湖祖厝」之燕樓堂號剪粘、彩繪、洗石

「李五湖祖厝」之正脊剪粘　　　　　竹圍燕子樓李宅之番仔砥砌石洋樓

李永坤匠師晚期作品「張水泉祖厝」／以上圖片由李三祈提供

三峽染

　　三峽舊名三角湧，自古即為馬藍（俗稱大青）染料植物的產地，清澈的三角湧溪具備染布所需的良好水質，溪畔為漂洗、晾曬染布時的最佳場所；加上淡水河水運之便，由下游的港埠運進布匹來染色，染料製成後亦可順流運到萬華，再大量銷往廈門、漳州、福州、上海等地。這些先天條件造就了染布業的發展，成為三角湧街的一項特色行業，更使三角湧逐漸成為清代北台灣重要的染布業重鎮。

　　染布業在早期墾拓社會以供應附近地區居民的需求為主，直到同治、光緒年間才擴大規模。同治十年（1871）鄉紳陳種玉曾在三角湧街開設「陳恒芳染坊」，其他有武秀才林金井的「林元吉染坊」、文秀才陳嘉猷的「元芳號染坊」及三峽耆老廖富本與父親廖水金的「金聯春」等，這些都是老字號的染坊。三角湧街的染布業，以其特殊手工、貨色，吸引許多外地人前來批貨，貨品銷至全台各地。從事染布的人口頗多，至今北台灣

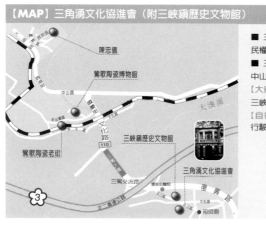

【MAP】三角湧文化協進會（附三峽鎮歷史文物館）

陳忠儀
鶯歌陶瓷博物館
中山館
梁山書社
大漢溪
文化路 110
鶯歌陶瓷老街
三峽鎮歷史文物館
三峽交流道
墓主公醫院
中正路
三角湧文化協進會
中山路
文化路
復興路
祖師廟
3
北二高速公路

■ 三角湧文化協進會——台北縣三峽鎮民權街84巷2號 (02)26718058
■ 三峽鎮歷史文物館——台北縣三峽鎮中山路18號 (02)86713994
【大眾運輸】搭台北客運702、703等開往三峽的班車，循指標步行可抵。
【自行開車】下三鶯交流道後往三峽方向行駛，循指標即可抵。

上圖：金聯春染坊
右圖：砑石
／以上圖片由三角湧文化協進會提供

溪邊染布／三角湧文化協進會提供

僅見的染坊街──三峽民權老街，仍可見牆樓立面許多「染坊」字樣和街角倒置的砑石，見證了三角湧街時代的特色產業。

藍染原料「大青」／三角湧文化協進會提供

　　光緒年間，歐洲人工合成染料興起，傳統染布業開始走下坡，但三峽染布業，仍以精湛的技術持續經營。日治中期，西服與日式和服流行，傳統染色與傳統服飾市場快速萎縮，三峽染布業終告沒落。

　　一九九九年，三角湧文化協進會成立了「三峽傳統染色工藝技術復原團隊」，並透過長期從事染織工作的台南藝術學院陳景林教授、國立工藝研究所馬芬妹老師技術支援及指導、台南師院劉世鈞教授協助藍靛分析研究。開始上山尋找藍染原料──大青，從採摘、浸泡、製藍及建藍的過程，重新學習失傳的染布技藝，再現「三峽染」文化產業的魅力。

玻璃藝術

玻璃給人的感覺是冰冰冷冷的，但加熱達到融熔點的玻璃卻是柔軟似水，成為充滿可塑性的物質。依不同溫度，又有許多製作技法，即：熱工和冷工。熱工製作技法依溫度高低不同，分為壓模法、砂模鑄造、吹製、脫蠟⋯⋯等；冷工則是在不加溫的情況下，進行彩繪、釉彩、鑲嵌⋯⋯等。

台北地區在這個領域鑽研和推廣有顯著成就的，非「琉璃工房」和「琉園水晶博物館」莫屬。

■ 琉璃工房

琉璃工房成立於一九八七年，台灣淡水。創立成員共有七位，即：導演張毅、演員楊惠姍、美術設計王俠軍、道具張大洲、影迷陶惠萍、陳繡雲與王秀絹。

基於對民族藝術文化的摯愛，以及對人生信念的執著，這幾位影壇名人在其事業顛峰狀態時，急流勇退，投入當時在台灣社會還相當陌生的現代琉璃藝術，創立

【MAP】琉璃工房

■ 琉璃工房──台北市士林區天玉街7號
0800-060-085
【大眾運輸】搭聯營公車224、290、601於天母國小下車，循指標步行至天玉街可抵。
【自行開車】下台北交流道後過百齡橋接中山北路，左轉天玉街循指標可至。

■ 玻璃製作技法

一般而言，玻璃製作技法較為大眾熟知的是吹製法和脫蠟鑄造法：

(1)**吹製法**（950℃）：這是玻璃製作技法中最重要，應用最廣，且變化最多的技法。吹製多以容器為主，是以吹管沾取熔玻璃膏，吹氣形成小泡，再運用工具加以熱塑造形，過程中以色粉或敷以金銀箔加以變化；再以另一吹管沾取少量玻璃作架橋接底動作後，修整器皿開口造型，敲下徐冷。

(2)**脫蠟鑄造法**（850℃）：由原型翻出的蠟模，包埋成耐火石膏後，將玻璃原料與空模同時置入爐內加溫，在高溫下玻璃慢慢流入模內而成型，放置在熔爐中脫蠟，熔鑄燒結成玻璃後，徐冷拆除石膏模，再進行研磨刨光加工完成。

❷

❸

❹

了台灣第一個琉璃藝術工作室，因而備受注目。

「琉璃」兩字，是中國古代對玻璃的稱呼。琉璃工房取「琉璃」爲名，是希望藉由琉璃這種材質的學習、創作活動過程，傳承工藝之美，更強調一種對歷史與文化的歸屬和依存意義。

在世界琉璃藝術蓬勃發展，而獨缺中國琉璃的情況下，琉璃工房選擇以「琉璃脫臘鑄造」（pate-de-verre）作爲基本創作技術，以創造出精細雕塑的中國美術品。脫蠟，是製作小型藝術鑄件的工藝方法，具有鑄品精緻、紋飾清晰、工藝靈活、適應性強等特點，可以製成非常複雜的藝術造型。作品層次豐富、形象生動、表現力強，薄至〇‧五五公厘以下的纖細圖案均可鑄出；既可大量生產，又可單件創作，藝術造型千彙萬端。

多年來，琉璃工房的作品應邀至日本、美國、英國、義大利、德國、南非等地展出，成爲中國琉璃的代表，多件作品獲得幾個世界最重要的博物館永久收藏的肯定。在「永遠地不斷創作有益人心的作品」的理念下，琉璃工房期望在現代社會中，以倫理的、教育的、有益人心的作品，以及對于琉璃材質的學習與創作活

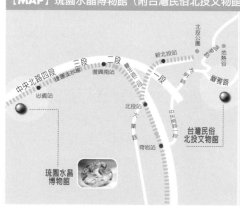

【MAP】琉園水晶博物館（附台灣民俗北投文物館）

■ 琉園水晶博物館──台北市北投區中央北路4段515巷16號 (02)28958861
【開放時間】週二~週日 09：00~17：00，週一休館。
■ 台灣民俗北投文物館──台北市北投區幽雅路32號 (02)28912318
【開放時間】周二~周五10：00~19：00
周六~周日09：00~19：00，周一休館。
【大眾運輸】1.搭聯營公車302、小23於關渡站下車；或於捷運關渡站下車後尋指標即可抵琉園水晶博物館。
2.搭聯營公車230、小25於文物館站下車；或於捷運新北投站下車後轉聯營公車230路於文物館站下車可抵北投文物館。
【自行開車】車行下台北交流道後，往士林、北投方向行駛至北投，尋光明路接幽雅路可抵文物館；車行至北投後尋中央北路行駛至四段，再循指標可抵琉園水晶博物館。

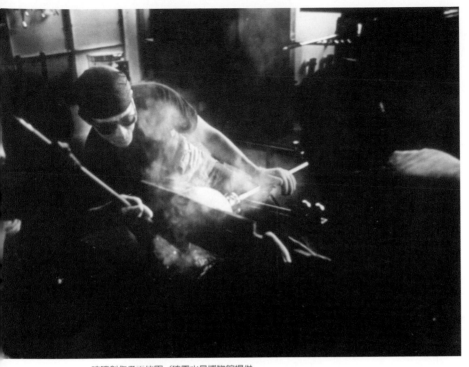

琉璃創作者王俠軍／琉園水晶博物館提供

動，爲中國的琉璃工藝，開創更廣闊的格局，賦予傳統
藝術新的價值，並爲未來的文化發展，提供新的方向。

■ 琉園水晶博物館

　　一九九九年十一月，琉璃工房創始人之一王俠軍，
在北投成立「琉園水晶博物館」，致力於推廣教育與國
際交流。他認爲玻璃的製作雖然艱苦，但卻是一項只需
動手不必動口的工作，而且材質平易近人，設備花費不
多，只要埋頭努力，就會有成果，因此是值得推廣的工
藝。他期許我們的玻璃精緻文化得以再深植，並全面開
花結果。

其他工藝

■ 彩繪藝術

　　許連成（1919～），台北人，父親許幼是位著名的彩繪教師。日治時期公學校畢業後，他隨父親學習彩繪，在台北重要廟宇留下不少畫作，如：大龍峒保安宮、艋舺龍山寺中殿、艋舺將軍廟、桃園龜山壽山巖、桃園蘆竹鄉五福宮及八里將軍廟的門神等。目前他的彩繪技藝已傾囊相授給兒子許榮德先生，一門三代傳彩繪，可見他們對此一民間工藝的堅持。

許連成彩繪作品／中華民俗藝術基金會提供

【MAP】李煥章

■ 李煥章——台北縣三重市溪尾街165巷41號3樓　(02)29809680
【大眾運輸】搭聯營公車226、62於碧華國中站下車，步行至溪尾街即可抵。
【自行開車】下三重交流道後，循自強路北行左轉溪尾街可抵。
【注意事項】欲拜訪參觀李煥章先生及其作品，請事先電話聯絡為宜。

李煥章剪紙作品「龍船」／中華民俗藝術基金會提供

■ 剪紙藝術

　　李煥章（1925～），山東省臨沂縣人。十歲失怙，由母親含辛茹苦教導，並供其讀書。一九四九年後輾轉來台，畢業於員林師範、台北師專，開始投入教育工作。由於愛好剪紙藝術，逐將剪紙納入教育輔導的課程中，並大力推廣剪紙、國畫、說唱、捏麵等班的設置。在三十年的教學生涯中，默默地推廣民俗教育，對剪紙藝術貢獻良多。一九九一年榮獲教育部頒發民族藝術薪傳獎——傳統工藝類——剪紙。

■ 金工與刺繡

　　粘碧華（1947～），鹿港人。一九八九年在國立歷史博物館舉辦個展；一九九二年獲第一屆民族工藝獎其他類佳作。她擅長以各色絲線編繡，創作造形頗富中國傳統飾物意味，製工精細，材質及色彩之運用均有其獨到之處。目前她專攻金工與刺繡，在台北成立「鐵網珊瑚首飾織繡藝術中心」，為刺繡藝術之現代化樹立一個範例。

粘碧華作品「鋼絲織造的項飾」／粘碧華提供

■ 木桶製作

　　木桶是昔日家庭必備的生活器皿，其型製包括飯桶、水桶、洗臉盆、洗衣盆、洗澡桶……等。木桶製造是屬於手工技藝，日治時代，木桶乃居家必備，因此桶店林立，堪稱風光歲月。目前塑膠用品取代木桶，桶店面臨淘汰，在大台北大街小巷，偶爾發現桶店，往往教人驚喜。

林田桶店的木桶型態多樣，芳香撲鼻／中華民俗藝術基金會提供

台北市中山北路一段的「林田桶店」就是例證。這家老店於一九二八年由林新居先生開設，已有七十多年的歷史。第二代掌門人是林相林先生（1929～），他二十歲繼承經營，全心投入木桶製造，型製多樣，為夕陽工藝堅持到底。

　　目前第三代林煌一先生（1958～），也投入製桶行列，共撐老店的門面。

■ 糊紙

　　早期台北市的糊紙店，多集中在艋舺地區，尤其是西園路一段一帶，最興盛時，有六、七家之多。隨著社會變遷與市區的發展，目前僅剩三家，其中以「合興糊紙店」歷史最久。

　　合興糊紙店，店主為何秀子女士，是第三代經營者。

　　據云，早年第一、二代經營時，生意很好，農民在農忙後，就會做功德，因此需要糊靈厝，當時還有糊王船、獅頭、龍頭、蜈蚣閣……等等，常忙不過來。這幾年生意差了很多，喪事多由葬儀社一手包辦，糊靈厝也

【MAP】粘碧華・林田桶店（附樹火紀念紙博物館）

■ 粘碧華──台北市敦化南路1段177巷15號1樓
(02)27817514
■ 林田桶──台北市中山北路1段108號
(02)25411354
■ 樹火紀念紙博物館──台北市長安東路2段68號
(02)25069222
【大眾運輸】1.可搭乘聯營公車261、263、270等線於仁愛敦化路口下車，步行可抵粘碧華處。2.於台北車站下車後，步行可抵林田桶店。3.聯營公車203、214、222等路於長安松江路口下車，步行可抵樹火紀念紙博物館。
【自行開車】下建國北路交流道後1.取建國北路接忠孝東路再接敦化南路即可抵。2.取中山北路後南行即可抵林田桶店。3.取建國北路南行接長安東路即可抵樹火紀念紙博物館。
【注意事項】欲拜訪參觀粘碧華女士及其作品，請事先電話聯絡為宜。

紙糊的別墅／合興糊紙店提供

只是聊備一格，不再講究慢工細活，傳統的功夫，已經
乏人問津。目前生意較好的月份農曆是七月中元普渡，
主要是做龍山寺、基隆放水燈和糊王船的生意。

　　相傳糊紙業的祖師爺有兩位，一文一武，文的是魏
徵，其典故來自李世民遊地府；武的則是韓世忠，相傳
韓世忠與金兵對峙，在兵糧將盡時，以紙糊成長城，金
人遠觀，誤以為銅牆鐵壁，不敢來犯，因而解除危機。

【MAP】合興糊紙店．錦龍繡莊

■ 合興糊紙店──台北市西園路1段55號
(02)23716671
■ 錦龍繡莊──台北市西園路1段129號
(02)23041753
【大眾運輸】搭捷運板南線或聯營公車
234、265、30、38於龍山寺站下車，步
行可抵合興糊紙店、錦龍繡莊。
【自行開車】下台北交流道後往萬華方向
行駛，沿廣州街直行接西園路一段可抵。

南部業者多拜魏徵；北部則拜韓世忠。每逢初一、十五及祖師爺生日（農曆九月十五）時，合興都要祭拜祖師爺。

錦龍繡莊，店主黃勝利先生（1941～），生於金瓜石。父親為福建福安人，一九〇六年生，十八歲那年，為逃避被國民黨抓去當兵而避居台灣，最後在金瓜石落腳，以挖礦為生。

黃勝利先生唸完初一即輟學，經親友介紹到宜蘭「金官織繡店」當學徒。雖然學了三年多，可是多跑外務，沒學到真功夫。後又經人介紹到台北康定路「南新繡莊」學藝，十九歲才真正出師。

黃先生認為，織繡這一行，最難的部分在構圖，通常由男師傅負責，先繪在布上，再由女工繡、縫，最後由師傅修飾，使整個圖案生動、立體。圖案當中最難的是龍和鳳，要能繪出其神韻，必須靠不斷地練習。如今

織繡藝術作品／錦龍繡莊提供

他能應客戶要求，設計出不同圖樣，這是多年努力的功夫。

　　黃先生回憶三十年前，織繡師傅雖然工作很辛苦，經常熬夜趕工，但待遇是很好的，如今，識貨的不多，師傅一身功夫已無用武之地。台灣織繡屬於福州派系統，師傅們大多技藝精湛，但慢工出細活，沒有多少人出得起好價錢。目前錦龍繡莊由黃先生接洽生意，構圖、繪圖之後，送到宜蘭由大兒子與媳婦負責發包給女工織繡，整理修飾後，送回台北，由二兒子做裡襯及最後整理，算是家族合作的事業。他認為，這個行業只能做到兒子這一代，技藝能否傳承，並非他個人能力所及，大環境如此，加上政府不重視，失傳恐怕是可以想像得到的。

■ 皮塑藝術

　　段安國（1963～），台北縣人。從事皮塑藝術創作多年。他深諳皮性，作品意象鮮明，而且唯妙唯肖。一九九六年，獲第五屆民族工藝獎其他類一等獎，同年十月參加在國立故宮博物院近代文物展示室舉辦「從傳統中創新」的特展。二〇〇一年獲第一屆國家工藝獎二等獎，再次肯定他在皮塑藝術上的造詣。

段安國皮塑作品「燒肉粽」／中華民俗藝術基金會提供

林健兒作品「壽星翁」／林健兒提供　　林玉珠花燈系列／林玉珠提供

■ 花燈工藝

　　花燈，又名綵燈，最初是由宮庭流傳至民間。自隋煬帝開放民眾夜間自由賞燈以來，隨著花燈種類的日漸繁複，民間藝人製作花燈的技術也愈見精細。花燈藝術主要是表現在燈體本身結構形式的巧變與燈畫題材和色彩的動人之上。近年來，由於科技的發展，又增加了許多新的素材與創作手法，使得花燈技藝蔚為大觀。

　　中華花燈藝術學會於一九九九年正式成立，結合花燈藝術愛好者，彼此觀摩，積極創作，並推廣花燈藝術，使之向下扎根，期望民眾能夠認識花燈，欣賞花燈，進而自己動手做花燈。

◎林健兒（1943～）

　　台中人。國立台灣師範大學美術系畢業。於成功高中擔任美術工藝教師期間，指導學生花燈製作連獲八年個人及團體特優獎。一九九五年退休，全心投入花燈教

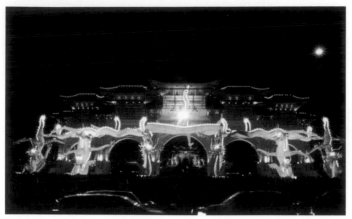

陳金泉作品「九龍燈」／陳金泉提供

學與推廣。近年連續為日本「長崎燈會」製作主燈，以
及台北燈會門燈設計製作。

◎林玉珠（1943～）

　　福建福州人。曾擔任台灣省及各縣市傳統花燈研習
講座與花燈競賽評審，多年來研究創新花燈製作材料，
並舉辦傳統花燈個展，著有《創意花燈自己做》、《花
燈教學錄影帶》，是位理論、創作並重的人。

◎陳金泉（1948～）

　　宜蘭人。從事教育二十八年，退休後，全心投入花
燈製作，作品深獲佳評，曾參加香港光華新聞文化中心
「秋節花燈特展」。二〇〇〇年千禧年台北燈會的九龍
燈，由他設計製作，匠心獨運，為花燈開闢新領域。

結語

　　大台北地區，有山有水，中間一片沃野，是移民理想中的拓墾地區，加上多元族群，長期和諧聚集，形成盎然的生命力與創造力，三百多年來，先民累積豐富的人文資源，其中的傳統工藝更是蔚為大觀，這種俗民文化存活於大眾社會，代代相傳。然而，隨著台灣社會的急遽轉型，政府又無暇注意，導致民俗文化與現代生活逐漸脫節，文化資產瀕臨滅絕，民間工藝自不能例外。

　　多年來，因為時代趨勢，大台北的文化活動此起彼落，熱鬧不已，頗有一番氣象，但是，終究熱鬧有餘，深度不夠，既無法「挖掘族群人文，整合民俗藝術」，遑論再現民間工藝之美。

　　就個人長期的觀察，大台北地區人文深厚，民間工藝千彙萬端；傳統與創新兼有，實用與審美並行。我們所舉的例證就是最好的說明。

　　目前，休閒蔚為趨勢，產業文化成為主流，需要民間官方積極的投入民間工藝的基礎研究與整合，共同開出大台北多采多姿的人文世界。

【參考資料】

台北縣立文化中心主編，1999.1，《台北縣文化藝術長期發展計畫》，台北縣立文化中心。

傅茹璋，1999.9.30，〈打造鶯歌國際陶瓷城〉，北縣文化62。

〈琉園水晶博物館導覽講義〉，琉園提供。

《藝術鑄造》，上海交通大學出版社。

《閱讀王俠軍》，1999.1，暢通文化。

三角湧文化協進會，〈找尋失落的三峽染〉。

桃園篇

TAOYUAN

◎江韶瑩

桃園縣 位於台灣西北部，是台灣島丘陵台地地形最發達的地區，高地起自東南部的雪山山脈，山巒重疊，朝西北方向緩緩傾斜為丘陵台地。大嵙崁溪（即大漢溪）從東南高地隨著地勢往北流過大溪鎮，再折往東北方向匯入淡水河，是桃園縣第一大河流。

桃園一帶在清雍正年間（1723～1735）仍是平埔族棲息聚居之地，稱為虎茅庄。乾隆二年（1737），粵人薛啓隆自台南率隘丁數百人來此開墾，並遍植許多桃樹，與世居的平埔人迭有衝突，造成民眾他遷而荒蕪一時。直到乾隆十年（1745），福建漳、泉移民大量渡海東來，漢人才開始在虎茅庄一帶落籍生根，因當時正逢桃樹遍野花開，而有桃仔園或桃澗之稱，後來再易名為桃園。桃園縣內居民祖籍複雜，大體上客籍人士略佔多數。

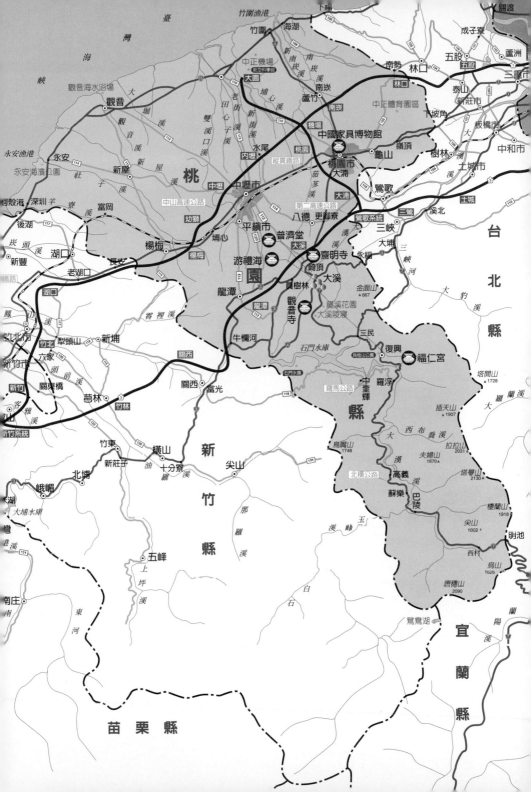

桃園第一大鎮—大溪

　　桃園縣共有十三個鄉鎮市，大溪號稱第一大鎮。它舊稱大料崁，位於桃園台地與復興鄉高地之間，淡水河直溯到此稱爲大漢溪，形成典型的河階台地聚落，群山環峙、景色優美，是一個山明水秀、地靈人傑之處。大漢溪是早年台灣北部最長的內河航線，海運商船運載大陸各省及國外貨物到新莊、艋舺後，再以行溪帆船接駁，溯溪而上，行至大溪爲終點；而從龍潭陂、關西、樹杞林（竹東），甚至遠自南庄，大宗內外銷的米、茶、以及山產、靛青也集中於大溪，再順河而下。全盛時期舟楫輻輳，約有三百艘帆船往來於淡水、大料崁之間，大部分停靠在大料崁碼頭。而連接碼頭、和平路旁，有挑夫接貨上下來往的小徑，即著名的「月眉通道」。

　　嘉慶元年（1796），台灣首富林本源家族爲避台北盆地漳泉械鬥，舉家從新莊遷來大溪。林家以其財勢大興水利，開鑿圳埤，灌溉荒地成水田，並開路設寨，闢建關西經龍潭到大溪的產業道路，同時以淡水河、大料崁溪的水運從事米鹽運輸，吸引大批移民，大溪、龍潭一帶因此迅速繁榮。

　　日治時期大正九年（1920）推行「市區改正」，臨街店面都需整齊劃一並加以裝飾。當時正是大溪的黃金時代，鎮上有許多富有的商家，於是大正型巴洛克風格的水泥模塑、洗石子精巧浮雕的立面裝飾，紛紛出現在和平路一帶的店鋪、民宅亭仔腳、弧形廊廓門面之上，這種混合和、洋風格與傳統店家牌樓特色的裝飾，作工精細，沿街展開，華美壯觀，至今尚保持完好，是當地最吸引人的景觀。

　　大溪近百年來，以木作傳統家具聞名全省。與之齊名的是大溪黑豆干，約有七十年的歷史。進入大溪鎮幾乎處處可見家具店、豆干店鋪的招牌，極富特色。

和平老街作工精美的巴洛克式牌樓山牆／中華民俗藝術基金會提供

🌑 大溪傳統家具

　　大溪能成為北部家具製作的中心，最主要的原因是：嘉慶、道光年間大姑陷的開發、林本源家族的遷入墾殖、大料崁溪上游復興鄉一帶豐富的林產、淡水河系與大漢溪水運交通的便利，以及光緒、大正之間約三十年的繁榮。大溪成為著名家具製造專業區時間約近百年，但發展成具有大溪傳統風格的家具，則是晚近的事。簡單的說，大溪家具業屬於經濟型的手工業產業，與安平、鹿港的工藝文化產業有所不同。讓大溪家具匠師引以為傲的，就是在每個不同發展階段風格的應變與設計上的「競爭力」，但也因此使大溪家具廠商彼此之間的內聚力與「大溪家具風格」特色甚為薄弱。由於彼此的競爭強，深怕自己的創意被別人抄襲，店家老闆各有自己的木工、雕刻、油漆師傅或代銷的貨源，經常秘而不宣，彼此之間也避免互相走動，省去後話的麻煩。因此，一般觀光客並不容易從店面尋到令人心動的款式，只有熟門熟路的老客戶，才能在店主人的裡間陳列

大溪齋明寺小供桌／陳蕙平提供

福仁宮小供桌／陳蕙平提供

黃氏家廟螺鈿嵌花大木裙桌／中華民俗藝術基金會提供

齋明寺殿前精美雕工案桌／中華民俗藝術基金會提供

室看到上乘的精品。

　　一九二五年以後，由於大漢溪淤淺，致使大溪的繁榮景象逐漸消退。不過街市雖然日漸沒落，但林木資源仍相當豐富，加上氣候與當地溫濕度、落塵量低等條件，適宜於天然髹漆的使用，因此代之而起的是手工技術密集的家具製作。台灣光復後，家具工作坊逐漸在上街的中央路與下街的和平老街出現，各有名師、平分秋色。到八○年代以後又慢慢從中央街發展到路街、門面較寬大的康莊路上，因此，今日和平路和康莊路成爲大溪家具店鋪集中的主要街肆，而在比較狹小的中央路僻巷裡，則多爲匠人加工產製的場所。

　　早期家具因爲用料、款式的關係，大多已損壞、替換而不知所終，能流傳下來的少數精品，則又早已成爲私人的收藏。數件有名款可考的家具僅見於著名之寺廟中，如齋明寺、普濟堂、福仁宮、觀音寺等之神案供桌等，但這些並不足以代表大溪家具的發展全貌。此外，長期以來大溪既以家具聞名，自然也成爲各式家具的集散地，同時吸引各地家具製作工匠來此以技謀生，更形成多種風格的混同。傳統的師徒傳授，或世襲式父子傳

【MAP】齋明寺・福仁宮・普濟堂・觀音寺

■ 齋明寺──桃園縣大溪鎮光明里齋明街153號 (03)3896487
【大眾運輸】從桃園市搭桃園客運往龍潭的班車，於齋明寺站下車，循齋明街而行即可抵達。
【自行開車】北二高下人溪交流道，沿3號省道往龍潭方向行駛，見路左有齋明寺牌樓即左轉循齋明街可抵。
■ 福仁宮──桃園縣大溪鎮和平路100號
■ 普濟堂──桃園縣大溪鎮普濟路124號
■ 觀音寺──桃園縣大溪鎮康安里22鄰下崁48號 (03)3885674
【大眾運輸】1.從桃園市搭桃園客運往大溪的班車，於新街尾站下車，續行和平路可抵福仁宮，再直走接普濟路右轉直行到底可達普濟堂。2.從大溪鎮搭桃園客運往石門水庫的班車，於觀音寺站下車步行即可抵。
【自行開車】1.北二高下大溪交流道循3號省道至大溪，過慈康觀光陸橋右轉和平路可抵福仁宮；和平路到底接普濟路右轉可達普濟堂。2.至大溪後，走康莊路可見蓮座山排樓，右轉勝利路即可達。

承的情形，已不多見，充分呈現經濟型產業勞資結構的特徵，很難整理出大溪家具傳承的脈絡、師承系譜及集團的地域性風格。

因之，大溪的家具店除幾家老字號、硬底子、資金較雄厚、還能接單設計的店號，因為有自己長期僱用的師傅群，且老闆自己是真正功夫底出身，才能展售本地自產自銷的家具、樣品，其他很多店鋪往往從他地訂貨、零件，隨著採購的木料一起運來，再於本地組裝、上漆、加工。甚至近年來從工料便宜的大陸、東南亞（尤其是越南）直接訂購輸入，或在大陸廈門、福州設廠製造再進口，更增風格的混雜，這對於不知究竟的上門客人，確實是一種考驗。但由於是家具的集市，其價格和品質反而因此得到市場機制的調節與平衡。

⚫ 大溪家具的發展與變遷

大溪家具初始的發展，如同台灣其他曾是家具木器重要產製之地的赤崁、鹿仔港、牛罵頭、葫蘆墩、東勢角、竹塹、艋舺、滬尾等城鎮一般，或因附近開發得早、有港口或內陸河流可以行船泊靠，或位在豐富林地下游等因素，而大溪則正好這些條件都具備，是以能一直以家具產業出名。這些城鎮得地利之便，成為商行、洋行及貨物貿易集散之地，因人口與財富的聚集帶來繁榮熱鬧街市，自然吸引更多閩南、粵東等內地及金門、澎湖的學寅鄉親宗族渡海來台。尤其在光緒、明治年間台灣各地大體已開發建設完成，社會安定，許多家族從一介佃農迅速上升成地方仕紳大戶，或捐官成為官府幫辦，投資置產、興建宅第大厝，地方的角頭寺廟、曲館武館、書院會館也紛紛整修重建，各類與營造有關的名

和平路再生堂藥舖之傳統藥櫥及櫃檯／陳蕙平提供

師巧匠先後受聘來台主持工事，並多人同行且攜帶工具，用手藝和技術謀生。這些巧匠雖依祖籍與手藝成爲不同匠幫，但都概稱爲「唐山師傅」。

　　起厝的樑柱斗拱大木作、石匠、泥水匠、瓦匠施工完成後，接著是細木雕刻、彩繪、剪黏師傅接手裝修，最後就是安置神案供桌、櫥櫃、眠床、桌椅、祭具、箱，甚至擔、轎等等各類大小家具木器。新厝多，家具的需求量就大，商賈巨富有從廣州、泉州、福州、蘇州、揚州訂製採購，或央請細木、小木作、雕刻匠兼作。不過家具的堅固耐用涉及精準而合理的榫卯、結構與木料的強度，因此兼作的家具往往取其結構較簡單者，否則中看不中用，易於散失折壞。中富小康則多由來台的家具匠製作。過去家具業不開店鋪，除生活中經常使用小件的椅鼓頭、板條、小鏡台之類見之於工作坊（兼店頭）或箶仔店外，其他多由客人當場描述，師傅決定形制、尺度，雙方憑口頭約定並先付少許「定頭（定金）」即照作。

　　有些唐山師傅作完工程就返鄉了，但有更多人則落

地生根，開始在農餘時接單代工，情況好的就邀同僑入伙並收徒幫工，是爲啓蒙師父。據稱大溪家具的開山始祖以黑倫師、朝枝師（陳朝枝）、清水師、阿養師（林承養）及烏番師等五位唐山師傅最負盛名，可惜除阿養師一脈有師承脈絡可尋，並且也是今日大溪在地家具業者中堅之外，其他幾位連姓名、後人皆不可考。依據資料推論，他們的年代約爲設撫墾局之後，此時不但林本源家族在大溪是一方鉅富的政、經大員，下街和平路一帶商行林立、萬商雲集，對各式家具需求殷切，品質要求相對提高，吸引各地工匠前來各憑手路本事發展。因此一時風雲際會，造就了許多專業、高水準的匠師。其年代大約在一八九〇到一九〇〇年之間，此時開始，奠定了大溪家具在北部的口碑與地位。

　　大溪家具以家居利生之各式傳統家具爲主，如：神桌、八仙桌、太師几椅、曠床、梳妝台、衣帽架、方面桌、椅條、公媽椅、圓鼓頭、眠床、衣櫥、茶櫥、書櫥、書櫃，以及中藥店的櫥櫃等，因取材的方便，因此用料較爲考究，而五金、鑲嵌、髹漆的搭配量雖少，但品質不錯，惟雕飾不多，因此造形、作工、線腳處理，成爲手藝高低的表現重點。從遺存的少數家具觀察，十

江氏祠堂受西洋影響之交椅〈三彎腿〉／中華民俗藝術基金會提供

江氏家廟（祠堂）翹頭案及方桌／中華民俗藝術基金會提供

七、十八世紀西方家具中常用的三彎腿、箱形面板結
構、圍形線狀板裙、麥穗垂飾及多重簷頭的造形，已隱
約出現，可見得洋商所帶來的審美趣味，已慢慢滲透且
被接納。日治時代中期以前，又混合了大正期的巴洛克
風格雕飾，使得大溪家具極受歡迎，暢銷於台北、基隆
一帶的城鎮，甚至有遠從台南、高雄慕名而來的顧客。

日治時期總督府積極輔導產業加工，大溪家具工藝
也在輔導之列，和式家居用具——箱板式鑲鏡面的簞司、
鏇木短柱裝飾的化妝寫字台、短腳炕桌……等，是這時
期的大宗。此外，如客廳的接待椅、掛屏、屏風、花几
還有穿衣鏡等混合和、洋現代風格的家具相繼出現，但
大體而言，仍以傳統式的家具，尤其大廳、神明廳的祭

桃園篇

祀桌案及嫁娶添粧的家具為最多。因為大溪家具已建立名聲，加上生活安定，家具市場景況不錯，在和平路上已有二十家左右的家具行號了。當時，市街景氣是農業之外的少數就業機會，為求一技之長，將來可以自立創業，因此許多本地及外地來的青少年，在讀完小學或初中之後，相繼被送到此地拜師當學徒，一時蔚為風氣。這是造就今日大溪家具業人才的重要時期，其中上街有阿萬師（林阿萬）、阿全師（黃全）、阿栗師（李永錫）、杜猴明、闇雞鳳等木工師傅，及阿櫻師（張阿櫻）、木連師等雕刻師傅；下街有：阿貴師（林先桂）、阿文師（林先文）、阿里師（李詩黎）、阿發師（陳新發）、阿安師、阿樹師（黃樹）、瑞興師（簡瑞興）、阿維師（李阿維）等木工師傅，及阿春師（張阿春）、土地公全（邱家全）等雕刻師傅。

　　第二次世界大戰期間及剛結束之時，日本在台銀行、會社資金遭到凍結、撤走，資本設備也受戰爭破壞，經濟幾乎無法支撐，直到一九五〇年左右才恢復到戰前的產出水準。這時因美軍協防台灣，社會上興起一股仿西式、美式家具的熱潮，但終究缺乏西洋家具的技術傳承，僅能憑流通的郵購雜誌圖片，或電影中的驚鴻

江氏祠堂案桌／中華民俗藝術基金會提供　　　　黃氏家廟案桌（束腰嵌螺鈿）／中華民俗藝術基金會提供

一瞥來模仿，所以仿製的家具可用「不中不西」來形容，以致產品滯銷。加上塑膠成形、積層材、組合式及合板製作的家具席捲而來，以甚低的成本、售價分食市場，大溪家具業者備受衝擊，為求生存，不得不削價競爭到幾乎無利可圖的地步，西式家具風的熱潮就在七○年代之前無聲無息地消退了。不過歷經二十年的摸索，有些家具師傅對未來市場的競爭，及現代家具設計的應變能力已有所準備，也因西式家具的嘗試，業者帶著投身台北開店的經驗，約在六○年代前回到大溪，開起新式的店面，有成品組件及其他擺飾、地毯、窗簾搭配以供選購，首開風氣之先。

七○年代的大溪家具業有了重大的轉變。塑膠成型家具及合板家具蠶食一般廉價市場，資金或技術不足的業者，只好夾雜原木與合板，製作價格較低的家具，或者放棄製作的本業，改為銷售從香港、新加坡或台北，甚至從橫濱批購而來的硬木家具。而堅持技術本位、追求高品質且資金能融通的資深業者，則面對進口的硬木，改變生產機具與調整流程，研發新的工法技術，並且採取分工作業的方式，完成一次內部的產業革命。這幾位資深業者，可視為今日代表大溪家具傳統的中流砥

黃氏家廟金銀釜架／中華民俗藝術基金會提供

江氏家廟半邊圓桌及太師椅／中華民俗藝術基金會提供

柱。約在八〇年代已然轉型成功的傳統家具業者，既能
設計製作改良，以因應新建築空間的生活形式；也能以
企業經營方式保持其家業。今日所稱的「大溪家具」指
的就是這個階段開始，及以後所發展出來的家具作工與
風格。

◉ 大溪家具的作工與風格

　　大溪家具興起的重要原因之一，在於
大漢溪上游有豐富的林產。通常將已枯或
倒，或砍伐下來之材木，經粗略剖鋸之後
拖運至溪谷，再利用大雨、颱風溪水暴漲
時，順勢將之沖流到大溪橋附近的河床
上，將這些「水流木」按記號抬回鎮上，
分門別類後作為家具用料。本地使用的木
料，有肖楠、櫸木（俗稱雞油）、檜木、
烏心石、樟木、楠木、梧桐、杉木、扁柏
等等，各有不同的香氣及紋理，前三者的
紋理細緻，是台灣早期家具最珍貴的木
料。

　　進口的硬木即指硬度更高之木材，
因硬度高其斷口可以較細而結構力仍足，
故成就了明式家具優雅、細緻、流暢的線
狀結構。台灣進口硬木主要為黑檀（烏木）
、紫檀（酸枝）、鐵刀木、花梨（紅木）
等最為貴重，但因原產地產量減少或加以
管制，在材料取得不易下，也就愈顯珍
貴。因此工好料佳紋理均勻的家具，多以
生漆塗布以顯現自然紋理，呈現古樸之

①光復初期大溪之几／陳蕙平提供
②大溪家具所使用之生漆料／陳蕙平提供

美。但如因結構的需要而在不同部位用不同木料接合，而需調色使底色接近一致時，則多用熟漆。熟漆又稱干漆，即過去俗稱的福州漆。無論生漆或熟漆都是天然的漆樹汁液，雖然髹漆的難度高又手續繁複、施作費時，但結合力強、耐熱性高且受潮泡水也不會「脫皮」，因此高級木料配天然漆，乃相得益彰。如以較次級之木材或合板製成，則以施作容易的化學塗料打底，其表面光澤遠遜於天然漆，應該不難分辨。

由於改採硬木作材料，作工方面必須「慢工細活」和「精雕細琢」，相當繁複；取材下料更要慎重，從選料、乾燥、打樣、成型、雕刻、鑲嵌、填灰、髹漆、細磨到成品包裝，無一不是個別專業的重複組合，必須是均勻、對稱、不偏不倚、接合嚴密、絲絲入扣、光可鑑人才能算是上品。

在形制方面，必須盡可能配合現代建築與生活起居習慣，以「椅子」為例，外形較之傳統太師椅略為寬大，椅面降低如沙發，前後略呈傾斜，以符合坐姿的人體工學，椅背升高有斜度，是主要雕刻裝飾的部位，扶手多保持中廣的圓弧，支撐的鵝脖或牙條多用板材雕花，左右扶手與椅面大體上都採前寬後窄，以方便起坐。同時為配合降低的椅面，腿足部位就成為全張座椅的重要視覺關鍵處，多採彎曲變化相當大的三彎腿，使靜中有動態的感覺，取動靜之間的微妙調和。整體來說，通體形大、結實而厚重，可為三代典藏之作。「桌子」則因椅子的造形改變而隨之調整高度，以形構為一體。準此原則，家具是成組成套的設計，為一大組件，而不再是一几二椅、二几四椅的祖先廳的組合，而是轉化為客廳、接待室的組件，所以單椅、二人連座、三人椅、邊桌、角几都被設計出

光復初期大溪之椅（普濟堂收藏）／陳蕙平提供

來，甚至屏風、酒櫥、珍玩櫃、花几……餐桌、鼓凳等
等都是一體呈現。簡言之，就是把傳統家具改良爲現代
家具的尺度與形制，也可說是西式家具的傳統格式化。
但其中不變的是台灣傳統家具的結構與裝飾風格，與明
式家具及蘇式、廣式等清式家具不同，雖仍有閩南泉、
漳的手路，但因使用硬木的關係，整體粗、細、長、短
的比例已截然不同。

這種形制及尺度的改變，曾深獲日本人的喜好，而
以「唐木家具」稱之，喻其帶有唐代之流風。大約從八
○年代之後的七、八年期間達到外銷的高峰，直到大陸
開放市場之後，才沉寂下來。精緻典雅的上乘之作，國
內尚不乏慧眼伯樂的識貨老顧客；至於缺乏調和美感、
抄襲拼湊的惡俗家具，則只能堆疊在倉庫裡。國內市場
又循環到轉手銷售大陸、東南亞進口的仿古家具，或者
再回到傳統祭祀案桌家具的製作。

當然傳統神案供桌仍可見其功力，常有佳作，但由
於重複性太高，加以必須恪遵「文公尺」格式化的凶吉
尺寸，所以看來近似雷同。況且供需之間如不能平衡，
一旦供過於求，難免又市面蕭條。百年來，大溪家具就
這樣起起落落，但總是有人獨具眼光，堅持以精湛的手
藝，力挽狂瀾。

🌏 家具師傅

■ 游禮海（1933～）

「吉美家具行」負責人游禮海先生，十六歲即隨黃全
（阿全師）習藝，深得師傅器重，留爲東床快婿，是當今
大溪著名家具師傅唭大力推展家具藝術化，作品在傳統

大溪藝師游禮海木器作品「福在眼前」／
中華民俗藝術基金會提供

與現代之間，展現新古典風
貌。曾獲教育部民族藝術薪傳
獎及文建會民族工藝獎。

■ 林文珍（1930～）

　　原「萬承家具行」的負責
人。從祖父林承養（阿養師）
開始，四代均爲大溪家具著名
業者，父親林萬承（阿萬師）
、兒子林世山，匠藝代代相傳，唯目前已搬離大溪鎮，
不再經營百年家業，極爲可惜。

■ 陳森桂（1955～）

　　國立台灣藝術專科學校美術科畢業，從事家具設計
及佛像繪製工作。曾邀集當地優秀師傅，共同參與傳統
家具再創作及生產。兩度獲得民族工藝獎。

■ 中國家具博物館

　　位於桃園市縣府路二十一號的「中國家具博物館」
，設立的宗旨是：展現桃園縣豐富的林業資源、縣內規

桃園篇

【MAP】游禮海

■ 游禮海——桃園縣大溪鎮康莊路199號
(03)3883388
【大眾運輸】從桃園搭桃園客運往大溪的
班車，於大溪新街站下車後步行可抵。
【自行開車】北二高下大溪交流道後，循3
號省道至大溪接康莊路即可抵達。

模宏大的木器家具廠商，以及介紹大溪鎮的傳統家具特色。展示主題分爲：中國傳統家具、台灣早期家具及傳統家具製作技術、桃園（大溪）地區家具特展等三大單元。民國七十八年四月三十日落成啓用。典藏豐富、展品品質佳，值得觀賞。

結語

　　大溪家具是屬於經濟產業型的手工業，對市場機制反應相當機敏、變遷快速，以致於無法歸納出「大溪家具特色」。從歷史的回顧，可就傳統家具鑑賞的通則及文化脈絡來稍作討論。

　　傳統家具工法中最主要的技術就是榫卯結構的運用，依不同部位與接合情形而製作使用各種接榫，不容有所鬆動。木料夠硬，接榫之面就可縮小；反之則需加大，結合力才夠，自然就會影響板、柱的粗細。大溪家具慣常使用的榫，有甕仔頭榫（公母榫）、交叉榫（三角榫）、夾仔榫（雙榫）、插角榫、倒勾榫、蜈蚣榫、栽牙榫、材梳榫、搶角榫、袋子榫及鈕扣檔等等。作工技術高明，其榫卯嚴謹巧妙，結體牢靠；如用合板和原木組成，往往須靠暗釘、五金、螺絲或黏著劑膠合，就可能減少使用的年限。但近年來因合板黏合及製成技

【MAP】中國家具博物館

桃園市

桃園縣文化局　　藝廣館　衛生所

中國家具博物館

縣政府

郵局

中　山　路

全國電子

■ 中國家具博物館——桃園市縣府路21號（桃園縣文化局內）　(03)3322592
【大眾運輸】於桃園市搭1路市公車或台汽客運往中壢班車於縣政府站下車，循縣府路即可至文化局。
【自行開車】1.卜南崁交流道後，接4號省道往桃園市區，續行三民路、中山路，接縣府路即可抵達。2.自中山高或北二高經兩高東西連接道路，由桃園交流道下，往桃園方向行走，右轉國際路左轉中山路即可抵。
【開放時間】8:30～12:00，13:00～16:50，週一全天、週二上午及月末休館；國定假日開放，次日休館。

術改進，爲減低造價，也有木工能作出不錯的榫接，只是能應用的部位還是有限。

傳統家具整體呈現的美感，主要在「造形與比例」、「紋樣與裝飾」。

造形與比例──造形或溫文典雅、或粗俗臃腫、或虎背熊腰、或環肥燕瘦，都關乎個人藝術修養與興趣，不能一概而論；不過，通常與人體工學的關聯度高的，較合乎尺度；至於挺而直、均勻對稱、俐落清爽、線條流暢的，也算符合古典家具簡潔之美。

紋樣與裝飾──與文化脈絡、個人修養有直接的關係。大體而言，大溪家具因族群、匠師的多層次交流而呈現多元的內涵，但基本上以漳、泉文化性格最爲顯著。經過長期融合，除家具形體較爲高大之外，厚重、繁複的雕刻是較明顯的特徵。雕刻題材喜加上外來的圖像，故事性主題也強，因此洋風家具和巴洛克風的裝飾也融入雕刻之內，對於個人宗教信仰、喜好的象徵符號也有巧妙的安排（如吉美家具的蓮花）。此外，廣式的螺鈿鑲嵌（以萬承家具最爲擅長）也是主力，而客家的墨繪偶可一見，但潮、汕一帶的黑底朱漆安金箔的手法，及台南的「茄冬入石榴」平面拼木鑲嵌則罕見。

從大溪家具，可以很容易看到文化脈絡的分隔，或許這也算是「大溪家具特色」吧！

【參考資料】

江韶瑩、呂理政，1987，《桃園縣中國家具博物館研究規劃報告書》，行政院文化建設委員會委託。

江韶瑩主持，陳蕙平、孔令伊撰述，1997，《桃園縣大溪地區傳統家具調查研究計畫報告書》，桃園縣立文化中心委託。

林世山，1998，〈大溪木器家具的過去、現在與未來〉，《台灣手工業》65:68-75。

林世山，1986，〈認識大溪唐木家具〉，《大溪唐木家具專輯》8-21，桃園縣立文化中心出版。

新竹篇

HSINCHU

◎林保堯

新竹地區 環山面海,位於台灣脊梁山脈西側,北與桃園、南與苗栗為鄰,東與宜蘭、台中縣相接,西臨台灣海峽,面積共一千五百餘平方公里,山岳地帶約佔全區百分之五十,丘陵約佔百分之三十,其餘為平原。人口以客家、閩南族群為主,還有一小部分的原住民。

新竹舊名「竹塹」,漢人移民來台之前,就已是平埔族道卡斯族「竹塹社」活動之地。「竹塹社」最早是在香山一帶的鹽水港附近,後來逐漸往東北移動。據《渡台悲歌》作者黃榮洛先生的考證:「竹塹」是「海邊」的意思,可能是當時「竹塹社」族人活動的範圍,因接近海邊故名之。

第一位開墾竹塹的漢人是泉州籍的王世傑,於康熙年間(1662~1722)來台,在「暗街仔」(今東前街,開台福地一帶)與竹塹社人共同相處。

客家籍移民進入竹塹墾荒,最早是雍正三年(1725),粵省陸豐縣人徐立鵬,在竹塹埔西北約二十里之紅毛港、新庄仔一帶開墾。後來粵籍人士繼續往新竹、竹北、新豐、香山等地墾殖,形成另一波移民潮。

雍正九年(1731),清政府設淡水廳治於此,雍正十一年,置右營守備,同知徐治民環植刺竹為城,周四百四十餘丈,闢東、西、南、北四門並建城樓,為竹塹建城之始。光緒元年(1875)首度設縣,改稱「新竹」。

在台灣發展史上,新竹地區的開發甚早,境內處處可見名勝古蹟,寺廟、宅第、牌坊、陵墓都是難得的文化遺產。雖然現今的新竹,以高科技產業揚名於世,但由於自古以來文風鼎盛,有極其深遠的文化傳統,因此當地人對於維護傳統技藝,提倡藝術活動向來不遺餘力,因而造就今日新竹地區「傳統」與「現代」風貌並具的特色。

以下僅以玻璃工藝、彩繪藝術和陶藝三項為代表,引領大家一窺竹塹古城民間工藝的風采。

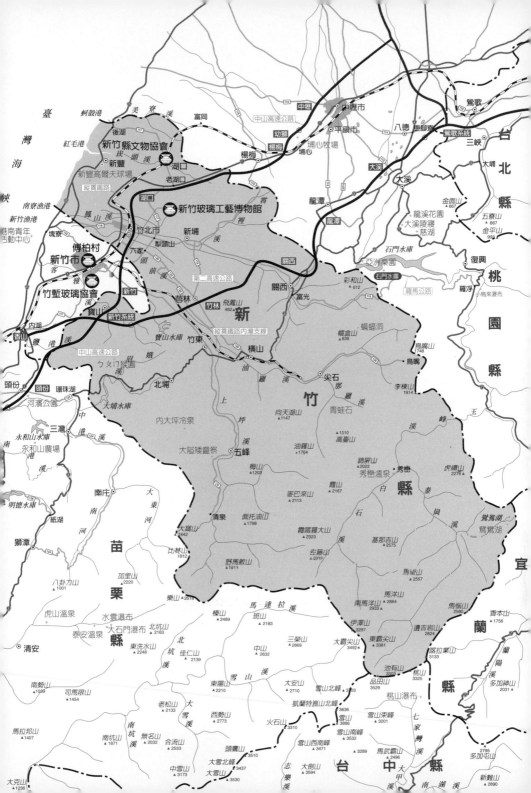

● 竹塹玻璃

　　大概在民國四、五〇年代，搭火車通勤到新竹市就讀中學的那一輩人，應該都還記得，鐵道兩旁，尤其是火車站附近，連綿林立的玻璃工廠；由此往南，到了今天的新豐站，則以磚窯廠居多，並間雜著玻璃廠；過了竹北站，接下來新竹、香山、竹南等站，幾乎都是各式各類的玻璃工廠，令人直覺新竹是「玻璃的原鄉」。但是，隨著歲月輪轉，如今除了新竹後車站更深遠處，還有相當大型的玻璃工廠之外，幾乎見不到玻璃廠了；竹北站與竹南站一帶，完全不見玻璃廠的蹤跡。

　　玻璃在台灣的發展並不算太久。光緒十三年（1887），陳兩成在台北成立玻璃器皿工廠，以坩堝窯配合手工吹壓，揭開本島玻璃製作的序幕。日治初期，台北陳萬源於明治三十八年（1895）聘請日本玻璃技術人員，來台製造玻璃器皿。大正四年（1915）日本商人高石組來台設廠，以製造玻璃水瓶為主，翌年（1916）日人中澤曾來台，與玻璃商「永泰隆」在台北合辦工廠。

　　直到大正九年（1920），日本人在新竹地區發現蘊藏豐富的玻璃原料——矽砂，加以天然氣燃料供應充沛，因此日本著名的「東明製瓶會社」，與專賣局於一九二二年合辦製瓶廠，專門製造咖啡色酒瓶，開啟新竹玻璃生產的歷史。

　　民國四十九年，台灣最大的玻璃廠——「新竹玻璃」，成立工藝玻璃部門，以噴砂玻璃模仿國畫屏風，將平凡的器用玻璃帶向藝術之路，從此奠定新竹成為工藝玻璃重鎮的根基。

　　玻璃的質地，據明李時珍《本草綱目》所述：「其瑩如水，其堅如玉」，而有「水玉」之稱，製成的工藝

品晶瑩剔透、光彩奪目，在古代為皇室貴族的專利品，隨著技法的精進與開放，逐漸走入民間，不僅成為平民化的生活器用，也是廣受喜愛的裝飾品。

　　但是，製作玻璃是一件相當辛苦的工作。玻璃在一千多度以上的高溫才能熔化，而後整個捏、塑的過程，都必須保持這種高溫，如此惡劣的工作環境，實非一般人所能忍受。民國六十二年石油危機發生之後，種種內外因素使得風光一時的竹塹玻璃，逐漸走下坡，其間雖有聖誕燈泡大量外銷的榮景，略挽頹勢，然而，仍不免黯然失色。

　　玻璃產業的衰敗，令人心酸，但也激發當地有心人投入研發之道，期望化危機為轉機。民國八十年八月，九韶開發藝術中心負責人顏丙林先生，結合新竹地區的玻璃、陶瓷業者，策劃「浴火鳳凰——陶瓷玻璃藝術精品展」，獲得新竹市立文化中心的支持，於高雄市及新竹市兩地文化中心展出。當時參展的玻璃及陶瓷工作者共有九人，除了舉辦專題講座，並邀琉璃工房的張毅，以及在地玻璃工作者現身說法，獲得不少迴響，為新竹玻璃的再生，踏出了第一步。

　　「浴火鳳凰——陶瓷玻璃藝術精品展」的成就，帶來新的契機，新竹市文化中心乃以「玻璃工藝」為地方特色館之主題，設立「玻璃工藝博物館」，並於民國八十八年十二月十八日落成啟用。「竹塹玻璃」，終於風華再現。

　　相較於七、八年前，目前新竹地區從事玻璃藝術的工作者，增加很多。起初，多半是過去從事玻璃工藝品內外銷者，轉換跑道來參與；接著，有些曾經從事玻璃工藝品加工，後來轉業者，在工作之餘也回頭參與；最近，由於文化局「金玻獎」的口碑建立，以及國際性玻璃藝術博覽會的耀眼成就，促使學院出身的藝術工作

者，也紛紛投入。文化中心多年的付出與努力，終於培養出無數玻璃藝術人才，與玻璃藝術創作，「竹塹玻璃」燦爛的未來是可以期待的。

■ 新竹玻璃工藝博物館

位於新竹市公二公園西北方，一九九九年十二月十八日正式開館，成立宗旨為結合文化與觀光資源，協助新竹玻璃產業文化的升級。

博物館的主體建築物，原為日治時期的「自治會館」，建於昭和十一年（1936），是日本皇族及高級官員來台巡視時的行館與宴客場所；光復後，為當時接收委員會住所，一九六〇年由美軍顧問團進駐，一九八〇年美軍撤離之後成為憲兵隊隊址。建物外型具有日治時期流行的歐洲風格，內部裝潢極為雅致，與戶外自然景觀相互輝映，呈現脫俗的美感。是當今台灣「歷史建築再生」，相當成功的典範。

館內展示內容包括：建築物的歷史沿革、回顧玻璃的歷史以及玻璃工藝之美。

【MAP】新竹玻璃工藝博物館‧竹塹玻璃協會‧傅柏村

■ 新竹玻璃工藝博物館──新竹市東大路1段2號 (03)5626091
【大眾運輸】可於新竹市民族路16號處搭乘1、1甲、2、2甲等線在公園站下車即達。
【自行開車】車行下新竹交流道後，循縣道122往市區方向，見高架橋後走右側平面道路，再左轉公園路即達。
■ 竹塹玻璃協會──新竹市高峰路386巷100弄19號
(03)5269405
【大眾運輸】可於新竹市中正路麥當勞門口前搭乘20路公車。
【自行開車】車行下新竹交流道後，循縣道122往市區方向，過東大陸橋右轉南大路，繼續前行左轉東南街再右轉食品路循指標即可達。
■ 傅柏村──新竹市東南街207號 (03)5713918
【大眾運輸】於新竹市麥當勞門口可搭乘5路公車(逢星期六、日停開)，另可搭往寶山、三峰、新城等線班車在東南街口有停車。
【自行開車】車行下新竹交流道後，循縣道122往市區方向，過東大陸橋右轉南大路，繼續前行左轉東南街即可達。
【注意事項】欲拜訪參觀傅柏村先生及其作品，請事先電話聯絡為宜。

玻璃工藝博物館內的「世界玻璃史」展示現場／林保堯提供

玻璃工藝博物館中，國人在玻璃瓶罐藝術展示走廊的作品極多／林保堯提供

歷經多年努力，終於選定新竹憲兵部隊舊館舍為玻璃工藝博物館館址／林保堯提供

■ 竹塹玻璃協會

　　為了打響「新竹玻璃」的知名度，再造產業第二春，新竹市立文化中心提出舉辦「1995竹塹國際玻璃藝術節」的構想。當時玻璃業者各自為政，並無組織，因此文化中心乃召集業者於一九九四年成立「竹塹玻璃協

會」，以協助產業振興爲首要任務。次年二月十二日爲期一個月的「1995年竹塹國際玻璃藝術節」順利展開，並且轟動一時，爲玻璃藝術邁向國際化跨出實際的一大步。這項成功，振奮人心，激起了玻璃業界、琉璃工房，甚至玻璃工作者的鴻圖大志，更加努力專研玻璃豐富、多元的內涵，期能再創竹塹玻璃的第二春。

連續三屆的「竹塹國際玻璃藝術節」，確實打響了「竹塹玻璃」的名號，「竹塹玻璃協會」雖然備極艱辛，但皇天不負苦心人，辛苦播下的種子，正不斷地開花結果。

王鍊登作品「生生不息(二)火生土」／林保堯提供

黃安福「松」／中華民俗藝術基金會提供

許熹鍊作品「同心協力」／中華民俗藝術基金會提供

🌏 彩繪工藝

　　台灣的彩繪系統，沿襲了福建、廣東的地方特色。自清中葉開台以來，寺廟、房舍陸續興建，因此需要各類藝匠，於是早期的彩繪工藝，就隨著閩粵移民傳到台灣。清道光年間（1821～1850），有郭姓家族落籍彰化鹿港，專業從事彩繪，應是最早本土化的藝師；清末民初，來自廣東汕頭的畫師，則在台南傳承另一系統；此外，新竹、台北一帶，也有早期渡台畫師的傳人。這幾個地區的彩繪，構成台灣建築彩繪的主要源流。

　　台灣建築彩繪最輝煌的年代，應在三、四〇年代之間，當時名匠輩出，各立山頭。活躍在新竹、苗栗一帶的有閩系的李九時、李金泉父子與粵系的邱玉坡、邱建邦等人。李氏一族原籍泉州，來台定居新竹，擅堵頭圖案設計，風格與台北地區閩籍匠派相近；而在客籍聚落活動的邱氏匠派，則屬粵東大浦人，三〇年代初期來台，擅堵頭圖案與泥金畫，裝飾趣味較濃，作品尚見於北埔姜祠、獅頭山靈霞洞與大溪李騰芳古宅。

■ 李秋山（1914～1997）

　　祖籍泉州晉江，他一門三代從事彩繪，祖父李九時在原鄉即從事寺廟彩繪，來台後定居新竹，仍繼續本業，聲聞北台灣。父親李金泉繼祖父業，在新竹州、台北州承包彩繪工作，當時北部地區寺廟幾全由其描底擬稿。艋舺龍山寺、關渡媽祖宮、林口觀音廟、台南鯤鯓廟，以及竹塹城的城隍廟、竹蓮寺、關帝廟、長和宮、東寧宮、內媽祖廟及天公壇均出自其手。

　　李秋山讀完新竹第一公學校高等科後，就追隨父親學習彩繪，從修補木料裂縫開始，依次畫色，安金到門

李秋山早年人物素描「李良臣畫像」／新竹市政府文化局提供

神胎，再由小間土地公廟到較大間的寺廟。其後因金泉師年歲漸大，一些較高的位置才由他負責，畫路隨之寬廣，直到父親去世，他首次彩繪竹南王爺廟門神，正式繼承家業。

李秋山的學藝，除了家學淵源外，勤於請益，廣求畫路，最令人稱道。早年因姑丈陳湖古租借李家房屋經營「大成肖像館」，使他有緣學習炭筆人像圖繪技術，因努力勤學，成為當時（約一九三八年左右）來自台北蘆洲的彩繪肖像師葉東青老師的助手。後來，在今新竹市中央路「古宜齋」處，開設「得自然」肖像館。

昭和四年（1929）新竹「書畫益精會」主辦全島書畫展，他目睹趙蘭、李霞、楊草仙、詹培勳等大師風采後，內心產生極大震撼，在陳湖古指導下先從《芥子園畫譜》入手，由於對人物畫的喜好，從一本《人物十八法》畫冊學習，並多次向台展審查委員木下靜崖討教，評析作品。當時新竹麗澤畫會，經常邀請外地人士前來新竹作畫，李秋山把握機會，努力學習，進步神速。一九三二年以「蘇武牧羊」獲得日本美術協會書畫展優等獎。

在諸多藝術表現中，寺廟彩繪是他投注一生最大的成就。彩繪是民間傳統工藝的一支，向來被歸屬於民俗藝術，但由於李秋山除了精通寺廟彩繪之外，對於人物肖像、書畫藝術，也有所造詣，因此，在為寺廟彩繪時，常以書畫藝術的筆法，將文人畫的雅致帶進寺廟建築的民俗意境中，例如：一九七四年明德堂重修時，門楣上的兩幅山水，就以唐代僧人常見的五言律詩為題。正因為他的作品雅俗共賞，功力超越一般彩繪藝師之

瓶中楊柳分來南海一枝春

座上蓮花占斷西方三月景

一尊金相龍吟虎嘯出天台

李秋山湳雅宮虎門彩繪（1990）／新竹市政府文化局提供

李秋山湳雅宮門神彩繪（1990）

／新竹市政府文化局提供

上，因此廣受好評，新竹地區無數大大小小的寺廟，都
可見到他的作品。此外，民宅祠堂亦為其經常之作，在
新竹地區先後彩繪過的有：八卦寮曾厝、東勢青草湖鄭
厝、後車路曾厝、水田吳化大厝、南門何錦泉厝、北門

李秋山早年作品「蘇武牧羊」／新竹市政
府文化局提供

傅柏村彩繪作品／傅柏村提供

　　李陵茂厝和鄭厝等，其中八卦寮曾厝，在一九九〇年改
建為淊雅宮時，仍由他彩繪，是目前祠堂中保留李氏作
品較多之處，值得深探。

■ 傅柏村（1942～）

新竹市人，爲新竹地區彩繪大師傅錠鏌（1913～1991）之子。從小追隨父親學習寺廟彩繪，至今已四十餘年；業餘則從事水墨畫研究，亦曾參與傳統藝師調查工作，並擔任學校國畫指導教師。

■ 李登勝（1954～）

新竹縣人，弱冠之年即隨緣本慧法師學習書畫二十餘載，二十八歲赴日遊學，並繪製佛寺大壁畫，享譽東瀛。除了精研水墨山水、花鳥，並特別擅長人物繪畫，如：鍾馗、李白、蘇東坡等。曾多次承製各縣市寺廟之彩繪、修護工作。

李登勝彩繪作品／李登勝提供

⬤ 新竹陶

　　「新竹陶」的名氣，遠不如鶯歌、竹南來得響亮，究其原因，可能與新竹陶的質樸和居家性格有關。

　　台灣地區日用陶器燒製，大約在清道光年間才較普及，但窯場也只見於台南、南投、苗栗、鶯歌、北投等地。當時新竹地區日用陶的需求，主要仍仰賴大陸輸入。新竹窯，是在清末及日治初期，由福州陶匠來此覓土尋地，設場經營而逐漸形成的。產品多為日常用品，例如：缽、罐、甕、水缸、花盆、涵管……等等，特別注重生活上的實用與美觀；又因是高溫燒、硬度密實，具有厚重耐用、裡外上釉、不易滲水……等優點，頗能符合客家婦女、農工家庭的使用需求，因此廣受客家族群的歡迎。

　　「新竹縣文物協會」收藏的新竹陶器中，有數量甚多的大水缸，在沒有自來水的年代或地區，是非常普遍的家庭必需品，通常放在廚房灶邊，以方便使用。另外一項常見的器物，就是「甕」，這是客家族群「醃漬文化」

【MAP】新竹縣文物協會

■ 新竹縣文物協會——新竹縣湖口鄉民生街358號　(03)5996122
【大眾運輸】1.搭火車於湖口車站下車，沿中正路左轉民生街即可達。
2.於新竹市陸橋站搭往湖口的班車，於湖口下車後循中正路轉民生街可達。
【自行開車】下湖口交流道，循縣道117(中正路)往湖口火車站方向行駛，右轉民生街即可抵達。

德貴路　117
地開民
湖口火車站
農會
中山路
湖口公有市場
民生街
電信局
中正路
郵務局
北勢溪　117
新竹縣文物協會

①陶製水缸②各種不同用途的新竹陶製品③各種不同用途的新竹陶製品④陶甕
／以上圖片由新竹縣文物協會提供

與「惜物惜福」的具體表現。

　　「新竹陶」充分反映當地居民的精神特色：厚重硬
朗、純樸實在、亮麗優美，這是新竹鄉土最珍貴的人文
資產。它的質樸無華，值得當今追求高科技、標榜高消
費的大眾，靜靜欣賞、慢慢體會。

結語

　　民間傳統工藝，在今天的市場經濟下，確實不易生存，唯有全民體認共同危機，調整對文化的認知與心態，才有重生的可能。而傳統工藝從業者，配合政府的各種生存機制，也是重要的環節，如「竹塹玻璃」是近年少數扭轉頹勢而成功的例子。

　　彩繪工藝結合油漆技法與書畫藝術，為中國傳統建築增添了無數的風采。而在台灣這個美麗的島嶼上，彩繪藝術更具有維繫傳統建築人文特色的深遠意義。由於國人喜蓋寺廟，且又經常整修增建，因此彩繪仍大有可為，只是如何促使主事者重現傳統性彩繪的獨特韻味與生命，則有待努力。

　　新竹陶器，則隨著社會進步，生活方式的改變，由主要的民生日用變成稀有、特殊的用途，這或許是必然的趨勢，但我們如能體認其特有的美感，把它運用到日常生活上，必能增加生活的情趣與美學品味。

新竹篇

【參考資料】

新竹市立文化中心編，1993，《新竹玻璃工藝博物館研究規劃報告》，新竹市立文化中心。

李秋山、洪惠冠，1998，《李秋山紀念畫集》，新竹市立文化中心。

潘國正編著，1997，《新竹文化地圖》，新竹市：齊風堂

竹塹文獻堂，1995，《1995年竹塹國際玻璃藝術節成果專輯》，新竹市立文化中心。

國立歷史博物館編輯委員會，1998，《竹塹玻璃藝術展》，國立歷史博物館。

李奕興，1995，《台灣傳統彩繪》，藝術家出版社。

簡榮聰，2000，〈新竹陶的人文與工藝特質探討〉，《台灣文獻》，台灣省文獻會。

苗栗篇

MIAOLI

◎陳板

苗栗縣 位於台灣中北部，北面和東北面與新竹縣為鄰，南面和東南面隔著大安溪、雪山山脈與台中縣接壤，西濱台灣海峽，依山傍海，景色優美。全境屬於雪山和加裡山系的範圍，「山多」是本區地形上的特色，因此有「山城」之稱。連綿的山巒間，是眾多的大小溪流，蜿蜒穿梭，形成多姿多采的山川風情。

漢人入墾以前，活動於本區的有原住民的泰雅族和賽夏族，以及平埔族的道卡斯族。清康熙五十年（1711）清兵駐防後龍，康熙五十二年（1713）招募漢人移墾，開啓漢人拓墾的序幕。爾後，閩粵移民由西部沿海，漸次深入山區開墾。康熙六十年（1721）朱一貴之亂，當時粵籍墾民協助清廷平亂有功，清廷乃於雍正十年（1732）開放對粵民的海禁，粵籍移民因此大量湧入開墾。

由於地形的阻隔，依縱貫鐵路有海線、山線之分，海線地區居民多為漳泉移民，山線地區居民則大多數為廣東的客家移民。泰雅族分布於泰安鄉；賽夏族則居住於南庄鄉東河村，以向天湖一帶人數最多；而曾經活躍於西半部河谷平原和丘陵區的道卡斯族，現今除了留下一些老地名之外，幾乎已找不到蹤跡。

苗栗，無論在歷史定位或地理定位都是台灣的一個異數。苗栗的工藝特色幾乎都不脫地緣關係與土地資源的滋養。例如竹南地區金銀紙的產業，和她在昔日一度身為海運交通樞紐的地緣條件相關，加上當地蓬勃的民間漢民族宗教信仰的滋潤，因而產生全台少見的金銀紙生產中心；公館的陶業，乃緣於當地的地質資源——陶土，遇上專業者的發掘，才形成當地的重要營生產業；三義為山多田少的丘陵地區，昔日樟木林是地表的特色，近年來的環境保育觀點勢必又將造成三義木雕的另一種風貌。

另一個特色是緣於民族文化傳統的影響。例如泰雅與賽夏的編織，原本就是成年禮的表徵與族群之間的識別象徵，同時也是實用與審美的具體表現；苑裡的藺草編織雖然一度是當地福佬人的地方特色產業，然而，這項產業卻也是由昔日原住民承傳而來的「異族文化」傳統。

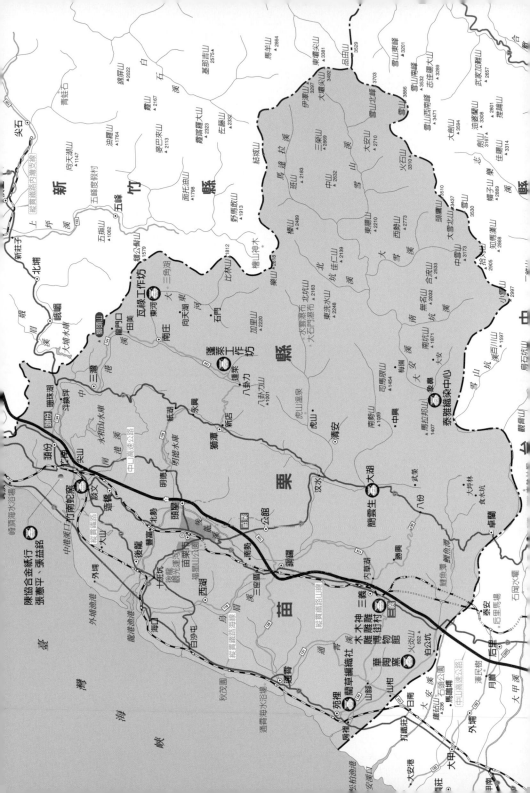

原住民工藝

　　苗栗的民間工藝，首推原住民（道卡斯族、賽夏族與泰雅族）編織工藝與勞動生產工具。原住民的編織從大自然中採集原料（藺草、苎麻），並賦予人文意義；已有研究者指出，賽夏族與泰雅族的編織文樣各具有文字與表意的功能，不同的顏色與不同的文樣，就能夠區辨（或閱讀）出不同的文化意義。在泰雅族而言，根據族人的口述，以往編織能力等於女子的成年禮，由此可見，編織在原住民歷史中的重要性。然而，在歷史的過程中，原住民的編織卻一直未受到恰當的重視，致使這個具有豐富意涵的人文傳統不斷受到打壓，原住民也因而漸漸流失了這項能夠具體傳遞民族文化意涵的傳統工藝。近年來，在本土運動、原住民運動的歷史激流中，重新替原住民藝術找到再發展（或重建）的正當性，編織工藝成為年輕一代原住民重尋民族價值的物質基礎。

　　原住民運動的後續展現，可以說很大一部分是由民族工藝的重建所繼承。一方面因為原住民文化的多元特質很難找到可以貫串十族的精神象徵，另一方面則是原住民文化重建過程中，最具形象性的表現在於物質文化。其中又集中表現在編織工藝上，各個族群多以改良的、適合現代生活的編織工藝品切入現代台灣消費體系，在不同的部落裡各以工作坊的手工生產方式將原住民的文化滲透到都市人的文化認知裡。更進一步的行動則是「部落教室」。非營利的工作性質，表面上看來似乎一時間難以對抗從都市湧進的資本干擾，然而，許多原住民知識青年願意以自身的能力「賺外地的錢養育部落的文化」，實在稱得上是原住民文化得以重建的基礎工程。

賽夏族的民間工藝和鄰近的泰雅族有十分相似之處。賽夏族位於南庄鄉境內，由於矮靈祭的熱潮與近年來公部門的支持，賽夏族民間工藝十分積極地展現自身的未來可能性。南庄鄉公所曾經舉辦過一個展現原住民產業的導覽活動，邀集了鄉內的各個原住民文化工坊，包含石壁部落工作站的編織與各式藝品、古優工作坊的衣飾與織布、阿拉工作坊的傳統雕刻、阿畏工作坊的傳統竹器及編織與童玩、蓬萊工作坊的竹器編織與童玩、瓦祿工作坊的傳統服飾編織、吶善麼固工作坊的傳統竹器與飾品編織，和比令工作坊的傳統竹器與用具編織等等。其中潘三妹的蓬萊工作坊竹器編織，與徐年枝的瓦祿工作坊傳統編織特別值得注意。

■ 泰雅織染中心

　　位於苗栗泰安鄉象鼻部落，尤瑪的部落編織教室「泰雅織染中心」，是一個很好的案例。以往的原住民編織藝術幾乎都是非原住民的「專業研究」，尤瑪則是以原住民的身分與原住民的意識從事自身民族文化的重建工作。泰雅織染中心目前從最根本的苧麻栽種做起，以

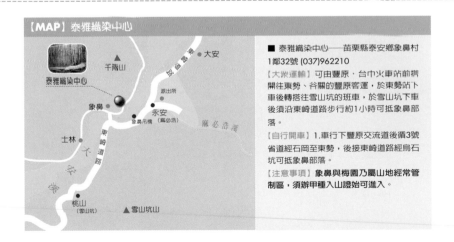

【MAP】泰雅織染中心

泰雅織染中心
千兩山
大安
放索藝場
派出所
象鼻
永安
士林
象鼻吊橋 （麻必浩）
麻必浩溪
東崎道路
大安溪
桃山
（雪山坑）
雪山坑山

■ 泰雅織染中心──苗栗縣泰安鄉象鼻村1鄰32號 (037)962210
【大眾運輸】可由豐原、台中火車站前搭開往東勢、谷關的豐原客運，於東勢站下車後轉搭往雪山坑的班車，於雪山坑下車後須沿東崎道路步行約1小時可抵象鼻部落。
【自行開車】1.車行下豐原交流道後循3號省道經石岡至東勢，後接東崎道路經烏石坑可抵象鼻部落。
【注意事項】象鼻與梅園乃屬山地經常管制區，須辦甲種入山證始可進入。

苧麻，原住民編織的自然性原料／陳板提供

位於苗栗泰安鄉象鼻部落，尤瑪主持的部落編織教室：泰雅織染中心／陳板提供

梅園麥路豐部落的尤姆斯(Umus Dolah詹豐妹)女士，既是尤瑪在追尋傳統編織技術的田野報導人，也是梅園部落教室的泰雅織布老師／陳板提供

學習性的部落教室為主要工作重點，企圖找回屬於部落與大自然環境的人文傳統。她的原住民身分算是十分特殊的，一般而言，她的身分比較會被視為「外省第二代」，然而她卻說：「我是湖南籍的泰雅人。」漢名為黃亞莉的尤瑪，自幼成長於整條巷子都是「外省爸爸、泰雅媽媽」組成的東勢鎮上。或許正是因為這樣的邊緣身分，更讓她體會到原住民傳統文化的價值。一九九〇年她以最基層公務員的身分，在台中縣立文化中心編織工藝館服務，開始尋思流淌在自身血液中的文化問題。隨後積極投身大安溪中、上游泰雅北勢群的文化蒐尋工作，因而促成了她進入輔仁大學織品服飾研究所，以專業的訓練遍訪泰雅傳統編織藝人，終於完成了一本空前的泰雅族群編織專著。

為了重新振作泰雅文化，泰雅族的Buunay以影視記錄者的方式和尤瑪肩並肩，既以堅實的信念支持尤瑪，又以實際的行動記錄尤瑪和她的夥伴們追尋文化的軌跡。他們的團隊工作精神和祖靈們的期望應該能夠遙相呼應。

梅園麥路豐部落、大安部落和象鼻部落，都在一九九九年的九二一大地震中受到嚴重的傷害，然而他們在重建之路上，都不約而同想到從傳統手工藝與編織的技術出發，希望能找到一條屬於他們自己的民族的產業振

興之路。例如梅園麥路豐部落的尤姆斯（Umus Dolah詹豐妹）女士，既是尤瑪在追尋傳統編織技術的田野報導人，也是梅園部落教室的泰雅織布老師。

此外，曾任大湖警察的原住民泰雅文化工作室負責人簡雲生，擅長編織線條粗獷的藤竹器，與古時泰雅武士使用的捕獵用具。他在警察工作崗位退休之後，曾遍訪部落以瞭解與研究各部落的藤竹器編織法，他也希望年輕人不要遺忘先人的文化，並願意將他的所學傳承下去。

■ 瓦祿工作坊（賽夏傳統編織）

徐年枝（1942～）是復興鄉泰雅族人，自民國四十七年嫁入賽夏族之後，與夫婿風德輝致力於賽夏族傳統手工編織保存與推廣教育工作，徐年枝因為身具兩個族群的編織經驗，對於不同族群的特質有過於常人的比較能力，因此特別能夠掌握與泰雅十分相似的賽夏編織（文樣）特色，她從古老的賽夏織物中找出「卍」字的使用方式，並且對於「卍」字符號所代表的賽夏獨特性有深入的觀察，重建了隱晦的族群區別文樣。這位泰雅籍

台灣工藝地圖

【MAP】瓦祿工作坊・蓬萊工作坊

■ 瓦祿工作坊——苗栗縣南庄鄉東河村4鄰111號
(037)823797
■ 蓬萊工作坊——苗栗縣南庄鄉蓬萊村19鄰117號
(037)821226

【大眾運輸】1.分別可從苗栗客運南苗站、頭份站搭開往南庄的班車，於南庄下車再轉搭開往東河村的苗客。2.於南庄下車後轉搭苗栗客運開往八卦力的班車，可抵蓬萊村。

【自行開車】1.車行下頭份交流道後接124縣道到珊珠湖，右轉3號省道至三灣左轉接124甲縣道至南庄，a.過南庄橋後左轉苗21即可抵達東河。b.過南庄橋後續直行可抵達蓬萊。2.車行下苗栗交流道後循6號省道過汶水橋後，左轉3號省道至獅潭接124甲縣道即可抵達蓬萊；續行至南庄右轉接苗21即可抵東河。

正在編織賽夏族傳統「卍」字紋的徐年枝／陳板提供

的賽夏媽媽，以跨越族群的視野，替自己新的族群身分
創造了更具體的文化風貌。

■ 蓬萊工作坊（賽夏竹器編織）

　　潘三妹（1952～）則從傳統的賽夏竹編出發，走入
現代的花器編製，她不但充分運用了傳統南庄的在地素
材，創造了具有現代感的新賽夏文物，也接受鄉公所的
邀請加入原住民編織班，傳授更多元的現代賽夏編織。

◉ 苑裡藺草編織

苑裡藺草編織是在近年來強調社區總體營造的風潮下，刻意從大甲藺草編織中「搶」回來的「地方特色」。事實上，苑裡與大甲在昔日可說是藺草編織的共生體，前者生產後者銷售，彼此共存共榮共享盛名，然而當行政區域重劃之後，兩個地區的共生關係也就被切斷。因為大甲藺草的盛名，台中縣立文化中心設立了「編織工藝館」，苑裡反而成為藺草編織的陌生之地。

苑裡藺草大草帽，即地方人士為了文藝季的特色展現，以地方特產藺草編織這個號稱世界最大的藺草草帽／陳板提供

一九九八年舉辦的苗栗縣全國文藝季以「苑裡古城」為主題，結合地緣觀光與社區營造，重新把苑裡的藺草編織推進現代人的生活思維裡。苑裡的藺草因為當地中

【MAP】藺草編織社

中正社區
慈光寺
130
福盂
淨光寺
苑裡溪
中正國小藺草編織社
德心橋
苑裡鎮
房裡溪

■ 苗栗中正國小藺草編織社──苗栗縣苑裡鎮中正里14鄰111號 (037)861244
【大眾運輸】從苗栗或新竹搭苗栗客運開往大甲的班車，於中正國小站下車即可抵達。
【自行開車】車行下三義交流道接13號省道南行，右轉接130縣道往苑裡方向即可抵達。

張憲平作品／中華民俗藝術基金會提供

正國小郭玉雲老師的熱心傳藝，成立了「藺草編織社」，學生們認真學習，把現代人所喜愛（或需求）的名片夾、電話袋、筆袋等等生活用品做成藺草編織產品。

■ 張憲平（1943～）

出身苑裡藺草編織世家的藤竹器工藝家張憲平，由編織物的經緯交接中，構思出藤竹器的另一層美感，加上個人對於藺草編織的家學與反省能力，不斷推陳出新，榮獲民國七十九年藤竹器類的民族藝術薪傳獎。

【MAP】張憲平

張憲平

張益銘

陳協和金紙行

■ 張憲平——苗栗縣竹南鎮建仁街15號3樓
(037)472223
【大眾運輸】自竹南搭乘苗栗客運經海寶往後龍的班車，於中港站下車後循指標可抵。
【自行開車】車行下頭份交流道後接I號省道至竹南，循中山路、自由街右轉循指標可抵建仁街張憲平住處。
【注意事項】欲拜訪張憲平先生請事先電話聯絡。

■ 藺草編織的開始

相傳雍正五年 (1727)，在苑裡的道卡斯族原住民婦女「蒲氏魯禮」和「娜斯烏茂」，在大安溪下游兩岸的濕地採擷野生的「三角藺草」，並把它曬乾、壓平，編織成草蓆、籠頭等用具。到了乾隆三十年 (1765)，雙寮社的「阿璐加曼」精益求精，將三角藺草草莖撕成細條，編織出更精緻、更美麗的草蓆。她為了充份掌握草源，更進一步將野生三角藺草苗，用「分根法」移植到水田耕作。當時逐漸入墾的大陸移民，亦受影響而向原住民學習編織法，一時之間，從事藺草栽培的水田激增，並稱這種蓆為「番仔蓆」。大陸移民從原住民身上學習藺草的基本編織法，並且在方法上加以變化，添加一些花紋或圖案，這就成了「加紋蓆」，或稱為「龍鬚蓆」。

■ 藺草編織的詩歌

在苗栗地方志書裡面就有兩首關於苑裡藺草編織的詩歌：

席製加紋巧若何！草絲花篆價應多。
纖纖點水雙交結，織罷還須玉尺磨。

苑裡婦，一何工！不事蠶桑廢女紅。
十指纖纖日作苦，得資藉以奉姑翁。
食不知味夢不酣，人重生女不生男；
生男管向浮梁去，生女朝朝奉旨甘。
今日不完明日織，明日不完繼以夕；
君不見，千條萬縷起花紋，組成費盡美人力！

兩位清代的苑裡文人，同時以女性與藺草為主角記錄了家鄉的獨特工藝面貌。

■ 苑裡草帽

苑裡草帽的發明是另一波外來者進入苑裡之後的族群互動故事了。有關草帽的由來,地方流傳著幾種說法,但都跟洪鴦女士(1853～1941)有關:

1、根據《苗栗縣志》的記載,「鴦為女性之發明家,生於苑裡(一說洪鴦生於白沙屯,後與苑裡社青年高治結婚,三十七歲丈夫去世),性聰慧,而有淑德。民前十三年(1899),鴦年四十六歲,鑑及苑裡一帶,藺草叢生,溝渠河渚,到處繁茂,鴦即利用藺草,編織草帽及草蓆,發明各種編織法,傳授地方婦女。」

2、日本治台初期,有一天,當時的苑裡辦務署長淺野元齡率部出巡,看到鄉民編織的草蓆精緻美麗,非常喜愛,一時興起,隨手將頭上的小禮帽取下,詢問正在編織的婦女是否能仿編?當時即引起一位住在西勢庄的中年婦女洪鴦女士的興趣,經過多次的修改,終於以藺草編織出第一頂苑裡藺草草帽。

3、相傳洪鴦編織草蓆的手藝非常精巧,在地方上頗負盛名。她之所以創編草帽,是因為在她四十五歲那年,年幼的兒子頭上生瘡化膿,又髒又臭,常遭蒼蠅叮咬無法忍受,於是巧手慧心的她為保護幼子的頭不受蒼蠅騷擾及太陽曝曬,利用藺草仿製洋人的呢帽,經過多次的修改,編出了台灣第一頂藺草帽。

🔵 竹南金銀紙

　　金銀紙之所以成為值得討論的民間工藝，首先它是低科技的手工抄紙，其次是金銀紙版模的雕製。手工抄紙的過程在昔日是一項艱辛的工作，然而，如今這種低科技的手工操作技術，卻讓人們重拾對物質品味的能力。雖然出版事業的用紙與時俱進，不斷朝向細緻化發展，然而，手工抄紙卻能表現工匠個人風格的特殊質感。其次，金銀紙的版模就是一種民間性十分強烈的常民美術資產，簡樸的線條與圖案造型（金銀紙可分成天金【圖案為叩答恩光】、頂極【圖案為祈求平安】、壽金【圖案為祈求平安】、福金、卦金、補運錢、大銀與小銀等），是金銀紙版印最受時代讚許的民間特質。

各色金銀紙／張益銘提供，金成財攝

竹南的金銀紙業可說是歷史悠久，從乾隆年間開始，竹南的金銀紙業就十分風光。主要的原因是古稱中港的竹南與鹿港相同，是昔日海上的交通重鎮，加上地區的信仰中心慈裕宮的需求，大陸金銀紙加工技術由此傳入台灣，使得各地的金銀紙需求都以竹南爲集散中心。最盛時有三百多家神紙工廠，幾乎有四分之一的竹南人從事相同的行業。然而，歷經日治時代皇民化運動的打壓，與戰後工資昂貴及環保意識抬頭的影響，終於讓竹南的金銀紙業走向歷史的另一端。竹南的金銀紙原料（粗紙）有來自大陸、海外也有來自苗栗內山（如中港溪上游的南庄、獅潭一帶），從歷史的老地名就可看出一些昔日的產業痕跡。如竹南的「草店尾」本地自來即以神紙製造聞名，往昔此處有藺草店舖數家，出售藺草供絪綁神紙之用，故以草店名之。再如內山獅潭等地的紙湖、紙寮等原來的造紙工坊，應該也是提供竹南金銀紙的上游產業吧。這些都可見金銀紙將中港溪流域的居民，形成了一個生命共同體。

■ 陳協和金紙行

　　中港（竹南古稱）的金銀紙迄今只剩下幾家以家庭副業型態存在的小廠，以及一、兩家堅持傳統的老字號。位於中港番社的「陳協和金紙行」就是這些老字號中的一家，經營了三代的陳協和裡頭，昏黃的陽光、陰暗的斗室，約十餘坪大小，裡頭工作的員工有六、七

昔日中港金銀紙業發達，街道上散滿等著曬乾的紙花／張益銘提供，金成財翻拍

位，年紀約在五十～七十歲之間，更像是家庭代工。或許是祖業的關係，老闆陳坤輝在如今不景氣的大環境中，仍堅持著本行。曾經遍地紙花的中港，現在看到的多是歇業的工廠，和大門深鎖的人家。

■ 張益銘（1953～）

在金銀紙的商業價值跌到谷底的現在，研究者開始現身。民俗藝人張益銘，收藏了大量版印和各式各樣的金銀紙，並將研究心得集結成書，與女兒張懿仁合著《金銀紙藝術》，公之於世，當是這個領域裡的先驅。他曾耗費鉅資蒐購這些得來不易的收藏品，也曾以「撿垃圾」的心情收藏別人棄之如敝屣的「珍寶」，因為他在這個領域的眼光和熱情，讓他擁有相當可觀的收藏。張益銘說，他最大的心願是能在有生之年推動金銀紙博物館成立，可惜歷經數年的努力之後，仍未如願。

【MAP】陳協和金紙行・張益銘

■ 陳協和金紙行──苗栗縣竹南鎮番社4鄰28號 (037)460812
■ 張益銘──苗栗縣竹南鎮中港里迎薰路87號 (037)467449
【大眾運輸】自竹南搭乘苗栗客運綏海寶往後龍的班車，於中港站下車後循路牌指標可抵。
【自行開車】車行下頭份交流道後接1號省道至竹南，循中正路直行左轉迎薰路可抵張益銘住處、陳協和金紙行。
【注意事項】欲拜訪張益銘先生、陳協和金紙行請事先電話聯絡。

● 公館陶

　　苗栗的窯業在台灣陶瓷發展史中具有特殊的地位，根據陶瓷史研究者的研究論文指出，雖然當地的窯業起步較晚，可是由於黏土品質良好，可以燒製中、高溫的「石陶器」，加上本地有得天獨厚的天然瓦斯作爲燃料，塑造了苗栗窯業的重要地位。苗栗黏土的氧化鋁含量比其他地方都高，但含氧化鐵也高，不適合生產白瓷器，但卻產生了本地特有的有色石陶器。

　　公館的陶器工業主要是生產日用陶品，以內銷爲主，自民國五十年末期，短短十餘年間使公館發展成爲國內首屈一指的陶瓷工業重鎮；近年來因工業外移，往日風光不再。台灣省手工業研究所（即現在的國立台灣工藝研究所）爲輔導裝飾陶瓷業者，於民國七十五在苗栗設置陶瓷技術輔導中心。台灣工藝研究所之所以在苗栗設置「陶瓷技術輔導中心」當然是有鑒於公館陶瓷的

公館的陶器工業已因近年的工業外移而風光不再／中華民俗藝術基金會提供

苗栗篇

1
1
1

公館陶業的匠師吳開興(右)，以長年的經驗與個人對於陶藝創作的成就，
榮獲民國七十六年的陶瓷類民族藝術薪傳獎／陳板提供

發展潛力。近年來，更在「社區
總體營造」風潮之下，地方政府
也積極地在公館大坑社區——昔
日的窯業根據地，從事窯業文化
與社區營造的工作，寄望有朝一
日能夠將失落的公館五穀宮文化
再興起來，結合鄰近的出礦坑石
油礦、石圍牆的紅棗與芋頭等土
特產之經營，再造公館人文價
值。

■ 吳開興 （1913～2000）

　　出身公館陶業的匠師吳開
興，以長年的經驗與個人對於陶
藝創作的成就，榮獲民國七十六
年的教育部民族藝術薪傳獎。

吳開興作品／陳板提供

■ 苗栗的陶瓷發展史

從苗栗的陶瓷發展史來看，苗栗之所以發展出後來的規模，並非純然自發的成就，而是透過異鄉人的獨特視野發掘出來的。

日治初期（約在明治三十年即一八九七年）日本人在苗栗開始窯業生產。出身軍旅的岩本東作在苗栗市的西山種植柑橘，發現粗質黏土，因而開設可能是目子窯的窯爐，生產土管及日用粗陶器。接著岩本並與曾任苗栗街長的石山丹吾在公館大坑合作製陶，開啓了公館的窯業，至今岩本當年供奉的瓷窯福德正神仍受到大坑社區居民的崇拜。繼而由石山接續岩本的工作，在社寮岡開設「苗栗窯業社」。他們不但傳入了日本的燒窯技術，並傳進了日本的審美觀。隨後石山在大坑的窯場也聘請福建福州的師傅前來投入生產工作，這意味著把中國系統的燒窯技術與審美觀引進苗栗。而公館、苗栗等地區的客家居民，則是學徒與主要的消費對象，例如薪傳獎得主陶藝家吳開興（福興窯業）、他的弟弟吳開祿，與當地陶業前輩邱創耀、江萬木、吳開源、邱連全、林水金等，就曾在石山的窯廠工作，與福州師傅李依伍等共同發展了另一波的苗栗陶業。多元的製造、使用與審美觀的交錯運作，逐漸形成了具有明顯地域性格的苗栗陶瓷特色。苗栗的陶瓷產業，由於天然資源（黏土、柴火、天然氣等）的豐富，遇上了日本人（雖然是殖民者）從「內地」引進了技術與產業經營模式，打開了苗栗窯業的新生命，其後重心逐漸移轉到公館，也就形成了近年來著名的公館陶瓷。

竹南蛇窯

　　「竹南蛇窯」的發展在苗栗地區的陶瓷史可以說是獨樹一格，因為創辦人林添福先生來自早期以製陶聞名的台中縣外埔鄉「大甲東」，從福州師傅傳承下來的傳統技藝，讓他的作品別有一番風味，一來以蛇窯燒製，有別於苗栗地區主流的登窯，二來以精湛製陶技藝取勝，有別於只能生產粗陶的傳統窯業。

■ 林添福（1926～）

　　被尊稱為「添福師」（其祖父即以製陶聞名的大甲東「外窯」窯主）。十三歲跟隨福州師傅學陶，十四歲就當陶師，目前仍舊創作不輟，六十幾年與陶為伍的歲月，練就他從「採土」到「造窯」、從「蓋窯」到「燒窯」的各種技術。傳統陶師一般只會單一項目的技術，如燒窯的師傅只管燒窯、拉坯的就不會做圖雕，然而林添福老先生不但擅長手拉坯、雕塑原型，更是造模的高手，浮雕、繪畫亦是無師自通。其製作的陶桌椅組、大龍

【MAP】竹南蛇窯

■ 竹南蛇窯——苗栗縣竹南鎮公館里7鄰大埔頂7號 (037)623057
【大眾運輸】搭火車或客運至竹南，再轉搭計程車前往。
【自行開車】北二高下竹南交流道後左轉直行接台一線，循指標即可抵。
【注意事項】欲拜訪參觀竹南蛇窯請事先電話聯絡為宜。

竹南蛇窯／中華民俗藝術基金會提供

罐、鼎與香爐等的扎實功力更是令人佩服。而且個性開朗的他樂於教導後進，可以說是傳統陶藝界的一部活寶典。

竹南蛇窯陶器／中華民俗藝術基金會提供

　　竹南蛇窯是一座古窯再生利用的好案例，窯主林添福老先生曾於一九九八年獲省文化處頒發「民俗藝術特別貢獻獎」。林添福父子及媳婦鄧淑慧，努力於家族窯業歷史脈絡的追尋與記錄，同時也在陶藝創作上找尋自我的風格，值得大家前往欣賞。

三義木雕

　　三義鄉鄉內山多田少地勢又高，土質均屬高酸性黏土，僅適合茶樹與樟木生長。然而樟木根淺而廣，木材具獨特之香氣，三義人多將之製成具有自然趣味之室內裝飾品（如屏風、桌椅等）。雕刻的產品琳瑯滿目，全鄉約百分之五十的鄉民以經營雕刻為業，累代相傳，因而有「雕刻之鄉」的美稱。

　　三義舊名三叉河，早期居民以採樟焗腦為主業，隨後則是栽種茶樹製作粗茶。長期伐木的結果，當地只剩下滿山遍野的老樟樹頭，而樟樹以其特有的香味與堅硬的木質，提供鄉民一個家具箱櫃製作的靈感。

　　初期的三義木雕是由天然的枯木欣賞發展而來，或許可以說是一種自然型態的庶民審美特質。漸漸由屏風、桌凳等表現自然野趣的家具發展到純觀賞的「藝術商品」。最後發展出一種化腐朽為神奇的朽木雕刻美學。傳統的三義木匠，經常要面對著一塊塊的「舊木料」

以廢木料作為創作素材一直是三義木雕的傳承精神，三義木雕的傳統似乎隱然若現／陳板提供

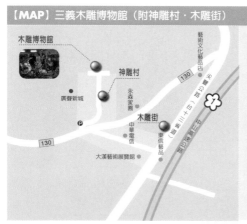

【MAP】三義木雕博物館（附神雕村‧木雕街）

木雕博物館
神雕村
藝術文化藝品店
130
尖豐公路
廣聲新城
永森家園
木雕街
130
中華電信
（省道三十六號）
台一高速公路
東信藝品
大漢藝術展覽館

■ 三義木雕博物館——苗栗縣三義鄉廣盛村廣聲新城88號　(037)876009
【開放時間】10:00～17:00，週一及國定假日隔天休館。
■ 木雕街——苗栗縣三義鄉勝興村水美街
■ 神雕街——苗栗縣三義鄉廣盛村廣聲新城
【大眾運輸】1.可由苗栗火車站前搭新竹客運開往三義的班車，或搭山線火車皆於三義站下車，沿中正路南行接縣道130後循指標即可抵達。2.仁友客運於台中市綠川東街與苗栗火車站有對開的班車，可在神雕村站下車，沿縣道130循指標即可抵達。
【自行開車】1.車行下三義交流道後循13號省道接130縣道再循指標即可抵。2.車行下三義交流道後右轉即為水美街。

■ 三義、通霄山線與海線的木雕傳統

　　很多資料顯示，三義木雕的創始關鍵人是生於一八九二年的三義農人吳進寶，據說，吳進寶在一九一八年左右撿拾的奇木怪樹，很快就受到日本人的青睞，其中之一就是大正十年（1921）在三義開設「江崎商社」（或說岡崎、江奇）的日本人岡崎，他發現樟木可防白蟻蛀蟲，除了可以製成家具之外，還可做成木雕，同時還頗受富豪大家的歡迎。戰後「江崎商社」被台灣人劉意春接下，改名「百吉行」，經過他的經營，讓更多三義人投入木雕業。至於吳進寶家族，有人說後來開設了「東達物產」（一說是由日本樟腦局所成立的），購買大量被焗腦業者視為「廢料」的殘根樹頭，從原本的天然加工轉成平面雕刻。吳進寶之子吳羅松自幼喜藝術，與通霄好友李金川邀請日本美術老師研習雕刻理論、概要、構造與雕塑技巧（往後兩位又向福州來的「福佬師」學習花鳥、動物、人物立體等雕刻），出師後在三義設廠營業，並與日本師傅開設雕刻藝術研究所。終於形成三義、通霄山線與海線兩個木雕傳統。

　　戰後，因為省道尖豐公路開通，與美國新聞媒體的報導，引來駐台美軍的興趣，藝品因而大量銷往美國，導致通霄、苑裡地區的竹木雕刻師傅紛紛遷往三義開業，三義木雕的族群性也就漸漸從客家變成福佬與客家並重。

近年來從大陸進口的木雕商品，佔有九成以上的市場比例，把台灣（三義）的木雕工作者的信心壓到最低點，商人為了利益顧不得文化的態度，更讓三義木雕的未來蒙上一層陰影／陳板提供

三義街頭路邊擺設的原木樹根屏風，頗能展現當年三義木雕起源的象徵意涵／陳板提供

，或許好幾個月之後，突然有一個靈感想要動手雕刻，於是便產生了充分利用木頭質地的藝術作品。

　　三義木雕的興起當然和三義地區豐富的樟樹有關，然而爲何同樣擁有樟樹資源的其他鄉鎮，並未發展出如三義般的雕刻工藝？由此可見三義具備了某種特殊性。三義的特殊性在於生產者與消費者不斷的互動，外來的日本人、福佬人與美國人，具有比較性的異鄉之眼，一次又一次地開發了三義木雕的審美視野，不同的族群也在三義木雕的發展過程中貢獻一己之力，形成了以三義這個地理環境爲基地的木雕工藝。

　　如今，透過全國性藝文活動的推波助瀾，更積極地促進了三義木雕的發展，例如木雕街、神雕村與三義木雕博物館，甚至民間的企業界（如裕隆公司）也以在地企業的身分投身木雕創作的贊助，一度吸引全國木雕工作者的大集結，三義木雕的商業性也就漸漸提昇。然而，近年來從大陸進口的木雕商品，佔有九成以上的市場比例，爲了呈現「三義特色」，有一部分商品甚至是依照文化中心所出版的圖錄仿製而成，因此把台灣（三義）木雕工作者的信心壓到最低點。

戴志宏，擅長以朽木為原料，順著木頭的紋路、質地與特質（如卡在樹根上的石頭），創造全新的生命，是年輕一輩三義木雕藝人中的佼佼者／陳板提供

大湖、獅潭的茶壽

「茶壽」是一種古老的民間保溫工具，居住在苗栗大
湖與獅潭一帶的客家農民，至今仍然會在農閒之時製作
這種農業時代的「古董」。以往或許是出於一種節約之
心，如今則慢慢受到現代人的青睞，成為收藏愛好者眼
中的鄉土文物了。相傳創始者乃是住在汶水村的宋陳大
姐老太太，她於民國四十年從一位法雲禪寺的女尼處學
會茶壽編織之後，很熱心指導鄰居婦女朋友，使茶壽成
為汶水街特有的手工藝。

茶壽的做法是利用稻草的保溫特性，以新鮮的稻草
一束一束（約二十根）紮成粗草繩，再以二、三根稻草
（或麻繩）充當針線，將做成盤條狀的粗草繩一圈一圈往
上紮緊，做成直徑約七吋的圓籠，最後在內層填實棉
絮，再以一片被單花布縫合，加蓋，即可完成一個茶
壽。一位婦女一天大約可編成兩個茶壽，算是打發時間
的家庭手工。

至於茶壽的名稱由來，乃因這個保溫容器看起來好
像是一只茶壺的「巢」，也就稱之為「茶巢」，或許有
人認為這個名稱不夠雅致，而「巢」與福佬話的「壽」
諧音，於是就有好事者將其名稱定為「茶壽」。從名稱
上來看，位於客庄的汶水，竟然以福佬諧音為茶壽定
名，似乎也傳遞出一種族群互動的情誼。

苗栗內山台三線沿線的民藝特產「茶壽」／陳板提供

🌐 其他工藝

■ 苑裡華陶窯

七〇年代，本土文化運動蔚爲風氣，陳文輝（1943～）經營的華陶窯以「目仔窯」嘗試非常傳統的柴燒創作，同時以華陶窯爲基地，重新經營一種台灣式的生活，並開放給各地前來的台灣懷舊者，作爲旅遊的景點，頗受各界的好評。

■ 漆器

日治時代在銅鑼曾有台灣第一個橡膠樹栽種區，因此殖民當局也在銅鑼設置專業工廠，生產透明漆、朱合漆及黑漆，產品主要銷往日本，技術承傳至今，致使台灣也有多元的漆器工藝傳統。戰後，漆器產業發展成爲個人的工藝表現，如位於公館的「台灣漆器公司」等。

【MAP】華陶窯

■ 華陶窯──苗栗縣苑裡鎮南勢里2鄰31號 (037)743611

【大眾運輸】可宣苗栗火車站前搭往苑裡的苗栗客運，或搭海線火車皆於苑裡下車，轉搭往水門的苗栗客運在陳厝前站下車後循指標步行可抵。

【自行開車】下三義交流道後循13號省道南行轉往130甲縣道至上館後，走右側往南勢林的鄉道可抵。

【注意事項】華陶窯乃針對團體實地教學爲主，須40人以上團體始可申請入園，但12歲以下兒童不開放參觀。團體參觀請事先預約。

結語

　　苗栗縣由於獨特的地理因素，形成族群眾多、文化
多元的特殊人文景觀。在工藝方面，則因自然資源與人
文背景，發展出原住民工藝、苑裡藺草編織、竹南金銀
紙與蛇窯、公館陶、三義木雕以及大湖、獅潭的茶壽，
如此豐富多元又具地方特色的工藝發展，的確是台灣的
一個異數。

　　整體而言，苗栗的工藝以實用為主要目的，以公館
陶為例：雖然有愈來愈多的生產者投身藝術性的創作，
然而，至目前為止，主要的產品仍以實用性強的日用品
居多。

　　近幾年社會開始轉型，尤其在「社區總體營造」啟
動之後，傳統產業開始有了生機，苗栗民間工藝多元的
發展，正是重新思索的一個方向。

苗栗篇

①充滿早期台灣鄉居風味的華陶窯一隅②華陶窯的門牌設計獨具風味③用木材搭建的
建築物，古色古香／華陶窯提供

大台中篇

TAICHUNG

◎戴麗芬

大台中 從地理景觀、人文背景與歷史發展各方面來看，台中地區具體而微地呈現出台灣的縮影。

本區位於台灣中部，西臨台灣海峽，北接苗栗，南鄰彰化、南投，地勢低平，有台中盆地之稱；依自然地形，而有山、海、屯之分。

生活於本區的族群主要有漢人的泉、漳、客籍，以及包括平埔族（巴布薩、巴宰海、洪雅、拍瀑拉、道卡斯族等）、原住民族（以泰雅族為主）。漢人進入墾殖的年代，約在清康熙四十四年至四十八年（1705～1709），泉州籍的張國在北路營參將任內，取得今台中市區（舊屬貓霧捒保）土地墾權，開始招墾取租，建立「張興莊」。當時認墾的土地，包括舊稱「犁頭店」的南屯地區。雍正九年（1731），設置貓霧捒巡檢署於犁頭店，遂使該區日趨繁盛，成為中部開發史上的一個重要據點。

從今昔的地名，可以看出台中地區的歷史變遷以及豐富的人文背景，例如：豐原（葫蘆墩）、后里（內埔）、神岡、潭子（潭仔墘）、大雅（壩雅）、大里（大里杙）、霧峰（阿罩霧）、太平（鳥松頭）、烏日（湖日）、大甲、清水（牛罵頭）、沙鹿（沙轆）、梧棲（五杈）、外埔、龍井（茄投）、大肚、東勢（板寮）、石岡、新社、和平等，其中有的表示地理環境、產業特徵，有的源自漢人移民原鄉，有來自原住民譯音，也有日治時代的改稱。

台中地區的工藝產業，可說是代表著台灣工藝小史：有採取自然風土材料進行自給自足的農業社會生產方式；有的進一步匯集成市，如台中市南屯，舊名犁頭店，即是昔日打造農具的重要工藝地區；而聞名中外的大甲蓆帽，乃源自原住民編藝，在日治時代發展成重要經濟產業，風華延續至光復後乃至外銷工藝盛行的一九六、七○年代，目前雖已沒落，但其技藝仍由台中縣編織博物館予以保存、展示；漆器，則是日治時代從無到有的新興產業，目前更朝藝術創作路線發展，其重鎮仍在台中；而台中附近山區是重要的木材產地，造就木雕業豐厚的基礎。

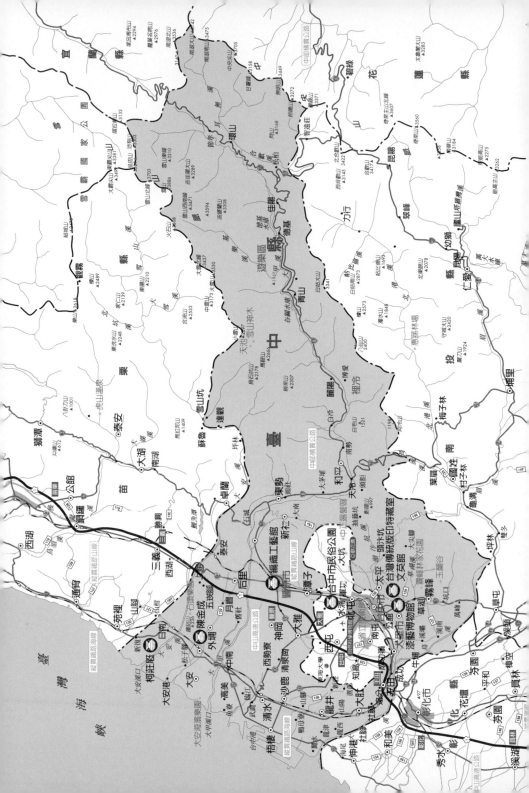

⚫ 大甲東陶

　　陶，在早期台灣的農業社會，是日用器物的重要材質。由於燒陶不可缺少的兩種原料：黏土和燃料，都很笨重，用量卻很大，所以窯場須緊靠原料來源地，以便就地取材。另外，在交通不便的年代，運輸成本是很重要的考量，因此，對外交通的便捷也是形成窯場的主要原因。

地緣與歷史

　　大甲東位於鐵砧山東面，屬今台中縣外埔鄉，南有水美山，北有鐵砧山，東側之山嶺成階梯狀昇高，而大甲東嶺居其中，將一大湖泊分爲前湖及後湖，製陶用陶土，即是產於後湖區。鐵砧山山麓一帶。土色灰而黏性強，燒陶時，溫度可達一千二百度。從地理條件看，大甲東基本上具備了陶業發展的要件——原料（黏土）、燃料（相思木爲主要燒材）和水源。

　　一九〇二年，福州林景偉氏在外埔開設了可能是全台第一家的陶器廠，俗稱「內窯」，也就是今天的「一成陶器工廠」。林氏陶器製造技術精湛，他一方面從事陶器生產，一方面開班授徒，爲外埔陶器業奠定了良好的基礎。林氏於一九二〇年代初期，將內窯轉讓王潭後，又著手建新外窯——即現在的「新益興仿古陶器工廠」。一九四一年間，沙鹿鎮望族洪文筆，在大甲東西側設廠，稱新窯，以生產「粗碗」（俗稱黑碗）爲主，台灣光復後廢廠。

　　大甲東陶的陶土取自中山村與大東村交界處之山坡下，成品則銷至鄰近鄉鎮。一九七〇年代以前，台灣農民收入微薄，農村生活艱困，窯廠設立，造就了社區就

業的機會，成爲當地居民重要的副業甚至是主業。以當時而言，一個窯廠大概可以養活半個村落。許多人利用農閒到山上去撿一擔木柴或砍一擔相思木回來，就可以過不錯的一天。也有人利用農閒，到窯場批一些陶器，挑到各地去賣，據說收入比做工的工資還高。

大甲東陶，質地更顯細緻，造型優雅，窄底寬腹，加上各種邊口的處理，樸素的外觀在高妙的技術下，呈現流暢飽滿的線條。一九四、五○年代，是大甲東陶最興盛的時期，當時大甲東水缸更稱譽全省。

大甲東陶的技術傳承主要來自福建的漳州、泉州和福州等地，他們所引進的技術包括轆轤成形法、陶板接合法和模型壓坏法。其中福州師傅更引進了土條盤築法，成爲來台福州師傅特有的專長。在大甲東、苗栗、南投、沙鹿、新竹、鶯歌和松山等地都有他們的蹤跡。這種土條盤築法隨著福州師傅的流動，傳布到全島各地，成爲台灣早期最重要的製陶流派之一，也是名聞全台大甲東水缸的技法。

這種做法，純粹以徒手製陶，完全不依賴其他製陶

酒甕／台中縣立文化中心提供

油罐／台中縣立文化中心提供

手做法是最原始、最簡單的成型法：①首先拿一塊揉好的土團放在板塊上，以手捶成圓形餅狀作為底部；②將陶土做成所需大小的圓形泥條；③將泥條沿著泥餅的周圍捏出底部的第一圈，接著再以土條捏出第二圈；④從內而外均勻地向上，層層捏壓，邊捏邊轉動；⑤先從下面用竹尺儀比對，便可看出周圍不同的厚薄而改正到適當厚薄為止；⑥如果是大型水缸則分幾段完成，然後用一塊包著布的木板擋在缸裡面，另用一塊木板在缸外輕輕拍打，直到密度大致均勻，再修整造型之凹凸(可提昇耐火度)，最後修飾內外表層，加缸唇完成。／台中縣立文化中心提供

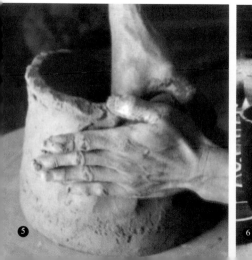

工具。首先把黏土練好之後，搓成直徑約十公分的土條，接著在工作台上放一塊在上面製作用的木板。成形時，先在木板上撒上細砂或木灰作為隔離劑，以免成形時坯體和木板沾黏在一起。接著在木板上把黏土拍成土片做成器物的底部，再由師傅把準備好的土條擱在肩膀上，沿著手臂下來，用雙手由下往上層層盤繞，並將土條與土條之間接合穩固，用手加以抹平。最後用陶拍拍出形體，並拍打結實。在盤繞土條時，師傅繞著放在工作台上的作品邊走邊做，直到完成為止。這種手做法常用於製作比較大型的器物，如水缸、金斗甕和酒甕等。大甲東地區的土條盤築法特別稱為「擠坯」法，以與一般的「拉坯」法（轆轤成形法）有所區別。

窯燒方式

根據陳新上《古窯傳奇》的記載，傳統台灣窯爐大概有四種：包仔窯、目仔窯、四腳窯和蛇窯。中國南方陶瓷器製作，主要採用蛇窯，但在大陸稱為龍窯，台灣的陶器業者可能依日本人的習慣，稱為蛇窯。在大甲東，蛇窯的使用非常普遍，窯爐人都是綜合用途，只要是陶業產品幾乎都可以用任何形式的窯爐來燒製。蛇窯當然也不例外，除了燒製一般日用的碗、盤、罐、缸等陶器外，還可以燒製琉璃瓦等。所以它和一般人日常生活的關係十分密切。

蛇窯的特點是依山坡地建造，不然就要把窯床墊高，使它維持一定的斜度。蛇窯是靠窯室的坡度形成窯內自然抽力，本身即能發揮煙囪的作用，所以不需要很高的煙囪，窯內熱氣流即可自然上升。蛇窯又利用前面燒窯時的煙氣預熱後面的坯體，可以節約燃料。其容積很大，有利於大量生產，而且依山坡地形用黏土磚築窯，也使得建造費用相對低廉。蛇窯以木柴或雜草當燃

料，來源容易取得，成本也便宜。這些因素使得蛇窯在台灣全島普受業者歡迎，直到現在還有人使用。

目前大甲東只剩「外窯」窯廠尚未關閉，傳統陶器用品早已不再生產，陶土也多爲進口或購自他地。出身大甲東，從事陶藝工作有成者有宮重文、陳金成兩位。宮先生是當代陶藝創作家，雖然並不以傳統技法從事創作，但不能說沒有來自傳統的滋潤。

■ 陳金成（1950～）

是按傳統學習大甲東陶藝技法的最後一人，出師時正趕上塑膠業的風潮，因而改業。十多年前，感動於台中縣立文化中心對傳統大甲東陶器傳承的關懷，與對保存所付出的心力，再加上難以割捨的鄉土情懷，使他毅然重回做陶人的行列。

近年來，他不但嘗試將傳統手捏技法，結合個人理念，重新賦予大甲東陶新貌，更在傳統技法的傳授上，不遺餘力。但是陶藝技法日新月異，有的現代陶的造型與色彩的表現，實質上與純粹靠時間、經驗磨練出來的傳統

鍍銅仿古乳虎神

土管（排水及煙囪用）

筷筒

陶製座椅／以上圖片由台中縣立文化中心提供

陳金成作品「陶琮」／中華民俗藝
術基金會提供

陳金成作品「三腳鼎」／中華民俗
藝術基金會提供

技法已有相當距離，尤其傳統技法那種單純只靠身體律
動、指力工夫和黏土產生互動的做法，更和現代技法大
不相同。事實上，技法的本身，就已經是一種美的呈
現。後繼無人，陳先生臉上深深的寂寞是可以瞭解的。

【MAP】陳金成

■ 陳金成──台中縣外埔鄉大東村甲后
路641號 (04)26834184
【大眾運輸】可自台中火車站前搭豐原客
運往大甲的班車，於大甲東站下車。
【自行開車】下豐原交流道後循10號省道
接13號省道到后里，轉132縣道經月眉到
外埔循甲后路即可抵達。
【注意事項】欲拜訪參觀陳金成先生及其
作品，請事先電話聯絡為宜。

大甲藺草編織

連雅堂《台灣通史・工藝志》曾提到：「……道光中，大甲番婦使採藺草織蓆，質紉耐久，可以卷舒，漢人多從之織。於是大甲蓆之名聞遠近。其上者一重價至二、三十金。大甲人以此爲生，至今不替。」

傳統大甲草蓆的原料爲大甲藺，大甲藺俗名「蓆草」，在日人小池金之助所寫《台灣帽子的話》中提到：「……『大甲藺』僅栽培於台中州大甲和新竹州苑里附近，……這種生產於大甲附近的藺草，被人稱爲『大甲藺』。藺草不但可以編帽子又可以織蓆，地方人稱爲『蓆草』。它是一種宿根草本植物，其根部的繁殖力強，因性喜水份，因此水田和沼澤地帶是最適合於栽培的地方。」

大甲藺原生於大安溪下流，爲本省特產，現多以水田栽種於大甲、苑裡一帶，其細長的莖呈正三角形（每邊寬約一分）；一年可採收三次，分別是五、六月，及

藺草／台中縣立文化中心提供

藺草編蓆／台中縣立文化中心提供

九月、十一月,藺草於收割後,莖尾綁紮成束,扇形攤開於屋外日曬。天氣連續晴朗時,約五至六日時間即可曬乾,此時表皮轉成金黃色;這期間要偶爾將藺草翻轉,色澤才能一致,避免雨露浸淋生霉,影響到草色、草質。

「大甲帽蓆」是台灣早期最著名的編織工藝,甚至開啓以後各項草編業的發展,特別是大甲帽,曾被列為台灣五大產業之一,除供應島內銷售外,更蜚聲國際,外銷輸往歐洲、美洲、日本及南洋各地,極盛時期,約有八十萬編織人口,遍布於本省西部海岸線地區。

七〇年代,隨著時代變遷,社會結構改變,台灣由農業社會漸漸轉形為工商業主導的社會。婦女多湧進工廠賺取更多的工資,業者無心研發,品質無從改善,政府亦無謀求解決之道,面對大陸市場競爭,終至沒落。

目前大甲藺草編織工藝,除了帽蓆外,也開發出符合現代生活需要的坐墊、桌墊、茶杯墊、香煙盒、名片夾、枕頭套、拖鞋等等,其精巧、複雜的程度,不亞於帽蓆,甚至更為費時耗工。

台中縣政府文化局設有編織工藝館,完整地保存了大甲藺草編種種資料,殊為難得。

大甲蓆

　　大甲蓆起源比大甲帽來得早，相傳在清雍正五年（1727），房裏社婦人蒲氏魯禮及日南社婦人娜斯烏茂，她們發現大安溪下游沿海附近的溼地有野生大甲藺，經曬乾後質韌而不易折斷，且可編織成各種實用的器具。於是這種手工藝，很快仕原住民社會流行起來。到了清乾隆三十年（1765），雙寮社（今大甲鎮建興里）原住民婦女阿璐加曼將藺草莖撕成細條，用來編織草蓆。此種草蓆，比以前所編織的更爲美觀，成爲大甲蓆的濫觴。

　　藺草蓆有吸溼、脫臭、殺菌的特性，清涼舒爽，十分適合台灣溫溼躁熱的天氣。曝曬後會發出自然清淡的香草味，加上質地柔韌耐用，可以折疊，攜帶方便，引起漢人的興趣，紛紛加入學習，並研究改良，於平織的蓆面上編上許多花紋圖案，稱爲「加紋蓆」。加紋蓆在當時，是大官富紳離台進京時，最常攜帶以分贈親友的禮物，也是入京最受歡迎的貢品。當時北京社會大多將大甲蓆視爲珍品，稱爲「龍鬚蓆」，以別於大陸用燈心草（又稱虎鬚草）編織的虎鬚蓆。

　　大甲蓆編織的過程大致是，先將原料捆成一束，用木槌槌打使之柔軟。以針挑草成細條，用雙手搓揉使草身圓潤，可增加美觀且比較好編。原料準備好後，鋪草並以割開之竹片固定，然後置於木板台上編織（或席地編織，有一人單獨工作，也有兩人合編）。至草的尾端時需「接草」，最後完工時需要編織蓆邊固定。草蓆編成一定得經過加工後才能成爲商品出售，蓆販將草蓆收購後，往往需視實際需要再加以曝曬，使藺草色澤更好看，然後送往加工。

　　加工店工人首先將草蓆多餘藺草修剪乾淨，然後用

棕球沾水（不能太溼）拭擦清潔蓆面，再從兩頭分向中間捲成筒狀，放入木箱內薰硫磺約二小時，使草蓆色澤更美麗。接著要燙壓蓆面，經二度整燙使草蓆更有光澤，最後捲成方塊形，堆置在旋絞機上旋壓使草蓆更加服貼美觀。取下草蓆套入塑膠袋內即成。

　　一般來說，大甲蓆都是素面的，部分高品質的草蓆會加編各種花邊、小動物、水果圖案或字樣，例如「囍」等。蓆中極品當推「龍鳳蓆」，是大甲蓆編織技術的最高表現，並無圖案可循，編織婦女全憑豐富的經驗和高妙的技巧，呈現飛龍舞鳳的靈動（不過有的也難免生硬）。至今大概只有苑裡還有極少人會此一絕活。

大甲帽

　　大甲帽的起源，各有不同說法，據文獻記載，苑裡洪鴦女士於清光緒二十三年（1897），以草蓆編法改良而成，逐漸傳入西部海岸線地區，當時尚未築海線鐵路，苑裡對外交通不便，也沒有帽蓆出口商，而鄰近的大甲可利用海運及糖廠鐵路通后里，再轉山線鐵路出口，大甲遂成苑裡帽蓆之集散地，而有大甲帽蓆之稱。但據大甲帽業耆老李燕山云，光緒二十六年（1900）當

藺草編帽／台中縣立文化中心提供

時因有日本政府的鼓勵與提倡，加上大甲仕紳聯合努力創業，首先訓練了一批婦女，以平埔族的草蓆編法改良成歐式禮帽，是大甲帽的濫觴。次年，李燕山之父等人設「立元泰商行」，並攜帶二千頂帽胚售予日本大阪商店，因產於大甲，遂命名為大甲帽。

傳統大甲帽是以大甲藺草為原料，它的優點是：1、天然素材的茶褐色自然高尚；2、有獨特草香味；3、觸感特別好；4、比他類帽子輕；5、質地堅韌（高級品約六～七年使用年限，一般巴拿馬帽約一～二年）。後來的原料，跟著時代變遷與時尚流行，除大甲藺草外常見使用的有十數種：鹹草、燈心草、林投葉、紙（捻草）、檜木、瓊麻等等。除了蓆帽之外，還以手工編作或織造加工成籃、袋、墊、毯、鞋、扇及玩偶等手工藝品。當時主要生產大宗包括：大甲藺草帽蓆、鹹草蓆、鹹草地毯、綁紮雜物、燈心草疊蓆、花莛等。

王嵩山在〈藺草織成的社會網路〉一文中曾指出，草編的產銷過程，大體上可以包括下列數個方式：1、供給草料的大盤商或農人：近年有用外國草者，均由大盤商買入賣出，有時不賣而將材料發出去製作成品，買回成品時，再扣下草料費。2、小販。這些草編的收購者，有的受雇於大盤商，有的獨立收買，再轉賣大盤商。受雇者有專業亦有兼業，有些是農人在農閒時出去收買，也有本業織蓆的婦女，因買售草料利潤較高而轉為收買草料或成品。3、草編藝人：大致上來說，男女性別的分工呈現在草編業者的情形是，男性主經銷至生意的接洽，尤其作業的範圍與層次有大、中、小盤商人之分，女性則以編作為主，鄉間的婦女一般視此為很好的家庭副業，工作並不會很粗重，又可兼顧家事。

總而言之，日治時代，蓆帽主要銷售地是日本。台灣光復後，成品大批銷往大陸，產量大增。一九六八至

一九七一年間，是全盛時期。七○年代以後，受到工商業發達的影響，大甲成爲塑膠王國，手工藝業日趨沒落，造成今日編織人力斷層。目前在大甲或苑裡還有少數五、六十歲婦女從事編織的工作。九○年代前後，大陸亦開始外銷帽蓆製品，由於工資低，台灣產品已不易與之競爭。

■ 柯莊屘（1915～）

柯莊屘的藺草編作品／中華民俗藝術基金會提供

如同本地大多數婦女一般，柯莊屘老太太的母親也是以編織帽蓆作爲家庭副業。因此，柯老太太從八歲起，就跟隨母親編織帽蓆貼補家用，七十幾年的歲月，練就精巧的手藝。除了始終堅持傳統技藝之外，並以創新紋案增加作品的價值感，尤其難能可貴的是：不斷開創藺草編的新用途，對於登門求教的人也都不吝傳授。一九九二年榮獲教育部頒發民族藝術薪傳獎——傳統工藝類・編織。

【MAP】柯莊屘

台中縣大甲鎮

順帆路　●西岐國小

西岐　中美41

柯莊屘

如意路　大甲農會分社　順帆路

路美育　育

■ 柯莊屘——台中縣大甲鎮如意路18-5號 (04)26812111

【大眾運輸】可自大甲鎮搭苗栗客運大甲往建興的班車，於如意路下車。

【自行開車】循1號省道至大甲接132縣道轉61號省道北行至西岐循如意路即可抵達。

【注意事項】欲拜訪參觀柯莊屘老太太及其作品，請事先電話聯絡為宜。

台中漆藝

　　漆藝的歷史可溯自河姆度遺址，約距今七千年左右，是中國傳統工藝中，最輝煌的成就之一。日本古代漆藝，是在原有的基礎上，接受中國漆器工藝的影響，發展出自己的風格，並與日常生活結合，大部分作為食器及附屬用品使用，如湯碗、果盒、茶托、茶盤等。台灣的漆器工藝雖主要傳承自日本，但今日已很少使用於日常生活中。

　　台灣本島原來沒有種植漆樹，大正十年（1921）殖產局技士山下新二才將越南漆種引進台灣，並在台中州能高郡魚池庄蓮花池播種成功，從此開啟台灣漆樹種植與漆業的發展。一九二八年，台中設立了「工藝傳習所」，委請山中辦理（原姓谷甲，為日本四國人，畢業於東京美術學校，為蒔繪漆藝家北山松哉之弟子，入贅後改姓）。所址最先設在現今的三民路、中山路與民族路之間，後改制為「私立山中工藝專修學校」，校址在中山堂附近（今改為停車場），後來因發生火災而移到自由

【MAP】台中漆藝博物館

■ 台中漆藝博物館——台中市建智街12號 (04)22813106

【大眾運輸】可在台中火車站前搭聯營公車999路於國光國小站下車，走仁和路左轉立德東街再右轉建智街可抵漆藝博物館。

【自行開車】下中港交流道循台中港路往市區行駛，遇五權路右轉接林森路，再左轉復興路接大智路、建智街可抵。

【注意事項】要先預約為宜。

陳火慶漆器作品「夾紵編斕蔓草紋圓瓶」／中華
民俗藝術基金會提供

陳火慶漆器作品「夾紵描漆蔓草紋圓尊」／中華
民俗藝術基金會提供

■　漆器的原料

　　漆液為漆樹分泌出來的天然樹脂，呈灰白色乳狀汁液，每年約在四～
十一月採收，可以直接淋塗器物，是為「生漆」，加工精製後，可得半透
明漆、黑漆及各種彩色漆，俗稱「熟漆」。漆膜乾固後，堅硬耐久，附著
力極強，能抗拒化學的及物理的侵蝕。但唯一也是最大的缺點，就是在未
乾時有毒性，對一般接觸者有過敏性感染，會造成皮膚潰傷。更因產收成
本高昂，施工費時，除了高級漆器之外，已被油漆及化學漆取代。

　　漆器的製作過程極為繁複，使用的工具、材料包羅甚廣，非有長期的
訓練、學習，很難窺其堂奧，因此技術傳承相當困難，使得發展受到限
制。目前只有苗栗縣公館、銅鑼、新竹市、草屯鎮等地還有小規模家庭式
的生產，產品主要外銷日本。

陳火慶漆器作品「描漆隱花花卉紋圓盤」／中
華民俗藝術基金會提供

漆盒／戴麗芬提供

路（舊）省新聞處附近。

　　該校所培養的人材，如：陳火慶（1914～2001）、
王清霜（1922～）與賴高山（1924～），都是台灣漆藝
界之前輩。賴高山、賴作明父子，在台中市還設立「漆
藝博物館」，十分難得。

　　光復以前，傳統的茶盤、糖果盒、煙盒、珠寶箱、
禮籃、謝籃、家具等漆器產品，是一般人的日常生活用
品。主要生產技術均傳自福州來的師傅，較為知名的如
鹿港、大溪等地之干漆塗裝家具，及台北、台中、新竹
附近之盒、盤、籃類用具。山中先生的工廠，主要產品
為各種尺寸的盤類，圖紋取樣自原住民或台灣的水果，
是日本人來台觀光常買的紀念品。

　　民國六十二年，陳火慶與林大茂合作成立「立偉木
業公司」，台灣漆器開始外銷日本。陳氏大公無私傳授
技藝，使得台中豐原地區在民國七○年代，佔台灣漆器
外銷日本的百分之九十。

結語

　　台中市大約在清康熙年間，由漳州移民開拓出來，經過近三百年，成為一個大都會。正如台灣經濟發展的模式，都市一向是包括工藝在內的產業集散地，從舊地名來看，南屯區的「犁頭店」，最早形成市街，得名自開發之初為墾荒者製售犁頭的店鋪林立，至今在南屯古廟萬和宮旁，其餘緒猶存；生產技術隨地方開發而來，犁頭店代表道具生產的規模，亦是工藝產業的源頭。

　　位居大台中地區樞紐的台中市，由於供需關係，雖然不一定是工藝的生產地，但卻是集中地。加上交通便利，資源集中，台中市與其他都市一樣，享有各種工藝資源。根據台中市文化中心出版的《大墩民俗工藝錄》一書，列舉的工藝品類有：漆器、雕刻、紙藝、染織繡、打鐵、蛋雕、肖像等。其中最值得一提的是漆器，台灣第一所漆藝學校乃至最早的工藝學校之一，就設在台中市，其原因不能不說是台中市都會的地緣關係。

【MAP】文英館・台灣傳統版印特藏室

　台中技術學院
　來來百貨
　三民路二段

　台中一中
　育才街
　寧夏街
　台中體院體育館
　棒球場
　雙十路一段
　復興路

　台中體育場
　自來水總公司
　崇德街

　文化中心分館（文英館、台灣傳統版印特藏室）

　精武路
　中興堂
　精武路

　太平路

　台中市

■ 文英館、台灣傳統版印特藏室——台中市雙十路1段10-5號 (04)22217358
【開放時間】09：00~17：00，週一休館。
【大眾運輸】於綠川東站搭台中客運41路公車在省立游泳池站下車後步行可抵。
【自行開車】下中港交流道後循台中港路往市區方向行駛，左轉五權路後右轉太平路接雙十路1段即可達文英館。

台中市民俗公園

　　台中市在文物收藏方面，也有豐碩的成果，早在民
國六十五年即有「文英館」的設立，八十六年在其二樓
更規劃「台灣傳統版印特藏室」，可見對保存傳統工藝
之用心。此外，古色古香的「台中市民俗公園」，典藏
多樣的民間工藝，聞名遐邇。

【MAP】台中市民俗公園

■ 台中市民俗公園──台中市旅順路2段
73號 (04)22451310
【開放時間】09：00~17：00，週一休
館。
【大眾運輸】可自台中火車站前搭台中客
運31路，或在綠川東街搭仁友客運105
路，均在民俗公園下車。
【自行開車】下中港交流道後循台中港路
往市區方向行駛，遇文心路左轉直行接崇
德路與旅順路2段交叉口右轉即抵。

【參考資料】

莊伯和，1998，《台灣傳統工藝》，漢光。

陳新上，1998，《古窯傳奇》，水里蛇窯陶藝文化園區。

王正雄編，1998，《亞太編織藝術節—中日編織交流展「台灣館」》，台中縣立文化中心。

台中縣立文化中心編，1989，《陳金成陶藝專輯》，台中縣立文化中心。

台中縣立文化中心編，1999，《大甲藺草編織紋路之美》，台中縣立文化中心。

台中縣立文化中心編，1998，《大甲藺草編織藝術》，台中縣立文化中心。

嵇若昕、林祚堅，1988，《中縣現代漆器藝術》，台中縣立文化中心。

林萬裕編，1986，《大甲東陶器專輯》，台中縣立文化中心。

郭金潤、張慶宗、陳明終，1985，《大甲帽蓆專輯》，台中縣立文化中心。

行政院文化建設委員會編，1996，《漆器藝人陳火慶技藝保存與傳習規劃》，行政院文化建設委員會。

行政院文化建設委員會編，1992，《黃麗淑漆器藝術展》——（八十、八十一年），行政院文化建設委員會。

王嵩山，1999，《集體知識、信仰與工藝》，稻鄉。

NANTOU

南投篇

◎王灝

南投縣 位居台灣省的中央，是台灣省唯一不臨海的縣份，境內群巒聳翠，眾山環峙，蘊育出了極其富饒的自然與人文資源。

明鄭時代，鄭成功部將右軍林驥（圯）率眾入墾水沙連，後人乃將該地改名為林圯埔（今之竹山）。雍正年間（1723～1735），將彰化縣東邊近山的原住民閒曠土地，開放漢人進入墾耕，因此掀起一股移民浪潮，除了由台灣南部及西部平原移入之外，也有來自中國的偷渡墾民，其中以福建漳州人佔絕大多數。首先開發的是南北投二堡（南投、草屯），乾隆年間（1736～1795），集集、水里、鹿谷次第開墾。光緒元年（1875），在「開山撫番」政策積極推動之下，開闢了由林圯埔到璞石閣（玉里鎮）橫越中央山脈的中路（及八通關古道），帶動另一波移民潮，來自廣東的移民進入後山，埔裏社的肥美土地，也吸引許多漢人入墾。

在清代文獻上稱為「內山」的地區，即現今埔里以西，至竹山、南投、草屯等地，是水沙連、南北投等原住民（包括泰雅、布農、鄒族……等部落）的居住地。目前泰雅、布農、鄒族等部落，則分布於仁愛、信義兩鄉。

早期南投縣民大都以務農為生，兼及一些手工藝製作，如竹山地區居民，多利用農餘之暇，在自家的厝埕簷下，剖竹編器作為副業，以貼補家用。而埔里地區的農民，在農耕之餘，有很多人到紙廠篩紙作為副業，以貼補農耕收益之不足。由於長期以來便有大量的人力投入竹工藝、紙工藝及其他相關工藝的製作，因此蘊育出了南投縣厚實的工藝基礎及傳統。

目前縣內工藝項目主要有：陶藝、紙工藝、竹工藝、漆器工藝及原住民布農族與泰雅族的編織工藝等，各自擁有悠久的歷史、精彩的內涵以及豐富的地方特色，每一項都是南投縣最具有代表性、最能呈現地方工藝風采的特色工藝，深為工藝界所重視。

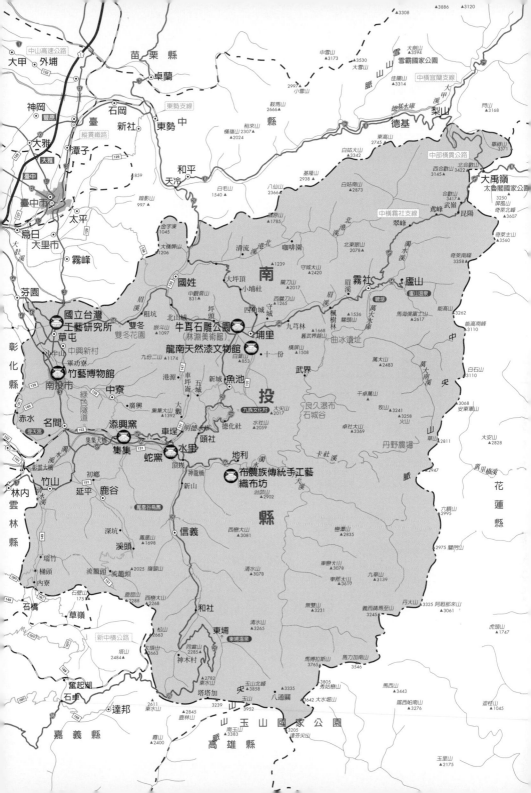

● 陶藝

　　陶工藝可說是南投縣特色工藝中的代表者，根據文獻記載，陶瓷製造在南投已有二百多年的歷史了，遠在清嘉慶元年（1796）南投地區即有人以該地的黏土試製磚瓦，而在道光元年（1821）南投牛運堀一帶，即設立有頭、中、尾三窯，試製各類陶器，這可以稱為狹義「南投陶」的濫觴。事實上這只是有文獻可考的一種說法，根據耆老的憶述：南投陶的發源，應該更往前追溯到二百六十餘年前的清朝初年，竹山地區的硘瑤莊就有人在製陶，據當地耆老的追憶，清雍正年間，福建汀州府永定縣人廖孟，即遷到沙連堡林圮埔街之南，以製陶為業，該地也開始有「硘瑤」之稱，而《彰化縣志》、《雲林採訪冊》等書也分別出現過「瓷窯厝」、「硘窯莊」等名稱，足見南投陶工藝的出現，是源遠而流長的。

曾經浴火煉百器

　　南投縣的陶工藝歷史既然如此悠久，其陶工藝品必然也是風華勝出、品類豐繁。的確，從道光到咸豐年

南投縣陶工藝的發源地──竹山／王灝提供

南投縣的舊窯場／王灝提供　　　　　　　舊窯區的廢陶堆／王灝提供

間，南投的陶工藝已經極為發達，到了日治時期，成為本省陶業生產的重鎮。清朝時代有名的陶工廠，如：德泰窯、聯成窯、漳興窯等；日治時期有金義成、信成、協德、南和等陶器工廠，而代表性的製陶師傅，則有黃反、劉樹枝、吳茂成等人。當時製作的陶工藝品以甕、罐、砵、碇等為主，是屬於粗砵類的製品，大部分是以土製的草灰釉塗敷表面，顯得十分古樸平實。

　　從清嘉慶元年到日治昭和時期，南投牛運堀一帶為陶業的集散地區，佔有舉足輕重的地位，但是昭和時期有了明顯的變化，一部分老師傅如：林水金、林江松、林秋、林俊達、劉案章等人先後外移，分別遷到集集、水里、魚池等地發展，南投陶工藝的重心也就從牛運堀轉到水里一帶。牛運堀地區除了李瑞朋的蛇窯仍在燒製砵仔之外，其餘的蛇窯大都轉作琉璃瓦了。

　　水里、集集及魚池等地在日治中期以後，同屬新高郡轄區，由於技師的遷移、陶土掘取的方便、燒窯材薪的豐富等因素，促使陶工藝製造在此興起。由於陶土性質的不同，也使得這幾個地區的陶工藝作品，呈現不一樣的特色，如：水里地區的陶土與牛運堀較接近，耐火度稍高，因此陶製品也較類似，都是紅磚胎陶器；而魚池地區是屬於鼠灰白土，其燒製品接近於瓷器的灰白，主要工藝製品以碗盤食具為主，其中又以仿大陸閩浙一帶的青花碗公最具代表性。

添興窯內至今
仍在燒窯的老
蛇窯／蘇明娟
提供

　　之後，魚池的陶工藝亦沒落了，使得南投的陶工藝
只剩下水里、集集兩地還延續著這項工藝的薪火，雖然
集集、水里、魚池等地陶業在光復前後曾一度蕭條，但
在五〇年代，水里的陶業開始復甦，分別有永發、復
興、光華、榮茂、和泰、新成興、富源、協興等工廠盛
極一時，帶動水里地區陶工藝的興起。

幾番深情火煉就

　　南投縣的陶工藝歷經二百餘年的歷史，其間名師巧
匠輩出，南投陶工藝製品品類多采多姿，直到今日還是
風華不減，知名的陶窯場有集集的添興窯、水里的蛇窯

【MAP】集集添興窯

■ 集集添興窯——南投縣集集鎮田寮里
楓林巷10號 (049)2781130
【開放時間】08：00~17：30週一公休。
【大眾運輸】1.搭集集支線鐵路於龍泉站
下車後循指標步行可抵。2.可搭國光客
運、員林客運開往水里的班車，於添興窯
門口下車。
【自行開車】1.由台中市循中投公路（台
63）至草屯上中二高，由名間下交流道後
接台16省道即可抵。2.北上可由斗六上中
二高至竹山，接台16甲至集集再轉台16省
道可抵。

水里蛇窯内別具風味的甕牆／蘇明娟提供

水里蛇窯内的陶根居，設有921震災紀念館／蘇
明娟提供

蛇窯内部／蘇明娟提供

陶製小油燈

陶製香筒

陶製香爐

陶製碗仔

陶製土地公像

陶罐／以上圖片由王灝提供

等處。添興窯位於集集鎮田寮里集集鐵道邊，由林清河先生主持，主要是製造陶藝品；而水里蛇窯則位於水里鄉的頂崁，由林國隆先生主持。此外尚有親手窯、古龍窯、柴窯等窯場及一些私人的窯場，依舊在延續著南投陶工藝的命脈。

二百年餘火猶溫

南投陶工藝，歷經二百多年的歷史歲月，所累積下來的工藝作品，可以說是不勝其數，成熟精巧的工藝，更是深為收藏家所愛。從存留下來的作品中，我們發現它包羅萬象，有宗教器物、民生用品、觀賞用品等。每一類項更是品名繁多，種類甚夥，諸如神像、燭台、案奉、香筒、香爐、陶獅、枕頭、箸籠、筆筒、茶古、牲醴盤、茶盤、雞槽、食碗、茶杯、火爐、粿印、油罐、茶罐、油燈、陶甕、水罐、花瓶、椅鼓、壁飾、陶砵、錢筒、陶硯、習字磚、湯匙、碰仔、燉鍋、烘爐、檳榔盤、水管、祭器、漏斗、囪櫃等，更有陶棺及夜壺等製品，廣泛而龐雜，在在說明著南投縣陶工藝豐富的內涵及多朵的風貌。

【MAP】水里蛇窯

■ 水里蛇窯——南投縣水里鄉頂崁村頂崁巷41號 (049)2770967
【開放時間】08：00~17：30
【大眾運輸】搭隼集支線火車或國光客運至水里站下車，轉乘水里往信義、東埔、日月潭的員林客運，在蛇窯站下車。
【自行開車】1.由台中市循中投公路（台63）至草屯上中二高，由名間下交流道後接台16省道可抵。
2.北上可由斗六上中二高至竹山，接台16甲至集集再轉台16省道可抵。

🌑 紙工藝

　　如果說陶工藝是南投、集集、水里等地區工藝的代表，那麼埔里地區代表性的工藝，應該是手工造紙、漆器及石雕。

　　埔里地區的手工造紙，是擁有悠久歷史的一項工藝產業。埔里的造紙，開始於一九三五年的日治時期，當時日本人發現埔里具有良好的造紙環境，於是在此設廠生產。此後的十年間，可說是埔里造紙的奠基期，日本人先後請岩岸、橫溝萬藏、大津山等人前來開拓經營。當時生產的紙張，主要是供應日本國內之用，因為當時日本在大陸發動戰爭，造成許多與紙相關的物品斷了貨源，日本國內也因人力匱乏無力生產，只好向外尋求產地，因而具備有良好條件的埔里，便在這樣的情況下，開始走入造紙的歷史。

　　從一九三五年迄今，投入埔里紙業製造的分別有：埔里製紙所、埔里手工紙工廠、台灣棉紙廠、能高製紙廠、光華製紙廠、中國造紙廠、建成紙廠、國泰棉紙廠、森泉紙廠及長春紙廠等。日本人留給埔里的紙類只有雁皮紙（埔銀紙）及楮皮紙（鹿仔樹皮紙）兩種，早期的造紙業者，便以這兩種作為基礎，開始研製改造，將篩網的間隔由四至五格，改為六至七格，之後有人在

篩紙師傅濾漿入簾／王灝提供

造紙工人烘紙／王灝提供

①紙工藝品──紙提袋
②紙工藝品──紙扇
③紙工藝品──紙帽
／以上圖片由王灝提供

雁皮紙中加入馬尼拉麻，而製造出簡稱「宣板」的「仿港宣」，由於材質相當獨特，很受日本人喜愛，因而有一段時間埔里成了日本及東南亞地區手工書畫紙的最大供應地。由埔里產的宣紙延伸出來的紙工藝品，雖然不是很多，但還是有一些有心人士在從事這一方面的開發，其中如採用棉紙加工成紙繩、編成紙蓆、紙帽，或是直接用紙糊製成的紙燈籠、紙扇等都是源生自紙的相關工藝製品。

漆工藝

除了紙之外，埔里地區的漆工藝也曾風光一時。

漆樹被引進埔里地區是民國四十一年的事，由日本商人從越南攜帶漆籽到魚池鄉，經台灣省林業試驗所蓮華池分所試驗播種，然後移植到山坡地種植，再經過篩檢，選擇優良品種「青種」推廣給民間種植。而大埔里地區於民國四十六年時，開始有天然漆液的採收。由於有一段時間漆的價錢高，天然漆生產者收入頗豐，因此大埔里的民眾大量投入種植漆樹行列，成為民國六○年代台灣最大天然漆的生產地。

經過加工精製完成之天然漆又稱為精製漆、脫水漆；熟漆、精製漆中之透明漆可添加天然顏料，然後塗裝到木胎、竹胎、陶瓷胎、繪畫等家具、藝品上，增加美觀，也能增加防潮性、防塵性及耐久性，附加價值高，運用天然漆加工製造的漆器更是工藝創作中的精品。埔里新一代漆工藝的創作者中，最具有代表的首推「龍南漆器廠」的徐玉明先生，他也是埔里漆產業漆工藝最傑出的傳承者。

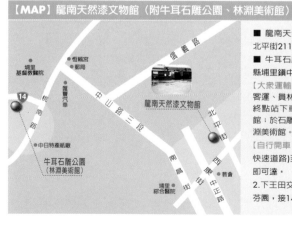

【MAP】龍南天然漆文物館（附牛耳石雕公園、林淵美術館）

■ 龍南天然漆文物館——南投縣埔里鎮北平街211-1號 (049)2982076
■ 牛耳石雕公園、林淵美術館——南投縣埔里鎮中山路4段1-1號 (049)2912248
【大眾運輸】國光客運、南投客運、彰化客運、員林客運均有開往埔里的班車，於終點站下車後步行可抵龍南天然漆文物館；於石雕公園站下車可抵石雕公園及林淵美術館。
【自行開車】1.由台中市循63號省道(中投快速道路)至草屯，續行14號省道至埔里即可達。
2.下王田交流道後經台1線接14丙省道至芬園，接14號省道經草屯至埔里即可達。

黃麗淑漆器作品「月華」／中華民俗藝術基金會提供

龍南天然漆文物館，內蒐藏有眾多精美與年代久遠的漆器文物／蘇明娟提供

🌑 石雕工藝

　　南投縣的工藝創作中，除了陶、竹、漆、紙藝之外，石工藝的創作也是極具特色的，其中又以埔里地區為石工藝創作的大本營，石雕工作室及石藝坊隨處可見，中潭公路南村路段兩旁石頭館店頗多，除了天然雅石之外，石工藝品琳瑯多樣，足以說明石工藝創作風氣的鼎盛。

　　埔里地區的石工藝創作材質分別有黑膽石、石心石、砂眼石、龜甲石等，大部分都是在地的石材，所創作的作品分別有石壺、石盤、石桌及花器等，有部份則是屬於純創作性的藝術品，其中更不乏巧匠藝師，代表性的人物有鄧仁貴、陳培澤、許慶福、潘宗盛、李曜宗、黃鴻福、詹俊能、朱柏勳等。

　　南投縣得天獨厚，國立台灣工藝研究所位在草屯鎮藝術大道的入口。由於工藝研究所的輔導與帶動，使得縣內工藝創作的風氣極盛，水準亦頗高。工藝研究所成立於一九五四年，南投縣政府為了發展該縣特產及培養

【MAP】國立台灣工藝研究所

■ 國立台灣工藝研究所——南投縣草屯鎮中正路573號　(049)2334141、2367805【開放時間】AM:09：00~12：00 PM:13：00~17：00，週一與國定假日休館。
【大眾運輸】國光客運、彰化客運、南投客運均有開往埔里的班車，於工藝研究所站下車即達。
【自行開車】1.由台中市循63號省道(中投快速道路)至草屯，續行14號省道即可達。2.下王田交流道後經台1線接14丙省道至芬園，接14號省道至草屯可達。

國立台灣工藝研究所／蘇明娟提供

手工藝技能，乃利用日治時期草屯農業專修學校校舍創立工藝研究班，一九五九年成立南投縣工藝研習所，一九七三年七月改制爲台灣省手工業研究所，一九九九年七月精省後，歸屬行政院文化建設委員會，改制爲國立台灣工藝研究所；該所佔地二‧四七公頃，長期以來培養不少技術人才及工藝人才，提昇台灣地區的工藝水準，帶動工藝創作的風氣，其研究訓練的項目多元，分別有木工、金工、陶、竹、漆器⋯⋯等。所內的陳列館，長期展示竹、藤、石材、陶瓷、玻璃、金屬、編織、玩具與觀光紀念品等各類手工藝品，出身於工藝研究所代表性的工藝家分別有：黃塗山的竹藝、黃麗淑的漆器、許慶福的石雕、黃義宗的陶器、黃弘鎮的工藝紀念品、柳秋色的編織工藝等。

黃塗山竹器作品「六角捲藤花器」／中華民俗藝術基金會提供

竹工藝

　　本縣的竹山以竹爲名，顧名思義，是個盛產竹子的山城。台灣產竹最多的地區爲嘉義、南投、台南、雲林等四縣，如以栽培面積及積蓄量來統計，則以南投縣爲最多，其中以竹山鎮的桂竹、麻竹及孟宗竹佔大多數。

　　竹山竹工藝的發展起源於日治時代，日本據台五十年間，對台灣的竹業有明顯的影響，日本曾從台灣招聘一批竹工師傅，赴京都從事竹器的設計、製作，一方面教導台灣的竹工師傅較新的設計理念，另一方面藉以吸收本島的優良技法，供日本竹器改良之參考。當時台灣總督府曾邀請日本民藝館長柳宗悅先生來台視導工藝產業，他對台灣的竹材工藝前途大爲看好。不久之後，即在關廟與竹山各設立一個「竹細工藝傳習所」，爲台灣竹藝產業化的發展，奠下良好的基礎。當時竹山參加「竹細工藝傳習所」的學員有吳聖宗、張眞經、黃塗山等人。民國四、五〇年代，台灣島內的竹藝品仍以實用的器物爲主，如竹笠、畚箕、米籮、炭籠及各式的提籃等；竹粗工則以生活家具的桌、椅、櫥、床爲主。民國六、七〇年代，政府爲了振興農村經濟，增加就業機會以充裕民生，因此積極發展手工業，在竹山設立竹山工業區，鼓勵民間設廠生產竹藝品。此時期竹山地區竹藝業勃興鼎盛，幾乎家家戶戶都從事竹工藝的加工生產。長期以來由於投入竹工藝加工生產的人眾多，而竹工藝在竹山地區也獲得了很好的傳承，因此，竹山有「竹的故鄉」之美譽。民國七〇年代之後，台灣由農業社會變成工商社會，由於經濟快速發展，進而成爲資本密集、技術密集的自動化、資訊化社會，工資的高漲，使得大部分竹工業者在島內幾乎無法生存，而紛紛到大陸、東

李榮烈作品「藍胎漆器茶具組」／中華民俗藝術基金會提供

竹藝製品／王灝提供

放菜食魚肉的竹吊籃，俗名叫
「氣死貓」／王灝提供

魚荃／南投縣政府文化局提供

魚苗撈／南投縣政府文化局提供

乳母椅／王灝提供

南亞設廠，竹山的竹工業也經不起廉價進口品的競爭而
式微了。但是屬於竹工藝範疇中的技藝傳承，在竹山地
區一直沒有中斷，因此竹工藝這一項技藝，還是竹山地
區，甚至於是南投縣最具代表性的一項工藝。

南投縣的竹工藝由於有其傳統，所以在南投縣是很
強勢的一項工藝，而且有很完整的一種呈現，因此縣內
有一座竹藝博物館，以主題館的方式，具體而多元地呈
現本縣竹工藝的完整面貌。

本縣傳統竹編匠師輩出，比較具代表性的人物有：
吳聖宗、黃塗山、李榮烈、陳興水、曾明竹、謝慶智、
張輝商、陳張催、陳吉平、魏水參、魏璋爐、張眞經、
陳清松、陳曾水對等人。其中吳聖宗先生（1926～1993）
可謂一代宗師，曾獲教育部薪傳獎；黃塗山先生（1926
～）也是巧匠大師級人物，從事竹工藝創作長達半個多
世紀之久，曾榮獲民族藝術薪傳獎及全國民族藝師獎等
多項殊榮；李榮烈先生（1936～），得顏水龍、黃塗
山、陳火慶諸位大師的指導，技術精湛，頗能掌握傳統
獨特的風格，曾獲八十三年薪傳獎；而已
九十餘歲高齡的陳興水先生（1906～）
，世居埔里，從十幾歲的孩童時期就已
開始編織竹器品，迄今已有七十幾
年的漫長歲月了。而年輕一輩的竹
工藝創作者也人才輩出，代表性的
人物有陳志臣、葉基祥、錢宗志、
林裕允、賴弘春等人。

竹山地區的竹工藝屬於閩南工藝
的支流，竹山以其竹業的發展，衍生出
了多采多姿的竹工藝特色。竹工藝主要
表現在竹家具，在竹山地區，昔日竹製
家具比木器更爲普遍，這是因爲價格便

吳聖宗作品「竹編荷葉之紋花器」
／中華民俗藝術基金會提供

宜而且輕巧的緣故。竹家具又分粗工及精工兩種，其製品有竹床、竹櫥、竹椅、竹凳、花盆、花架等，而竹篾編器則有硬編器及軟編器之分，其編製品有籮筐、籃、簍、畚、篩、籠、簁、筥、圓箕、旅行箱、提篋等。

　　竹山，古來即為竹的家鄉，滿山遍野的青青翠竹，令人賞心悅目，同時蘊育出了竹工藝多采的文化。竹以其風格獨立、勁節挺拔、卓然不群而深為人喜歡，更因為具有柔而韌、輕而堅的特性，拉力強、抗張力大，竹青耐磨耐撞擊，加熱後可以加以彎曲而不變形，天然形狀呈圓管狀，加工容易，易剖裂為細篾絲或板狀條等優點，適合製作各種工藝品。南投縣竹山鎮有幸成為竹的故鄉，得以蘊育出豐燦的竹工藝文化，由於許多的竹工藝巧匠之創作及投入，才能夠為我們留下那麼多精彩的工藝作品，讓我們得以欣賞到他們的巧手匠心及燦美技藝。

【MAP】竹藝博物館

南崗二路
建國路
南投高中●
南投縣政府
文化局
（竹藝博物館）
演奏廳
民權街
民　族　路
建國路
南崗二路
南投縣立體育場

■ 竹藝博物館——南投市建國路135號
(049)2231191
【開放時間】09：00~17．00週一及國定假日隔大休館。
【大眾運輸】從台中干城車站搭國光客運開往南投市、水里的班車，於復興路下車後沿復興路步行左轉民權路可達。
【自行開車】由台中市循63號省道(中投快速道路)至南投市，循南崗路轉民權街可抵。

原住民工藝

　　南投縣是一個族群多元的縣份，境內除了泰雅族及布農族之外，同時還有鄒族及邵族等原住民族群，分別居住在仁愛鄉、信義鄉、魚池鄉與日月潭等地，因此屬於原住民族群的工藝品也是南投縣工藝的代表。其中，比較具有代表性的有織布、編器與竹木工藝品等。

織布

　　織布是泰雅、布農族人生活中所不可缺少的，早期泰雅族少女，須先學會紡織的技術，始能文面，所以其紡織工藝相當精巧。他們大部分採用足撐式的水平背帶織布機來織布，織布方式又以平織、夾織、挑織等技巧爲主。本縣原住民織布大量運用紅、黃、綠等色彩，織成各式圖案，線條粗獷奔放，表現原住民勁勇、淳厚的民族氣質。

布農族傳統服飾／徐韶仁提供

編織

　　利用苧麻纖維製造各式背帶和網帶，或以藤條或竹枝爲骨架，藤皮或竹篾爲編條編造而成各式大小背簍、簸箕、篩子、籃子、盒子等生活器具。

　　布農族的編織極具特色，有用藤造的簸箕、背簍、密編獵袋、便當盒、頭背帶等，以及用竹材編的竹籃、麻繩編的背網。更有人以野生月桃爲原料，將月桃葉曬乾後壓平，織成十字紋座席或床席，此外也有編織成裝物箱、衣物箱等。

布農族編器／徐韶仁提供

布農族傳統背籃／徐韶仁提供

竹木器

　　利用竹、木製成的器具有：用來背負薪柴、小米等東西的背架；舂小米的杵與臼；蒸物或製作米糕用的蒸桶以及汲水的竹水桶等。

結語

　　南投縣的工藝傳統及歷史，源遠而流長，有些傳統工藝更可以追溯到二百年前有清一代。由於歷史久遠，使得南投地區的工藝呈現多采多姿的內容及風貌，也由於境內族群多元，不同的族群有不同的工藝特色，使南投縣的工藝製作發展出多元的面貌。

彰化篇 CHANGHUA

◎李奕興

彰化縣 位於台灣中部，除了東部邊緣少許隆起之外，幾乎都是平原，土地肥沃，自古以來農業發達，素有「台灣第一穀倉」之稱。

彰化的開發相當早，在漢人入墾之前，居住於彰化平原的平埔族，為巴布薩族和洪雅族，彰化的舊名──「半線」，就是來自平埔族「半線社」。

十七世紀末的清康熙年間（1662～1722），漢人大量入墾聚居，彰化成為漢族移民的新天地。乾隆四十九年（1784），清廷設鹿港為正口與蚶江對渡以後，閩粵移民順利入墾，西部平原進入「水田化」時期，各地墾號紛立，彰化地區則有施世榜召集流民，開闢「八堡圳」，農業快速成長，漢人聚落大量擴張，因此造成平埔族人大規模的遷移，第一次是在嘉慶九年（1804），越過內山遷往噶瑪蘭；第二次則在道光年間（1821～1850），分批移居埔里，使得彰化平原幾乎不復可見平埔族的遺跡。

漢人移民當中，儘管來自廣東潮州、嘉應的墾民進入彰化地區的時間，不見得晚於福建漳、泉移民，但歷經幾次族群鬥爭或社會動亂衝擊，潮、嘉兩州的客語族群，也如同平埔族一般，面臨非遷即化的命運。目前，彰化縣閩籍人口高達90％以上，粵籍人數則不足10％，充分說明彰化是個閩系族群主導的社會。

由於農產經濟的高度發展，使得彰化成為早期台灣中部漢文化極為發達的地方，其人文景物的纖婉風姿，是文人雅士吟詠的洞天福地；而深厚的閩粵傳統文化背景，更使得文風鼎盛、人才薈萃，史蹟文物豐碩，美不勝收。而作為彰化門戶的鹿港，則在富裕經濟實力為後盾下，文人雅士輩出，造藝工匠名家雲集，不僅成為彰化各市街聚落民生用品產銷重鎮，也激發了彰化漢族移民聚落的無窮生機。

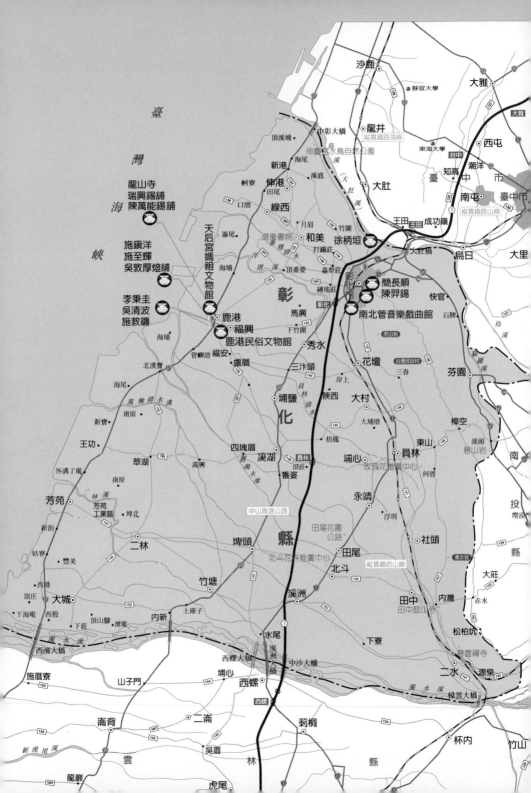

閩粤風格的彰化工藝

　　民間工藝是一種便利生民大眾使用的器物，其工藝製作的精神應在於就地取材與物美價廉，亦即在實用機能為首要考量的基點上，加上藝匠個人生活經驗下的審美觀而創造出的藝品；因此，從藝匠個人意念和工藝成品的創作行為關係來看，一個廣為民間使用且流傳的工藝品，事實上也映現出工藝原創者生活環境的特徵，其所呈現者已不僅僅是藝匠個人技藝語彙的表達，更融含著一個區域族群生活文明的內涵。

　　彰化境內的民間工藝，反映出極為濃烈的閩粤風格和特色，無論食、衣、住、行或育樂生活所需，與閩粤祖籍地區的生活文明無太大差異。加上彰化一地良好的

由鹿港民間舉行祭典的排場正可看出鹿港民間工藝發展的內容。圖為元昌行拜天公的頂下桌排場／李奕興提供

神轎雕造業在鹿港仍呈活躍，行銷遍及全台／李奕興提供

自然環境，造就民豐物阜的人文背景，更使彰化的民間工藝，不僅保留傳統漢文明的風格與特徵，也發展成獨具地域特色的文化資產。

位於彰化濱海的古鎮──鹿港，是彰化平原出入的門戶，自古以來無論是表現在傳統雕塑工藝部門的神像、家具、建築、文具創作，或是平面工藝部門的油漆彩繪、刺繡技藝等，都有高度的成就，足以擔當彰化民間工藝主流的代言。至於二水鄉的螺溪硯雕工藝，儘管發展的歷史不足百年，但因其石質佳、雕藝精的特色，也漸有後起之秀的態勢。

就彰化開發歷程來看，可以清雍正元年（1723）開始設縣治作為分水嶺，在此之前，民間工藝受到經濟未成熟以及物資貧乏的限制，無法發展，故以墾民自家鄉攜來或依賴舟船輸入交易為主；設縣以後，加上鹿港航

神像雕刻工藝在鹿港一直處於興盛狀態，有全台神像製作之地位／李奕興提供

鹿港手工繪製的燈籠，乃傳統彩繪工藝的延伸／李奕興提供

鹿港傳統刺繡業目前已呈式微／李奕興提供

運漸開，鑿圳成功水田大增，閩粵移民蜂湧入墾，造成漢族聚落廣布，由於人口不斷攀昇，各地大興土木，在閩粵匠司來台帶動之下，開啓本土工藝的契機。

自乾隆四十九年（1784）開放鹿港爲正口後，到清道光年間的十九世紀上半葉，民間工藝除農作和家庭等實用性工藝仍仰賴大陸進口外，爲因應特殊狀況，如：祠廟修復、宅第興建、貴重家具的訂製等需要，由大陸來台工作的匠司開始有落籍謀生的現象。特別是祠廟的興建和修復工程的持續進行，更在鹿港經貿發達、農產富足及治安日漸持穩的背景下，使彰化民間工藝發展點燃勃興的火光，所謂「良工巧藝備受矚目」正是此時期的反映。

嘉慶、道光兩代將近五十年的持平盛世，彰化在農經、航運、文教藝術都有高度成就，雖然各類民生用品，仍以大陸進口爲大宗，但本地手工藝產業已趨精緻化，並足與泉、廈、潮、汕地區分庭抗禮。其中以鹿港手工藝的表現最具代表性。

鹿港手工藝的發展，事實上牽動著彰化各市街聚落

生活的品質，若論清中葉彰化轄內各市街之最繁華者，非鹿港大街莫屬，此時鹿港舟車輻輳，商品充盈而市街繁盛，正是「一府二鹿」的黃金期，也是人人稱羨的「文化期」；就手工藝的產銷表現來看，不僅仍是熱衷進口唐山貨的郊商富賈們消費的重鎮，也是開始供給鹿港在地手工藝產品的集散要地。尤其清道光九年（1829）展開龍山寺修建工程，引進泉州系統的小木作、彩繪等工藝產業，如：李克鳩氏專事木作雕刻業；郭友梅先祖專事油漆彩繪；吳田專事神像雕刻等，也都先後落戶鹿港執業，無不說明鹿港具備供輸民生工藝的條件，相對也建立了代表彰化本土的、精緻的工藝地位。至於彰化城區的工藝景況，由於一般民生用工藝大部分仍取自鹿港，因此屬於彰化區域特色的手工藝表現並不明顯。

融合版畫、紙工和信仰為一體的天公燈座是鄉土藝術品的代表／李奕興提供

捏麵為鹿港早期民間在宗教或民俗節日中常見的塑造工藝。圖為施教鏞作品「魁星踢斗」／李奕興提供

鹿港手工藝的發展反映鹿港在兩岸航運經貿的實力和重要性，鹿港位居彰化各聚落門戶的優勢，讓她有發展工藝產業的時空背景，例如：原料物資進口便利、活絡的文教活動、中原南系工藝文明的嫡傳以及族群文化認同的深厚情感等因素，皆使鹿港一直扮演彰化工藝代言的角色。即便在清咸、同年間，濁水溪氾濫衝擊到鹿港海運功能，造成鹿港經貿衰頹不振，但藝匠的精湛技藝，卻仍能一枝獨秀撐起另一片天；尤其在木作雕刻技藝部分，產品甚至行銷全台，而藝匠也有廣受邀聘各地作業的佳績。另外時至光緒初年，鹿港還因精湛手藝備受肯定，更刺激其他類種工藝匠司設行執業，如錫藝鋪、竹藝坊，且都頗具規模。

台灣光復，政局一度失衡，物質匱乏，百廢待舉。民國三十八年國共對峙，兩岸斷航閉守，戒嚴時期引發的社會短暫動亂更是雪上加霜，台灣民間工藝一片沉寂；彰化一地也僅存鹿港工藝稍見生機。民國七○年代，台灣經濟起飛，人民所得提高，文化建設逐漸受到關注，代表民族工藝的文化資產保存維護也日益明朗，鹿港再度以擁有深厚民族精神內涵的手工藝贏得注目。在執著傳統又不忘創新，精益求精的藝師們的努力下，終使鹿港的工藝重新綻放光彩，更為彰化掙得台灣傳統工藝櫥窗的美名。

今日，鹿港作為傳統工藝產銷重鎮的地位，仍然屹立不搖，在木作家具、細木作雕刻、神像雕刻、錫製祭器、燈藝彩繪、古典刺繡、金飾雕刻、米麵雕塑、紙藝等技藝方面表現都有傲人的成績。而彰化市隨著工商經濟活動增強，屬於傳統手工藝的行業，僅存神像和戲偶人頭雕刻技藝獨領風騷。另外，位於濁水溪畔的二水鄉，則以螺溪石來源不竭，自日治時期即已發展出石硯雕刻技藝，可謂得天獨厚。

● 鹿港木作雕

　　鹿港木作雕指的就是木家具施作配合木雕技法的一種結合技藝，在鹿港鎮，北有「吳隨意」家具行，南有街尾的家具街，最為人稱道。李克鳩派下的李煥美和李松林昆仲，更是鹿港傳統木作的佼佼者。其興盛最主要原因乃清代鹿港一地海運便利，聚落型態早熟，木作市場活絡，吸引大量人力投入木作雕業，養成豐碩的木作

①鹿港小木作工藝自清道光以來一直就是地方產業的主流。圖為匠師系統表，代表其歷史淵源②鹿港魯班公宴祭典排場③魯班公宴上展陳的家具結構／李奕興提供

雕技師資源。另外，隨著鹿港寺廟和民宅建築急速增加，也使得木構建築和木作家具的需求激增。

　　鹿港木作工藝的盛況，從延續百年之久的「魯班公祭」可見其端倪。自清道光年間以降，鹿港木作工藝業者的組織已具規模，同業人供奉祖師爺「魯班公」為信仰中心，且組成「小木花匠團錦森興」之神明會，按例於每年農曆五月初七，舉行祭祖大會，不僅說明鹿港小木作木雕行業歷史久遠，更代表鹿港木雕技藝在台灣的崇高地位。今日，鹿港的木作工藝業界為彰顯地方產業的特色，也集結眾力向外行銷，尤其將魯班公例祭活動，重新整裝成地方文化盛會，以「木作工藝博覽會」形式向國人展示成果，並與群眾互動。此名為「魯班公宴」的工藝華會，在結合官方、民間企業和傳媒機關的運作下，短短五年之內，已讓鹿港的傳統木作工藝走向更寬廣的坦途，也為鹿港成為台灣木作工藝重鎮，奠下更堅實的基礎。

■ 李松林（1907～1997）、李秉圭父子

　　鹿港的泉系木雕業，肇始於清道光年間，來自永春的李克鳩落腳鹿港，參與龍山寺之重修工作，並定居執業。李松林師承家學，繼續發揚光大。這一百五十年來，鹿港李氏家族即以精湛小木作家具製作和創作性木雕享譽全台。

　　李松林自幼苦學，十八歲出師獨當一面，承製全台從南到北祠廟、豪宅無數木作雕刻製品，是保存傳統漢文化內涵的代表者，作品被視為中國

李松林木雕作品「甲子熙年」／中華民俗藝術基金會提供

南系木雕創作命脈維繫的象徵，有鹿港傳統木雕界的龍頭之稱，於民國七十八年榮獲教育部首屆「重要民族藝術藝師」。

李秉圭為李松林幼子，也是接班人，由於傳統水墨書畫和古典文學素養深厚，因此其作品帶有濃郁文學氣韻而備受矚目。

■ 施鎮洋（1946～）

以傳統木雕語彙為根基，走向創作性木雕而贏得注目的施鎮洋，是鹿港木雕界的中堅分子。其父施坤玉（1919～）為鹿港知名傳統大木作藝師，施鎮洋延續家學且專攻小木作雕刻，於二十餘歲即出師應允寺廟木雕工程，

大甲鎮瀾宮為此時期代表作，隨後陸續承接古蹟寺廟或公部

李松林木雕作品「除暴安良」
／中華民俗藝術基金會提供

【MAP】李秉圭・施鎮洋・吳清波・施至輝

■ 李秉圭──彰化縣鹿港鎮埔頭街51號 (04)7772448
■ 施鎮洋──彰化縣鹿港鎮頂厝里舊港巷 23-11號 (04)7778788
■ 吳清波──彰化縣鹿港鎮民族路108巷 21號 (04)7775779
■ 施至輝──彰化縣鹿港鎮復興路655號 (04)7774181
【大眾運輸】可自台北承德站、三重站搭統聯客運，或於台中後火車站、彰化火車站前搭乘彰化客運往鹿港的班車，於鹿港下車後循指標步行可達。
【自行開車】下彰化交流道後循142縣道至鹿港，循指標而至。
【注意事項】欲拜訪參觀請事先電話聯絡為宜。

吳清波木雕作品「黃府王爺」　　　　施鎮洋木雕作品「苦盡甘來」
／中華民俗藝術基金會提供　　　　　　／中華民俗藝術基金會提供

門建築木雕工程，亦以展現傳統泉系木雕風格立足，民
國八十一年獲教育部薪傳獎，現專事薪傳授藝的教育工
作。

■ 吳清波（1931～）

　　鹿港神像雕刻係以清道光年來台執業的吳田、吳虎
父子為先聲，而吳清波則是代表台灣「小西天」神像雕
刻吳氏的第五代嫡傳。

　　吳清波從小跟隨父老學習雕刻神像，打下扎實的基
礎，直至三十歲，在父親面授整套命理、符咒儀式大法
後，才算真正出師。吳清波的神像雕刻，以配合五行命
理、雕工精細、體態比例厚重持穩、漆線纖細著稱，作
品備受各方高度肯定，民國七十六年獲教育部薪傳獎。

施至輝木雕作品
「四暢」之一／
黃雨亭攝，左羊
藝術工作坊提供

施至輝木雕作品
「達摩」／中華民
俗藝術基金會提供

■ 施至輝（1935～）

　　在鹿港，從一般木作雕刻轉型為神像雕刻，而能大
放異彩者，施至輝的先父施禮（1903～1985）算是第一
人。施禮人稱「神刀」，最早隨唐山司李雨順習花鳥木
雕，一九二二年再入泉州神像雕刻名師鳳勾門下，從事
神像雕刻工作長達七十餘年，並將技藝傳授兒子施至
輝、施至階，民國七十四年過世時，即由施至輝接手創
設「施自和佛具店」，獨挑大樑克紹箕裘。施氏作品一
如其父，作工嚴謹，遵循傳統禮制，因此作品講究「敬
神如神在」的莊嚴氣氛，以成熟穩重取勝。

🌐 錫藝製作

　　錫器屬於金屬工藝，但因沒有金、銀那般炫麗的光彩，也不若銅器般名聲響亮，因此雖然早在商朝即有利用錫的記載，但直到明代才漸受青睞，至清代始大放異彩。

　　台灣的錫器工藝是在清代隨先民渡海來台，以鹿港、嘉義、台南三地最多。

　　鹿港錫藝的全盛時期，是在嘉慶年間（1796～1820）到台灣光復的一百多年，「東路口」一帶成為錫器工藝中心，錫舖多達六、七十家，當時台灣中北部地區的祭祀禮器都由這裡出品。

　　然而五〇年代，傳統錫器日趨沒落，許多作坊紛紛改行，目前鹿港從事錫藝製作者，僅剩：李棲楏、李漢卿父子的瑞興錫舖，施順源、黃素月夫婦，謝老波以及陳萬能、陳炯裕父子。

李棲楏（左）、李漢卿父子主持的鹿港瑞興錫舖，是傳統錫製品本店／李奕興提供

■ 陳萬能（1942～）

　　陳萬能一家可謂「錫藝世家」，祖父陳賜從福建同安渡海移居嘉義鹿草，後來定居鹿港，以打錫維生。陳萬能十四歲跟隨父親學藝，三年後父親過世，當時傳統錫器銷路有限，他空有一身好手藝，卻無從發揮，乃轉行作印刷業。直到退伍後，因不忍見先人留下的傳統錫器工具，棄置牆角，乃萌生重振家業的念頭。

　　陳萬能從傳統錫工技法的既定程式出發，在受到日

本模鑄硬鉛精細藝品的刺激之後，乃突破傳統而有開創性的作品。最值得一提的是：他針對舊有錫藝進行實驗性改良，無論材質應變性、題材廣涉性、技法多樣性，都呈現新的面貌，再加上西方美學理論的靈巧運用，使他的錫藝作品拓展到前所未見的新領域，民國七十七年獲教育部薪傳獎，的確實至名歸。

陳萬能父子在錫雕有突破傳統而走向藝術化的創作／中華民俗藝術基金會提供

陳萬能錫雕作品「惜福」／中華民俗藝術基金會提供

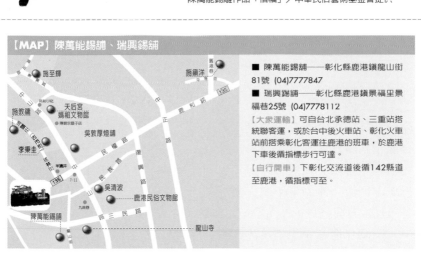

【MAP】陳萬能錫舖、瑞興錫舖

■ 陳萬能錫舖──彰化縣鹿港鎮龍山街81號 (04)7777847
■ 瑞興錫舖──彰化縣鹿港鎮景福里景福巷25號 (04)7778112
【大眾運輸】可自台北承德站、三重站搭統聯客運，或於台中後火車站、彰化火車站前搭乘彰化客運往鹿港的班車，於鹿港下車後循指標步行可達。
【自行開車】下彰化交流道後循142縣道至鹿港，循指標可至。

🌐 建築彩繪

　　油漆彩繪工藝自清中葉以來，一直是鹿港民間工藝的主流之一。道光年間（1821～1850）自泉州石湖來台，定居鹿港的郭氏家族，是台灣彩繪匠派中最早本土化，也是最具組織的一支。郭家彩繪人才中，在清末以郭春江（別名友梅1849～1915）最爲傑出，領導派下郭瑞麟、郭啓薰、郭啓輝、郭新林眾畫師，足跡遍及台灣中部各縣市，作品見於祠廟、豪宅，目前以潭子摘星山莊、筱雲山莊及鹿港龍山寺、天后宮的彩繪，最足以見證其風采。

　　族中另一位重要畫師爲郭春江之侄郭新林（1898～1973），以二十二歲之年即獨攬彰化節孝祠彩繪大任，圖案設計變化多元，靈巧大方，造形保留傳統圖案菁華，作品深具文人氣質，用色絢爛華美而不失端淑渾厚。

　　郭氏家族人才濟濟，活動範圍遍及中部五縣市，至今仍主導著中部地區建築彩繪的創作風格。

【MAP】天后宮・龍山寺（附鹿港民俗文物館）

- 鹿港龍山寺——彰化縣鹿港鎮金門街81號 (04)7772472
- 鹿港天后宮——彰化縣鹿港鎮中山路430號 (04)7783364
- 鹿港民俗文物館——彰化縣鹿港鎮中山路152號 (04)7772019

【大眾運輸】可自台北承德站、三重站搭統聯客運，或於台中後火車站、彰化火車站前搭乘彰化客運往鹿港的班車，於鹿港下車後循指標步行可達。

【自行開車】下彰化交流道後循142縣道至鹿港，循指標可至。

鹿港龍山寺彩繪／蘇明娟攝

布袋戲偶雕刻

■ 徐柄垣（1935～）

父親徐析森（1905～
1989）是彰化城區頗享盛
名的神像雕刻師，徐柄垣
從小耳濡目染並向其父習
藝。日本治台末期，台灣
南北幾個掌中戲團的木偶
來源，受到戰事影響而無
法自大陸取得，因此乃向

群偶的誕生（徐柄垣作品）／中華民俗藝術基金會提供

聞名中台灣的徐析森訂製，由於徐家手藝精巧，深得眾
人讚賞，從此彰化「阿森司」的木偶頭雕刻在布袋戲界
佔有一席之地。「阿森司」過世之後，由徐柄垣繼承衣
缽，台灣五○年代風靡全島的史艷文布袋戲中的明星人
偶，即由他巧手創作，一時聲名大噪，奠定徐家在台灣
木偶頭雕刻界的崇高地位。徐柄垣目前所作木偶頭有兩
類：一是專供影視傳播媒體演出所用的大木偶，高約八
十公分左右，造形較具時代色彩；另一是傳統閩式的小
木偶，高約四十公分，臉部講究書卷氣質。

■ 陳羿錫（1960～）

是「彰藝園掌中戲團」第三代傳人，也是彰化木偶
頭雕刻界的青壯藝司。「彰藝園」成立於日治初期，台
灣光復後團長陳木火（藝名臭頭松仔）曾拜中部木偶戲
名師「阿歪師」學藝，因演技精湛深受喜愛，其子陳峰
煙接班後發揚光大，受邀演出遍及全台。第三代陳羿錫
從小承繼家學，但為保存傳統閩系精神的戲偶藝術，除
劇場演出外，更以研發精神成立「彰藝坊古典戲偶工作
室」，從事傳統戲偶雕製，並大力推廣。

🌀 蛋雕

■ 簡長順（1955～）

簡長順及其蛋雕作品／李奕興提供

　　原學電工的簡長順，學作蛋殼雕刻純係偶然興起的勞作行為，最主要是廢物利用的環保概念使然。他所使用的蛋殼，種類相當多元，舉凡鴿子、雞、鴨、鵝或鴕鳥蛋，都是他用來創作的素材。在表現上他利用各種不同蛋殼質性，會有浮雕、鏤空或立體黏貼技藝應用，以增益作品的精緻度和價值感。不容諱言，蛋雕在彰化是種新興的技藝，但透過簡長順長年的精雕表現，目前已成彰化民間裝飾類工藝的新品。

彰化篇

【MAP】徐柄垣・陳羿錫・簡長順（附南北管音樂戲曲館）

■ 徐柄垣——彰化市長興街101號 (04)7228975
■ 陳羿錫——彰化市中正路1段121號 (04)7226418
■ 簡長順——彰化市三民路237巷59號(04)7232073
■ 南北管音樂戲曲館——彰化市崙平里6街77號 (04)7510709

【大眾運輸】1.徐柄垣、陳羿錫、簡長順、施教鏞四位先生皆居於彰化市市區，可自台中後火車站搭彰化客運，或搭火車皆彰化火車站下車，再分別循指標可至。2.於彰化火車站轉搭往鹿港的彰化客運，於精誠中學或中央陸橋站下車，步行可抵南北管音樂戲曲館。

【自行開車】下彰化交流道後沿19號省道往彰化市區行駛，再循指標分別可抵。

【注意事項】欲拜訪參觀徐柄垣、陳羿錫、簡長順先生及其作品，請事先電話聯絡為宜。

◉ 燈藝彩繪

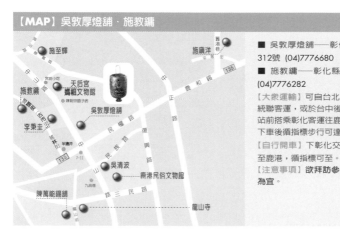

■ 吳敦厚（1925～）

　　為因應宗教信仰和民俗節慶生活，傳統社會中對燈的情感表現是相當直接的。在鹿港，燈籠工藝有時自編骨、糊燈到繪燈的流程是一體難分的。而在現有燈藝彩繪的執業者，如同德發的周建綿、郁文齋的粘呈寶等輩中，高齡的吳敦厚最為中外人士所知悉。吳氏接觸燈籠彩繪時間並不早，但他從二十餘歲開始向一位王姓藝人習藝後，便執著不歇工作至今，其作品用色、題材均遵循傳統，保留傳統的神韻，也因此獲得教育部薪傳獎的殊榮。

吳敦厚畫燈／李奕興提供

吳敦厚所彩繪的民俗燈籠「觀世音菩薩圖」／中華民俗藝術基金會提供

【MAP】吳敦厚燈舖・施教鏞

施至輝
施廣洋
施教鏞
施鎮岳（石敢當）
李秉圭
天后宮
鏢箱文物館
陳明堂子孫
吳敦厚燈舖
吳清波
鹿港民俗文物館
陳萬能錫舖
龍山寺

■ 吳敦厚燈舖──彰化縣鹿港鎮中山路312號(04)7776680
■ 施教鏞──彰化縣鹿港鎮埔頭街6號(04)7776282

【大眾運輸】可自台北承德站、三重站搭統聯客運，或於台中後火車站、彰化火車站前搭乘彰化客運往鹿港的班車，於鹿港下車後循指標步行可達。

【自行開車】下彰化交流道後循142縣道至鹿港，循指標可至。

【注意事項】欲拜訪參觀請事先電話聯絡為宜。

⬤ 二水螺溪石硯

　　彰化縣內最具地域色彩的民間工藝，並以佔地利之便，取材來源不竭，又能在不到百年之間異軍突起者，當推二水鄉的「螺溪石硯」雕刻。所謂「螺溪石」即指來自濁水溪澗的流石，根據清嘉慶年舉人楊啓元〈東螺溪硯石記〉所述，早在清中葉即有人自濁水溪中取石為硯，但當時並無計畫性開採，也無石硯雕產業。直到一九三二年，日人因興建跨越濁水溪鐵橋，無意中發現螺溪石，經雕製成硯後，竟具備貯水不乾、發墨快又好的優點，而被日人稱為「台灣黑玉」，並開始有計畫的大量開採；此後螺溪石一直以質地緻密溫潤、色澤豐富多樣，加上巧匠名師雕作，益增其光華，使得「螺溪石硯」一躍成為二水鄉重要的產業。

■ 謝苗（1917～1998）

　　目前二水螺溪石硯以雕刻見長，具代表性的名師藝匠，首推已過世的謝陣、謝苗昆仲。此外，謝陣之子謝隆昌與董壬申、董萬載兩家及師生十餘人，也都有不錯的表現。

　　謝苗終生執著於硯雕，從十四歲起開始，就不曾放棄握鑿掌鎚的雕硯工作，數十年如一日。其作品流露素人風格、題材深具田園趣味特色，民國七十八年獲頒教育部薪傳獎。

二水的螺溪硯以石質、雕工見長／李奕興提供

二水石硯雕刻業目前已經進入量產的階段／李奕興提供

🌀 彩繪捏麵

■ 黃景南（1915～1997）

　　一生與鄉土藝術結下不解之緣。七歲逛廟會時，見戲台下捏麵藝人手藝，即留下深刻印象。十六歲時憑著幼時經驗，開始著手戲玩捏麵，沒想到一捏即捏出興趣和心得。年少時的作品看在街坊鄰居的眼中，就已具有大師級作品的水平，讓黃景南更是信心十足。由於他日常喜觀察事物，心思細膩且手巧技實，對傳統捏麵也抱持著隨時求新求變的改造精神，像他就喜用不添加色素的素麵糰，在手捏成形後，始用廣告顏料彩繪著色，表現其深淺明暗的效果。另外，他也擷取日常所見的蔬果為素材，利用各類蔬果不同質感、外形，搭配捏麵而化作栩栩如生的自然界飛禽走獸。凡此種種皆顯露出他掌握傳統符號，而又勇於創新的造形與技法。

在長年專業的為人師表生涯中，
卻仍不懈地從事業餘捏麵技
藝，且熱心無私地傳授一身
絕學，終使黃景南
於民國八十年
獲頒教育部
薪傳獎，為
「行行出狀
元」提供一個
範例。

黃景南捏麵彩繪作品「水族」／中華民俗藝術基金會提供

結語

　　彰化地區位居台灣由南北上開發的一個中途點，以這樣的歷史背景來看，基本上，其軍事和政治的重要性遠大於文化藝術，但由於彰化與天具來的美好自然環境，如平原腹地廣大、圳埤水源豐沛、氣候溫濕宜人、物產富饒，因而帶來龐大「移流」的人力資源，卻使彰化民間工藝意外獲得良好發展的契機。

　　總的來看，彰化民間工藝的特色，在材質上，由於地緣關係和對傳統文化的眷戀，因此以能就地取材的二水鄉螺溪石硯雕，以及鹿港鎮專擅的傳統木作雕刻作為彰化民間工藝對外標舉的代表；在題材上，因為百年不變農業立縣的經濟型態，薰陶出執著傳統、熱愛傳統和追求自然田園生活的哲學觀，使得作品充分流露古典文學的那份儒雅，還有浸淫田園野趣的那份舒適，這正是彰化民間工藝備受矚目的焦點所在。

雲林篇 YUNLIN

◎陳益源

雲林縣 位於台灣西海岸，南北與嘉義、彰化二縣為鄰，境內除林內鄉、斗六市、古坑鄉有局部山丘地帶之外，其餘多為平原地形，是台灣重要的農業縣。

本區最早的住民為平埔族，北邊是洪雅族系，南邊是巴布薩族系。十七世紀荷蘭人所繪的古地圖，即有Poonkan（笨港）之名。而漢人到來的時間甚早，相傳是在明萬曆、天啓年間（1620年左右），閩人顏思齊即登陸笨港一帶墾殖。雲林縣在明鄭時期屬天興縣，清康熙年間改隸諸羅縣，光緒十三年（1887）建置雲林縣，其後迭經更易，曾改屬台灣縣嘉義支廳、台南縣，一九五○年復設雲林縣迄今。

屬於沿海農業縣的雲林，民間信仰蓬勃，寺廟林立，名列台閩地區第二級古蹟的朝天宮，就座落在北港鎮中山路口，每年元宵節的花燈展覽、農曆三月的「迎媽祖」廟會，現場人潮洶湧，花燈、紙糊並陳，藝閣、哨角列陣，宛如一場民間工藝的博覽盛會。

在傳統農業社會裡，西螺鎮埔心里的竹器家具，以及北港牛墟鼎盛時期，牛具、牛鈴、牛軛等實用工藝製作，都曾是重要的產業，現在則已漸趨式微。代之而起的工藝產業，改以跟電視布袋戲盛行有關的戲偶製作為主。至於頗具沿海特色的蚵貝藝術，和交趾陶、石頭雕刻、神像雕刻，亦有可觀之處。

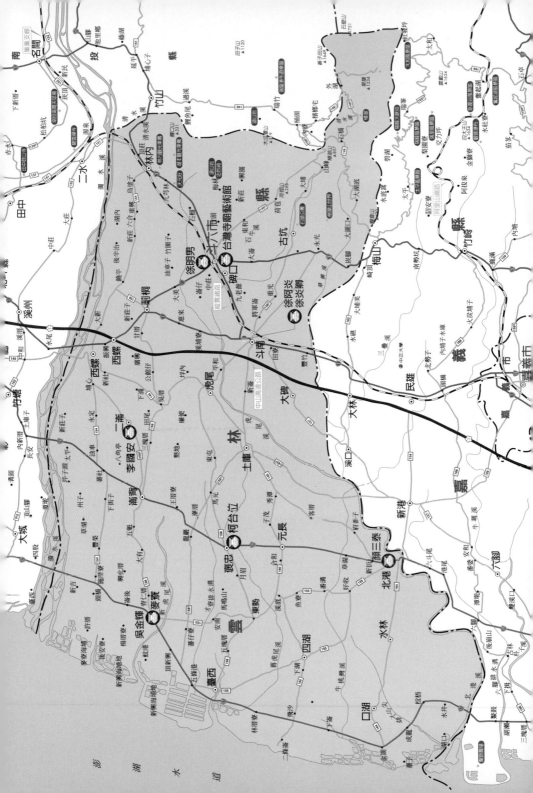

北港藝閣

　　與寺廟建築和宗教活動有關的民間工藝，雲林縣內著名者有北港鎮魏幼謙、魏瑞呈父子的哨角、馬頭鑼銅器打造，斗六市吳榮、古坑鄉葉星佑、崙背鄉李明松、李日存等人的交趾陶藝，北港鎮葉勝祈、林聰賢等人的花燈製作，褒忠鄉林明利的建醮捏麵，麥寮鄉丁漢輝的神像生產等等。最具地方特色的，還是北港藝閣，尤其是顏崑茂、顏三泰父子的手藝。

　　台灣藝閣由來已久，朱景英《海東札記》（1772）卷三記迎神賽會，備極鋪排：「又出金傭人家垂髫女子，裝扮故事，舁遊於市，謂之『抬閣』，靡靡甚矣。」連雅堂一九二四年也撰有〈詩意〉一文，記載：「台灣迎賽，輒裝台閣，謂之『詩意』。其所裝者，多取小說；牛鬼蛇神，見之可哂。夫台閣既曰『詩意』，則當採詩之意，附畫之情，表美之術，以成其高尚麗雅之致，使觀者徘徊而不忍去，而後足以盡其能事。」他還曾親自替台南綢緞商「錦榮發」、藥材行「合源棧」、台北水

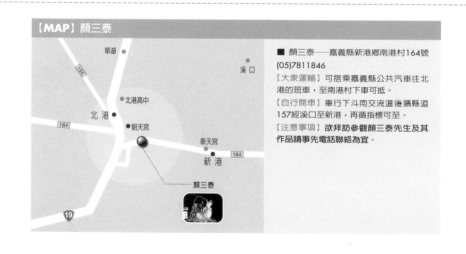

【MAP】顏三泰

■ 顏三泰──嘉義縣新港鄉南港村164號
(05)7811846
【大眾運輸】可搭乘嘉義縣公共汽車往北港的班車，至南港下車可抵。
【自行開車】車行下斗南交流道後循縣道157經溪口至新港，再循指標可至。
【注意事項】欲拜訪參觀顏三泰先生及其作品請事先電話聯絡為宜。

①顏氏父子的元宵花燈「馬上封侯」／陳益源提供 ②顏氏父子的北港藝閣「天上聖母」
／陳益源提供 ③④北港藝閣遊行現場／顏三泰提供

果行「老泰勝」，籌劃裝置「天孫織錦」、「韓康賣藥」
、「潘安擲果」等符合本色的嶄新「詩意」，對台灣藝
閣的改良，貢獻頗大。

■ 顏崑茂（1934～）、顏三泰父子

　　時至今日，台灣傳統藝閣的改良製作，則落到了北
港顏崑茂父子的身上。

　　顏崑茂，別名崑池，早年以修理腳踏車為業，民國
五十五年曾協助岳父將藝閣電動化，一舉榮獲北港藝閣

評比金龍獎，後來又與台南藝師陳金永合作，全心投入藝閣的設計製作，並且樂此不疲，迄今已逾三十幾年。

顏崑茂、顏三泰父子／陳益源提供

三十幾年來，北港藝閣的形式，從早期的人力肩扛，發展到牛車拖行與耕耘車、大貨車改裝；聲光效果，從最先的煤油燈，發展到後來的霓虹燈泡與乾冰特效；閣坪人物，從往昔的南管藝旦現場彈唱，發展到現在的孩童裝扮亮相。說起這其間的種種變化，顏崑茂如數家珍。他極愛惜這項莊嚴的寺廟文化，一方面珍藏已故的陳金永舊時為藝閣所做的精美的紙糊人物，一方面則仍不斷地在追求傳統藝閣的改良創新；不過，他很堅持藝閣應保有神聖的宗教色彩，不能苟同電子琴花車的庸俗化與色情化。

一座融合寺廟彩繪、雕塑與木工、電氣、機械等多重技術的電動藝閣，製作時間長達數月，顏崑茂、顏三泰父子和聘請來的工藝師父們，埋首於車身四周的精雕細琢，以及車上山水樓台的精心佈置，和眾多故事主題（如「女媧收回三妖」、「秦穆公覓得乘龍快婿」、「紅孩兒大破五龍陣」、「藍采和渡東海」、「董永與七仙女」、「唐明皇遊月宮」……）的構思呈現，乃至閣上孩童一身的裝扮服飾也要由他們張羅供應。

面對如此繁複的工作，學習機械出身的顏三泰，很能體會父親的辛勞及其使命感，一直陪著父親製作花燈，裝置藝閣。他們父子倆製作北港藝閣的專業精神，是有口皆碑的。

● 雕刻

雲林縣的雕刻工藝，著名者有褒忠鄉素人藝術家柯台位的石頭雕刻，古坑鄉亦闢有一座石頭公園，現場擺放了許多造型樸素的石雕作品。至於產業化的雕刻藝品，則以麥寮鄉的神像雕刻和斗南、二崙的戲偶雕刻最負盛名。

雲林是台灣布袋戲之鄉，五洲園、新興閣開派授徒，影響深遠，傳統、金光、電視布袋

①柯台位「石獅」雕刻 ②柯台位「石猴」雕刻／以上圖片由陳益源提供

雲林篇

【MAP】柯台位

■ 柯台位石雕藝術工作坊——雲林縣褒忠鄉中勝路9號 (05)6971787

【大眾運輸】1.由台北可搭乘「台北 台西」統聯客運班車，於褒忠站下車後步行可抵；2.自斗六（後火車站）搭往虎尾的台西客運，在虎尾下車後再轉搭往北港的台西客運班車，於褒忠站下車後步行可抵。

【自行開車】1.自斗南交流道下高速公路，循158縣道經虎尾至褒忠，循指標可抵；2.北上者可由嘉義交流道下高速公路，循159縣道至新港，轉164縣道在北港接台19線可抵褒忠。

【注意事項】欲拜訪參觀柯台位先生及其作品，請事先電話聯絡為宜。

戲應有盡有。在「台灣掌中
戲界第一世家」黃海岱大師
及其子孫門徒的推動下，雲
林縣成為全省掌中戲班的大
本營，全縣專業戲班有九十
九團，也連帶促進了布袋戲
偶的產業化經營。斗南鎮徐
阿炎、徐炎卿兄弟和徐炎卿
之子徐明男的戲偶產量，便
高居全台之冠。

黃海岱、李國安（左）的師徒對話／廖俊龍提供

■ 李國安（1963～）

　　家住二崙鄉、在國中時期即拜入黃海岱門
下，習得戲偶操作精湛技巧的李國安，除了主持
「李國安電視化布袋戲團」四處演出之
外，還自行鑽研戲偶雕刻技術，成
為縣內有名的木偶雕刻師傅。
　　年輕的李國安，能夠順應社會
發展的需要，他的布袋戲偶雕刻多以影視

李國安早期雕刻作品「怪老子」／廖俊龍提供

【MAP】徐炎卿

石牛溪橋　延平路　新光陸橋
國道1　國道1 2
徐炎卿
大同路　黑市場
長安路一段　斗南　文昌路
158縣道
農會
台汽
南昌路　斗南車站

■ 徐炎卿──雲林縣斗南鎮文昌路248號
(05)5974041

【大眾運輸】可搭火車於斗南火車站下車
後，沿文昌路步行可抵。

【自行開車】車行下斗南交流道後，循
158乙縣道至斗南，接延平路轉文昌路可
抵。

【注意事項】欲參觀拜訪徐炎卿先生及其
作品，請先電話聯絡為宜。

布袋戲明星（如早期的「怪老子」，近期的「素還眞」）
爲主，銷路亦以精品店居多。然而，在長期專心記錄黃
海岱家族史的斗六市東和國小老師廖俊龍看來，李國安
的木偶雕刻是流行商品中難得的精緻之作。

　　李國安感慨地說，過去布袋戲班曾有戲班專屬的戲
偶雕刻師父，或有戲班自己習慣搭配的外地刻工（例如
黃海岱慣用彰化的戲偶），雲林本地的戲偶雕刻倒沒有
形成自己的傳統，眼前的市場化傾向卻又不得不然。儘
管環境艱難，不過，年輕自信的他，積極籌備成立一個
專業的木偶雕刻工作室，期待未來能爲雲林縣的戲偶雕
刻，開闢一個可以兼顧傳統與現代的木偶新天地，朝藝
術化的目標邁進。

李國安木偶雕刻作
品中的布袋戲明星
／廖俊龍提供

【MAP】李國安

■ 李國安——雲林縣二崙鄉崙東村中華
路127巷23號　(05)5985531
【大衆運輸】1.由台北可搭乘「台北—西
螺—三條崙」統聯客運班車，於二崙站下
車後步行可抵；2.自台中、彰化、員林、
斗六等地搭乘客運班車至西螺，再轉搭
「西螺—二崙—北港」或「西螺—虎尾」
台西客運班車，於二崙站下車後步行可
抵。
【自行開車】車行高速公路或台1省道至西
螺，轉154縣道接154甲縣道往崙背方向，
即可抵二崙，再循指標可抵李國安處。
【注意事項】欲拜訪參觀李國安先生及其
作品，請事先電話聯絡爲宜。

● 蚵貝藝術

■ 吳金輝（1928～）

　　在雲林的民間工藝裡，麥寮鄉吳金輝的蚵貝藝術是
赫赫有名的。

　　吳金輝，五十歲以前繼承祖父吳瑞益、父親吳駿的

吳金輝及其蚵貝屏風／陳益源提供

【MAP】吳金輝

■ 吳金輝——雲林縣麥寮鄉新興路99號
(05)6932407

【大眾運輸】自台西搭乘台西客運往麥寮
的班車可抵。

【自行開車】南下、北上循17號省道皆可
至麥寮，再循指標可至。

【注意事項】欲拜訪參觀吳金輝先生及其
作品請事先電話聯絡為宜。

吳金輝蚵貝藝術作品。／陳益源提供

衣缽，專事神像雕刻；等到三個兒子吳錫琳、吳錫泉、吳錫沮接下他的神像雕刻店以後，才突發奇想地開始利用沿海大量廢棄的蚵貝（牡蠣殼），嘗試一種嶄新的黏繪創作方式。

他早期的作品，粗獷樸拙，保留較多的蚵貝原色、原味，後來不斷揣摩研發，從牡蠣殼的挑選、清洗、漂白、裁割，到構圖、黏貼、上彩、噴漆，一氣呵成，其立體的眞實造型，與常見的「螺鈿」工藝迥然有別，形成獨樹一格的蚵貝藝術，得到各界極高的評價。

吳金輝的蚵貝藝術創作題材廣泛，無論是人物肖像（如祖先遺像、蔣公遺像、達摩、鍾馗）、傳說故事（如嫦娥奔月、木蘭出征）、山水風景（如慈湖、台中公園），或蟲魚鳥獸（如駿馬、猛虎），皆栩栩如生，讓人不得不驚訝於這位只有國小五年學歷、未曾受過正規美術訓練的素人畫家，竟能化腐朽爲神奇，讓毫不起眼的牡蠣殼拼組出一幅幅動人的畫作。

現任褒忠國小校長的翁振文，是吳金輝蚵貝藝術的發掘者。民國七十三年，當年服務於麥寮國小的翁校長，首度邀請吳金輝至該校秋季藝文活動做公開展覽，

吳金輝蚵貝藝術作品，左圖「台中公園」，右為「富貴長春」／陳益源提供

一舉打響了知名度，此後各方邀展連連，佳評如潮。吳金輝一直很感謝翁校長的賞識，翁校長則不斷地替他創造各種推廣的機會，請他在國立台灣藝術教育館委託的社區藝文學苑，和各級學校的藝術教學活動中，傳授他的蚵貝藝術拿手絕活；鄰縣嘉義東石的船仔頭文教基金會亦曾派員前來向他習藝，並以蚵貝藝術參加台灣地方工藝特色展，得到了熱烈的迴響。

吳金輝的「十二生肖圖」（一鼠賊仔命，二牛駛犁兄，三虎爬山壁，四兔上京城，五龍皇帝命，六蛇眾人驚，七馬走路行，八羊吃草命，九猴爬樹頭，十雞啼三聲，十一狗吠客兄，十二豬菜刀命），被選入《雲林縣鄉土教學活動教材》，深受老師與學生的喜愛。

結語

　　綜觀雲林縣的民間工藝，既有像北港藝閣對傳統的堅持，也有像戲偶雕刻對現代的追求，而蚵貝藝術的匠心獨運，則是緣起於沿海的特殊生態。可以說，這些民間工藝都與現實生活息息相關。所以，社會型態變了，生活工藝也就跟著調整，例如往昔盛極一時的雲林北港牛墟農具、西螺埔心竹器，如今則已逐漸式微。類似虎尾吳隆彬，一家四兄弟都仍活躍在已沒落的竹器家具製作業中的例子，其實並不多見。

　　民間工藝講究實用性，藝術化的追求可以看作是藝匠們的一種自我提昇。然而，現實的環境總是讓他們產生迷惑，堅信莊嚴的北港藝閣永遠不會被時代淘汰的顏氏父子，面對九二一大地震後的景氣低迷，仍不免有些喟嘆；年輕的李國安，一面積極籌劃成立戲偶雕刻工作室，卻也一面開著將來可能轉業另謀出路的沉重玩笑；惜售蚵貝藝術畫作的吳金輝，要不是兒子們都已成家立業了，他能否如此自在地陶醉其中，恐怕還是個疑問。

　　跟台灣其他地區的情形一樣，雲林縣民間工藝的傳承也是個問題。顏崑茂的「北港藝閣」幸而有子顏三泰繼承衣缽，然而吳金輝的「蚵貝藝術」，恐怕是後繼無人吧！

吳隆彬製作竹器
／吳隆彬提供

嘉 義 篇

CHIAI

◎陳益源

嘉義縣市 位於台灣西海岸嘉南平原北端，縣境東半為山丘地形，阿里山鄉為鄒族原住民主要居住地，北迴歸線通過水上鄉下寮村，屬亞熱帶氣候。主要河川有北港溪、朴子溪與八掌溪，沿海多為漁村，而布袋鹽場則聞名全台。

　　嘉義地區，於清康熙十四年（1675）設為諸羅縣；乾隆五十一年（1786）諸羅官民合力抵抗林爽文之變，次年清廷「嘉其忠義」，改名嘉義。

　　往昔嘉義地區由於毗鄰台南府城，東石、布袋兩港亦相當繁盛。在台灣開發史上，嘉義屬於頗早開發之地，因此縣市境內古蹟甚多，寺廟林立。以新港鄉為例，既有王得祿墓，園中立有石人、石獸，名列台閩地區第一級古蹟；又有奉天宮、水仙宮等古廟，廟宇內外遍布交趾陶、剪黏、石雕、木雕、彩繪，美輪美奐。

　　嘉義民間工藝甚多，其中以常用於寺廟裝飾的交趾陶、剪黏最為著稱，近來石頭、葫蘆等各式雕刻藝術亦聞名遐邇。

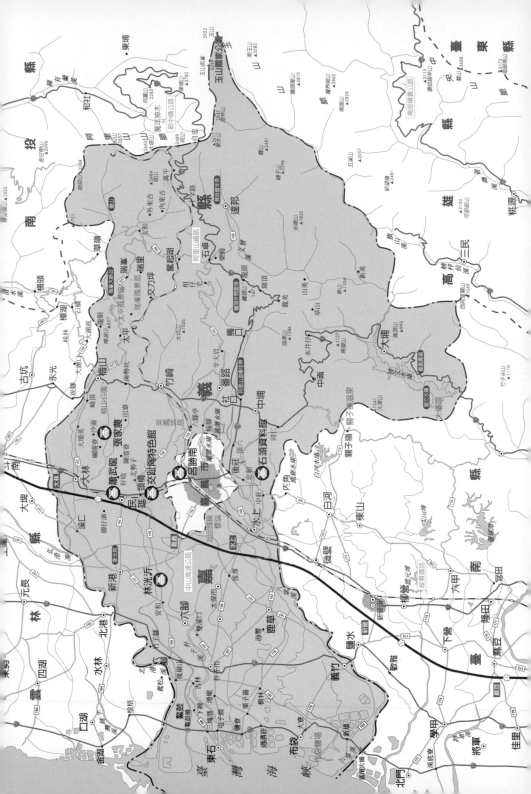

● 交趾陶藝

　　交趾陶，或稱交趾燒、交趾窯。這項源自中國大陸嶺南地區的民間工藝，結合捏塑、繪畫、燒陶的手藝，寓文學、美學、信仰於一體，約從清中葉開始，便在台灣寺廟建築史上佔有一席之地。

　　台灣交趾陶是中國南方軟陶系列的延伸，製作技藝承襲閩粵民窯體系，原料來自大陸，匠師亦聘自閩粵。由於一座寺廟所需的交趾陶數量相當多，往往要燒製一、兩年才能完成，加上作品火度低，搬運容易破損，因此陶師都在現場捏塑成型後，直接在廟埕造簡單的土窯，以匣缽裝坯體，用樹枝、粗糠覆蓋，露天燒製。

　　台灣最著名的匠師首推嘉義的葉王（本名葉麟趾，1826～1887），葉氏父親葉清嶽由福建漳州來台，定居嘉義打貓，精於廟宇裝修。葉王跟隨父親習藝，學得交趾陶技法，加上本身的資質，對釉藥的靈活運用，開創台灣交趾燒的風土特色，成為台灣交趾陶第一人，有「開山祖」之稱。

　　交趾陶是一種低溫彩釉軟陶，早期多用於寺廟裝飾，作品內容大多為民間故事、神話傳說或歷史題材，對社會教化頗有貢獻。由於交趾陶作品典雅質樸，造型豐富，寶石釉彩晶瑩剔透，

葉王交趾陶作品／國立傳統藝術中心提供

逐漸自廟宇走入家庭供人珍藏賞玩，儼然是民間收藏家的新寵。

　　台灣交趾陶匠師大概集中在嘉義、雲林一帶，目前定居台北新店的「重要民族藝術藝師」林再興先生，亦出身嘉義縣。

■ 林洸沂（1951～）

　　嘉義縣新港鄉人，十三歲起開始當學徒，跟隨老師林萬有學習彩繪、剪黏、浮雕、陶塑等廟宇裝飾，民國六十九年又拜林添木為師，專習交趾陶釉藥調配與煉製技法，並成功地突破了交趾陶的低溫燒窯限制，使軟陶變硬陶，改善了交趾陶原本易碎的缺點。他善於觀摩、熱衷研究，民國七十三年參與整修台南學甲慈濟宮葉王交趾遺作，從中揣習葉王真品的菁華，使其陶藝精益求精，從早期摸索的「四喜」，到建立風格的「四大天王」，到別出心裁的「十二生肖」，再到氣勢磅礡的「玉泉山」、「南極星輝」、「麻姑獻壽」等等，一再推陳出新，屢獲民族工藝大獎，其造詣在台灣現代交趾陶界可謂翹楚。

　　在林洸沂的創作理念裡，他衷心希望交趾陶這種綜

【MAP】林洸沂

月眉潭
中山路
166
溪口溪
社區活動中心
月眉國小
北港路
166
電信局
159
林洸沂

■ 林洸沂──嘉義縣新港鄉月眉村115-6號 (05)3772895
【大眾運輸】可搭乘嘉義縣公共汽車往北港的班車，坐月眉村下車可抵。
【自行開車】車行下斗南交流道後循縣道157經溪口、新港至月眉，再循指標可至。
【注意事項】欲拜訪參觀林洸沂先生及其作品請事先電話聯絡為宜。

林洸沂交趾陶作品「玉泉山」／林洸沂提供　　　　林洸沂交趾陶作品「五瑞圖」／林洸沂提供

林洸沂交趾陶作品「三多」／林洸沂提供　　　　林洸沂交趾陶作品「麻姑獻壽」／林洸沂提供

合藝術品能「走出寺廟，向現代建築物、公共場所中展現」。因此，他的「陶然居」工作室迄今仍不斷研發，提昇水平，並積極在海內外舉辦展覽，藉以凸顯台灣傳統陶藝的特色。

■ 呂勝南（1955～）

交趾陶藝師呂勝南／呂勝南提供

十六歲初中畢業那年，就跟著姑丈紀淵貴學習寺廟雕刻，二十四歲退伍後偶遇交趾名師高枝明，向他習藝三年，而於民國七十六年創立「龍鳳祥」交趾陶工作坊，與胞弟呂世仁、呂宗潔朝向開發精緻陶藝的方向邁進。他也有「將交趾陶藝由過去的寺廟文化轉進現代建築中」的想法，現陳列於高雄縣大樹鄉「信誼高爾夫球場」俱樂部大廳的一堵超大型麒麟交趾陶壁，正是出自他的手筆。

民國八十年，呂勝南應當時嘉義地檢署檢察長曾勇夫之邀，擔任榮譽觀護人，開始有了「將藝術帶入監獄」

【MAP】呂勝南‧交趾陶特色館

交趾陶特色館

阿里山森林登山鐵路

忠孝路

林森東路

159

18

民族路

159甲

163

加走埤

嘉義火車站

民生路

呂勝南

石頭資料館

■ 呂勝南──嘉義市林森東路319巷6號
(05)2761958
■ 交趾陶特色館──嘉義市忠孝路275號
(05)2788225
【大眾運輸】自嘉義火車站前搭嘉義市公車可前往。
【自行開車】下嘉義交流道後，1.循159縣道(北港路)接林森西路，續行至林森東路可抵呂勝南工作室；2.至林森西路左轉忠孝路循指標可至交趾陶特色館。
【注意事項】欲拜訪參觀呂勝南先生及其作品請事先電話聯絡為宜。

呂勝南交趾陶作品「關聖帝君」／呂勝南提供　　　　　呂勝南交趾陶作品「瀧見觀音」／呂勝南提供

的靈感。八十二年五月一日起，嘉義監獄典獄長陳紹意
首度試辦受刑人陶藝訓練班，聘他進入獄所擔任指導老
師，成效卓著，備受各界肯定，一時聲名大噪，後來別
處的監獄、看守所和少年輔育院，也紛紛起而效之。對
於傳授受刑人交趾陶藝的作法，呂勝南有他自己的主
張：與其給受刑人「吃魚」，不如教會他們「釣魚」；
與其讓他們在身上刺龍刺鳳，不如教導他們把那種美感
移轉到交趾陶藝的創作上。花費多年的心血，呂勝南業
已成功地幫助許多受刑人得到更生的機會。

　　原本屬於工藝之美的交趾陶藝，在呂勝南的勇於嘗
試下，轉而化作挽救沈淪、激發向上的社會之用，莫怪
身兼嘉義市交趾陶協會理事長的他，目前樂於以陶藝教
學（除獄所外，還包括各級學校，以及新近成立的嘉義

謝東哲交趾陶作品「四海昇平」／謝東哲提供

劉佳玲交趾陶作品「納財金猊」／劉佳玲提供

市社區公民大學）做爲生活重心了。

■ 其他交趾陶藝師

　　嘉義交趾陶藝，人才濟濟，民雄鄉的蕭武龍、水上鄉的呂建勳等人，也都是遠近馳名的交趾陶藝師。新生的一代，例如新港鄉「古笨港交趾陶工作室」的謝東哲（1965～），中埔鄉「漢唐交趾藝術社」的劉佳玲（1972～）、劉佳琪（1974～）姊妹，他（她）們都有深厚的傳統陶藝功底，並且極具現代巧思與活潑創新的才華，表現不凡，這使嘉義交趾陶藝的未來，顯得更加生氣盎然。

雕刻

　　雕刻工藝的盛行，是嘉義地區的另一特色。交趾陶藝師蕭武龍，還有一項難得的專長，那就是象牙毫芒雕刻。而新港鄉出身的吳卿，擅長螞蟻木雕與螞蟻金雕，民雄鄉東興村的張家農則是台灣葫蘆雕刻界的後起之秀，聲勢驚人。

■ 蕭武龍（1948～）

　　嘉義市人，從小酷愛書法，不論是草、隸、行、楷書，都有深厚的基礎。受樓永譽老師的啓蒙，進入毫芒雕刻的藝術世界。

　　毫芒雕刻爲傳統的雕刻藝術，是將文字、圖案、國畫山水，刻劃於象牙、果核、龜殼、鱗片、珊瑚等之上，由於極爲細微，單憑肉眼無法窺其究竟，必須借助十倍以上放大鏡，才能纖毫畢現。蕭武龍先生將書法的精髓表現在毫芒雕刻之中，憑藉的就是他的定力、眼力、指力和體力，所倚靠的工具是一種精鋼錘鍊特製的

【MAP】蕭武龍

164 西安路

建國路一段

民雄車站

蕭武龍

嘉義師院

民雄農工

鴨母圭

玄德宮

■ 蕭武龍──嘉義縣民雄鄉文隆村鴨母圭76-52號 (05)2261349
【大眾運輸】可搭乘嘉義客運班車於民雄農工下車後可抵。
【自行開車】自民雄火車站前沿文化路南行可抵。
【注意事項】欲拜訪參觀蕭武龍先生及其作品請事先電話聯絡為宜。

蕭武龍豪芒雕刻作品「北宋朝元仙杖圖」，上刻有般若波羅密多心經／蕭武龍提供

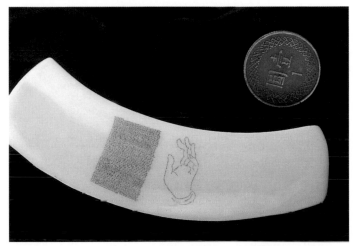

蕭武龍毫芒雕刻作品，上刻有一千八百餘字的阿彌陀經／蕭武龍提供

　　細鋼針，在「心念意動」的定力之下，一刀一字地刻鏤，他的作品以文字、佛像、國畫山水及動物較多，圖文並茂，並講究立體化、多樣化，深受各方肯定。

■ 張家農（1963～）

　　農家子弟的張家農，於民國八十三年當選台灣省十大傑出農民。他的特殊表現，是在於葫蘆匏仔的品種改良，以及自行研發出來的匏雕藝術。

　　他在當兵前到台南的鐵工廠當過學徒，退伍後由於體恤父母的年邁與辛勞，決心接手家中田園，專心農務。之後，他發現傳統農業前途黯淡，應朝精緻農業轉型，於是兩度到台灣省農業試驗所接受「瓜類栽培管理」訓練，專攻「葫蘆科」的品種培育技術。他想，匏仔如果只供食用，商機有限，倘若能跟繪畫、雕刻等藝術創作結合，當有更大的經濟價值。因而他從栽種與雕繪，雙管齊下，同時開創出一片繁榮的生機。

　　目前，張家農四、五甲地的匏仔園，栽植大大小小各樣品種的葫蘆，每年約有十萬粒的收成。台灣各地的葫蘆雕刻同業，有許多人的貨源是由他供應的；不過，大概沒有人擁有他得天獨厚的條件，那就是他能夠提前在葫蘆成長的過程中，便展開他的葫蘆造型設計工作。這些經他一路

張家農葫蘆雕作品／陳益源提供

【MAP】張家農

新園　　張家農

國立中正大學　　縣106　　葉子寮

中正大學聯外道路　　後壁湖　　往東一溪

三興村

■ 張家農──嘉義縣民雄鄉東興村葉仔寮1鄰10號　(05)2720289
【大眾運輸】此處公車不抵達，建議自民雄搭計程車前往。
【自行開車】自民雄循中正大學聯外道路再接106縣道可抵。
【注意事項】欲拜訪參觀張家農先生及其作品請事先電話聯絡為宜。

型塑的葫蘆，順應他的需求成熟以後，很快地就搖身一變而爲精巧的藝品，難怪張家農的葫蘆雕刻可以稱霸市場。

無師自通的張家農，並未因成功的到來而沾沾自喜，他倒是考慮到初學者其實可以藉由經驗的承襲而節省摸索的功夫，所以他現在開始應邀到文化中心、社區學苑以及嘉義監獄去授課，用心於葫蘆雕刻的推廣教育，希望擴大匏雕藝術的發展空間。

張家農的工作情形／張家農提供

曬乾的葫蘆匏子／張家農提供

🔵 石頭雕刻

　　嘉義的雕刻工藝確實是頗爲發達的，像大家所熟知的石頭（尤其是「石猴」）雕刻，名家輩出。「嘉義龍師，石猴第一」，這是論者對嘉義市素人雕刻家詹龍（1917～1990）的美譽；他的石猴雕刻作品，以及嘉義人林蕊（1930～ ）、郭秋松（1934～ ）等人雕刻的石猴，在嘉義市民陳仁德捐給政府的石頭資料館裡均有收藏。

　　郭秋松是到了四十歲，才頓然展現其藝術潛力的。他的匠心獨運之一，在於選擇以螺化石來雕刻石猴，巧妙地利用石頭上的花紋來呈現細微的猴毛，效果奇絕。他陳列在番路鄉八掌溪畔家園裡眾多逼眞可愛的石猴工藝，也成了上阿里山遊客必觀的一處景點。

　　此外，民雄鄉盧文照（1953～ ）雕刻的石猴、水上鄉林漢泉（1961～ ）的石頭雕刻，在地方上也都享有一定的知名度。至於東石鄉多才多藝的畫家蔡英傑（1962～ ），民國八十

詹龍的石雕作品／中華民俗藝術基金會提供

詹龍的石雕作品／中華民俗藝術基金會提供

蔡英傑蚵貝藝術品，左圖「孔雀」，右圖「水族
箱」／蔡英傑提供

七年曾應省立朴子醫院之邀製作大廳蚵貝藝術壁飾「母
與子」，另有「孔雀」、「龍舟」、「水族箱」等單件
作品，他這些蚵貝藝品的創作雖得諸雲林麥寮吳金輝的
啟迪，不過其立體造型手法，倒頗有融合傳統剪黏和雕
塑技巧的創新風味。

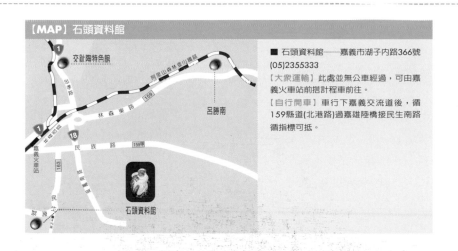

【MAP】石頭資料館

■ 石頭資料館——嘉義市湖子內路366號
(05)2355333
【大眾運輸】此處並無公車經過，可由嘉
義火車站前搭計程車前往。
【自行開車】車行下嘉義交流道後，循
159縣道(北港路)過嘉雄陸橋接民生南路
循指標可抵。

結語

　　綜觀嘉義民間工藝，無論是交趾陶藝或各式雕刻，
其源流與地理環境、社會生活息息相關，而未來發展的
方向則有藝術與實用二途。嘉義地區民間工藝追求藝術
化，是一普遍的現象，所以藝品水準頗高；另外，由於
早期民間工藝家們熱心授徒推廣，使得民間工藝得以傳
承不輟，並開枝散葉，成為嘉義地區極為豐厚的人文資
源。以交趾陶為例：已故的林添木大師，師承唐山師傅
蔡文董，為免交趾燒失傳，因此廣收門徒，除了培養不
少實際從事交趾陶藝的人才，也推展至嘉義、台南的學
校美術老師。此種風氣沿襲至今，甚至將推廣的對象擴
及監獄受刑人和智障、殘障人士，使工藝之美，飽含溫
情，這種積極、實用的社會關懷，也是很值得推崇的。
　　由於嘉義地區是台灣交趾陶大本營，因此，對交趾
陶藝的保存與發揚，自然成為嘉義地方文化建設的重要

剪黏是台灣寺廟文化的藝術
瑰寶。（柯鴻圖攝，中華民俗
藝術基金會提供）

剪黏的主要題材——飛禽走獸、花鳥人物／柯錫杰攝，中華民俗藝術基金會提供

環節。這之外，另一項具有地方特色的民間工藝——剪黏藝術，也是值得推展的。

「剪黏」又稱「剪花」，原屬於華南民間塑造藝術之一。台灣早期塑造藝術並不發達，後因信仰需求，大量興建寺廟，作為寺廟裝飾的「交趾燒」和「剪黏」，乃由唐山傳入台灣，並在台灣開出更璀璨的花朵。早期的剪黏，是以磁碗片為主要材料，利用碗片的弧度和色彩，剪成需要的形狀，黏貼成各類的飛禽走獸、花鳥人物。玻璃工藝發達後，改用彩色玻璃取代碗片，取其容易裁剪、色彩豔麗的優點。

早期從事傳統寺廟裝飾的師傅，往往兼習交趾燒與剪黏兩藝，例如：交趾陶名家林洸沂先生，早年拜林萬有為師，學的就是剪黏。目前新港鄉一地，從事剪黏工作的人口與產量，幾佔全台一半，這是嘉義縣極為重要的民間工藝，也是台灣寺廟文化的寶貴資產，值得珍惜。

嘉義篇

2
2
3

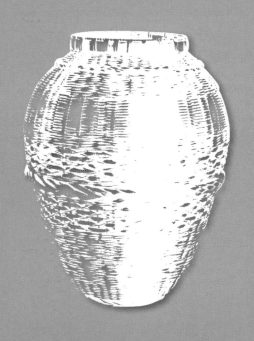

TAINAN

台南縣篇

◎葉佳雄

台南縣 位於台灣西南部，北界八掌溪，南臨二層行溪，東連烏山嶺，西毗台灣海峽，幅員遼闊，有山有海，與其他縣市相較，景觀殊異。由於台灣古有「瀛洲」之稱，而台南縣在台灣之南，因此二次大戰後，漸以「南瀛」代稱。

荷蘭人來台以前，台南縣大多是平埔族西拉雅族的生活領域。荷人據台期間（1624～1661），以南瀛為主要活動基地，在商業貿易利益的考量下，開闢土地，引進耕牛、作物，搜刮鹿皮、樟腦，並將平埔族語轉化為「新港文字」。明鄭時期（1661～1683），鄭成功從鹿耳門登陸，也以南瀛為基地，實施「屯田」制度。屯田制下墾成的田地，俗稱「營盤田」，由現今台南縣許多鄉鎮的地名，例如：新營、柳營、下營、林鳳營，可看出這段歷史的遺跡。

清朝開放海禁以後，漢人大舉渡海來台，南瀛地區全面墾拓，移民大多來自福建漳、泉兩州。日治時期，日本人除了舖設縱貫鐵路、公路外，還設立糖廠、鹽場，而烏山頭水庫和嘉南大圳的完成，對台南縣的農業更有突破性的進展。

南瀛地區是先民入台最初落腳、定居的地方，不但開發最早，更帶來可觀的人文風采；南瀛也是台灣產業文化的香火源頭，除了傳統的農業之外，還有漁業、鹽業與糖業。近年來，在「一鄉一特產」的風潮下，不僅開創產業觀光的新局面，同時凝聚了「在地意識」。「台南科學園區」在縣內落腳之後，使得科技產業成為南瀛未來發展的新方向。

長期以來，在南瀛這塊土地上，所蘊藏的民間工藝型態不勝枚舉，譬如：關廟鄉、龍崎鄉的竹藤編織；學甲鎮的草蓆編織；鹽水鎮的蜂炮製作；善化鎮的傳統牛車製作；由寺廟建築所衍生出來的彩繪工藝、交趾陶和剪黏；老阿媽時代的香包、繡花鞋；與宗教有關的藝閣、糊紙厝……等等。這些代表區域性的特殊傳統工藝，已在科技與時代潮流的運轉下，悄悄地歇息，能夠繼續存在的，不外幾個因素：

(1) 戀舊──某些傳統工藝已陪伴主人走過大半輩子，如今主人年歲已大，拿手絕招雖跟不上時代潮流了，但在丟之可惜的情況下，它還是「老伙仔工加減罔展」的技藝。

(2) 復古潮流──男士西裝變來變去，依然是那幾種樣式，當人們厭倦某一種形態時，翻箱倒櫃，尋尋覓覓，古董衫馬上搖身為流行服飾。機器雖能增加效率，但產品皆為「制服式」的，無法應和人性的多變心態。

(3) 突破傳統──冀圖挽回民間工藝沒落的命運，以關廟鄉的竹編業最具代表性。台南縣的民間傳統工藝眾多，茲擷取幾位具代表性的民俗藝術家加以介紹，藉以勾勒出南瀛傳統民間工藝特色。

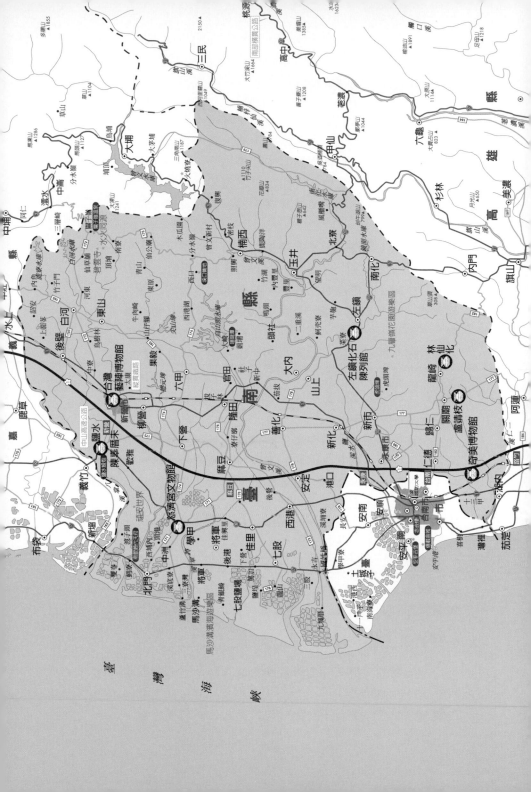

◐ 關廟龍崎的竹藝

　　台灣位於亞熱帶，竹林遍及全省，以南投、雲林、嘉義為主要產地，台南縣雖非主要產地，但在山區，舉目可見幽篁萬竿的竹林。夕陽西下，漫步在青翠蓊鬱的竹林裡，涼風徐徐吹拂，竹葉發出沙沙的輕喚聲，帶給遊客片片詩情。

　　有人謂：早期的中國人是生活在竹子的環境裡，舉凡食、衣、住、行、育、樂，皆脫離不了「竹」的影子。竹子除了實用性的功效外，亦有陶冶性情的功能。學國畫，一定從梅、蘭、竹、菊四君子啓蒙，老師會說：「竹桿中空有節，挺秀勁美；枝葉疏落有致，姿態瀟灑脫俗；終年翠綠，和諧爽朗，格高韻勝。在人們的心目中，具有卓越的地位，古人並以之人格化，喻作高風亮節，全德君子。」另外，竹文學也曾在我們的心靈深處釀造香醇的情韻。

　　台南縣關廟鄉關帝廟鄰近的村落，曾因竹篾製造業的普及，而有「篾器之村」的雅號，關廟鄉的口號、標幟是：「鳳梨香、竹筍甜、藤椅涼、竹器俏，關廟的特產呱呱叫！」關廟的竹材，來自龍崎，這兒的桂竹筆直肉厚，是製造竹器的好材料，曾幾何時，竹器品慢慢在鄉間、都會區息影。

　　雖然如此，還是有少許的人不忘本地繼續與「竹」相依為命，試圖為「竹」找出另一片天空，將自己的感情與生命和關廟、龍崎的竹篾編織一道道燦爛的彩虹。

■ 盧靖枝（1945～）

　　關廟鄉香洋村人，生於台灣光復那年。當時關廟鄉「舉全鄉婦女而從事竹工之生產，她們珍視竹工爲全鄉性之農家副業」。盧女士的祖父母就是以竹材加工爲家計

生活重心，她之所以喜歡編竹、從事編竹，或許就是「胎教」與環境使然。在父母與姑母的調教之下，她慢慢地學會了編製簡單、易學、粗糙的竹籃和農具，以供應當時的內、外銷。然而，有感於這樣的生產方式太過於被動與老舊，一旦沒有銷路，這項技藝很可能就中斷乃至於消失，因此學校畢業後就嘗試走精緻的、高級品路線，希望能為竹編另創天地。於是專心研製，融合我國固有傳統工藝之美，及西方藝術美學觀念，希望所製作的竹藝品能受到歐美、日本等地人士的喜愛，以開創竹編美好的前途。進而結合地方熱心人士共同推廣並促銷到海外，使「關廟竹編」名揚四海，創造關廟奇蹟。

王維〈竹里館〉云：

獨坐幽篁裡，彈琴復長嘯。

深山人不知，明月來相照。

古人詩句的優美，盧靖枝感同身受，因此更想為「竹」上彩，襲上文學以外的「舞台粧」。

民國五十五年，正值花樣年華的盧靖枝出嫁了，嫁給從事農產食品加工生意的張平山。人家是「夫唱婦隨」，而他們是「婦唱夫隨」，張平山被朝夕相處的竹編作

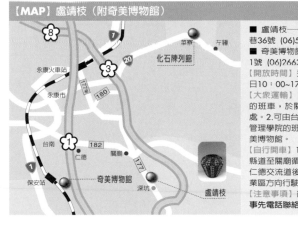

【MAP】盧靖枝（附奇美博物館）

永康火車站
永康市
台南
仁德
保安站
奇美博物館
華寮
左鎮
化石陳列館
關廟
深坑
盧靖枝

■ 盧靖枝──台南縣關廟鄉南雄路1段720巷36號 (06)5957510
■ 奇美博物館──台南縣仁德鄉一甲村59-1號 (06)2663000
【開放時間】週休二日的周六、日及國定假日10：00~17：00（需預約）
【大眾運輸】1.自台南市搭興南客運往屏東的班車，於關廟下車後循指標可抵盧靖枝處。2.可由台南火車站前搭台南客運往長榮管理學院的班車，於奇美公司下車即可抵奇美博物館。
【自行開車】1.車行下仁德交流道後，沿182縣道至關廟循指標可抵盧靖枝處。2.車行下仁德交流道後沿中正路（南147）往保安工業區方向行駛，循指標可抵奇美博物館。
【注意事項】欲拜訪盧靖枝及參觀其作品請事先電話聯絡為宜。

品感染，最後乾脆棄商從妻學竹藝。張平山不但是位優秀的學生，更是盧靖枝不可多得的參謀，二人不斷研究、設計、實驗新的構想，突破傳統窠臼並予創新，不但盧靖枝竹編創作源源不絕，雙人更攜手創作了以雙色竹篾編製的「嵌字編織」，替代過去以漆塗繪或壓印的方法。

「廣益手工藝社」是他倆踏進商界的家庭式工廠，同時受聘擔任台灣省合作事業管理處關廟竹器研習班教師；六十三年擴大營業，改組爲「靖山工藝社」，六十五年又擴大重組成立「靖山企業有限公司」。「靖」是盧靖枝，「山」當然是「張平山」，意謂這兒的竹藝創作品，不但巧緻之處可奪天工，亦散發著和樂夫妻柔和溫潤的光彩。

盧靖枝的竹編作品多采多姿，無論是水果盤、手提袋、魚籠、竹篩、斗笠、筆筒等日用品，或是純爲欣賞之造型，式樣多達一千八百餘種，件件皆是她的巧思佳作，著實將傳統竹藝品脫胎換骨，不但爲她個人帶來肯定與榮耀，也讓關廟鄉的竹編眞

為竹編藝術另創天地的盧靖枝／葉佳雄提供

盧靖枝的作品打破傳統窠臼並予創新／葉佳雄提供

盧靖枝「嵌字編織」作品／葉佳雄提供　　　盧靖枝編織的斗笠／葉佳雄提供

的「名揚四海」！

　　盧靖枝的另一心願：致力推廣竹編教學。全省各文化中心、社教機構爭相聘請，夫妻倆更不吝於將心得及技巧公開傳授，甚至還鼓勵更多人來學習，使竹藝代代傳承下去。

■ 林仙化（1949～）

　　台南縣龍崎鄉人，從事民俗彩繪工作二、三十年，一般皆將他歸類爲民俗彩繪家。但他曾在龍崎鄉農會、台南縣各國中小擔任傳統竹編研習講師，是一位傳承鄉土文化的散播者。如此說來，他應也是一位不折不扣的竹編工作者。

　　不管是民俗彩繪或是竹編藝術，林仙化所用的素材皆與「竹」脫離不了關係，追究原委，乃所處環境使然。龍崎鄉的地形雖然貧瘠、險惡，但卻有翠綠的朵竹，竹筍是這兒農特產品，而「長枝仔」竹，則是竹編最佳材料。

　　「朵竹鄉的朵竹，在綿綿細雨下，卸下鉛華，清新面目，展露在山嵐編織的幄幕裡。細雨依舊，朵竹也依舊

盧靖枝的作品巧緻之處可奪天工／葉佳雄提供

雀躍，拋棄矯柔、做作、虛偽外衣，回歸本
來，迎著風，迎著雨，身無掛累，在蒼穹中
彳亍。」林仙化有感於家鄉的竹器產業逐
漸被社會遺忘，因此著手在竹器上作
畫，同時也創作飾品、玩具等立體竹藝
作品，冀望為即將沒落的行業，留住美
好的夕陽。

以竹編彩繪記錄鄉居生活的林仙化
／葉佳雄提供

　　談起他的竹編彩繪動機，林仙化
說：「家父早年從事燒木炭工作，木炭是
最佳畫筆，小時候就常在地上塗塗抹抹；少
年時，老家改建，當彩繪師傅為屋頂出檐的
硬桃樑彩繪時，我在旁幫忙，師傅見我聰明
伶俐，對繪畫又有興趣，有意收我為徒，奈
因父親捨不得我離鄉背井而作罷。」他並未正式拜師學
過「民俗彩繪」，卻在初中畢業後，學做油漆這行，而
「彩繪」與「油漆」實有某種微妙關連性，注定要將林仙
化拉進「民俗彩繪」這條路。當生活穩定後，他試著在
小型竹編扇上塗上色彩，接著又嘗試以農村野趣為主
題，在竹器上繪畫、寫字，沒想到竟打開他創作的靈

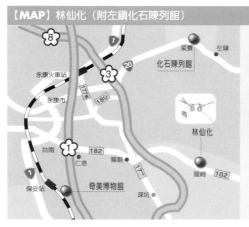

【MAP】林仙化（附左鎮化石陳列館）

■ 林仙化──台南縣龍崎鄉崎頂村106號
(06)5941114
■ 左鎮化石陳列館──台南縣左鎮鄉榮和
村61-1號 (06)5731174
【開放時間】08：30~12：00，13：
30~17：00；週一、二上午休館。
【大眾運輸】1.自台南市搭興南客運往屏
東的班車，於龍崎下車後循指標可抵林仙
化處。2.自台南市搭興南客運往南化的班
車，於左鎮下車再循指標可抵化石陳列
館。
【自行開車】1.車行下仁德交流道後，沿
續行182縣道至龍崎，循指標可至林仙化
處。2.南二高下新化交流道後沿省道20至
左鎮，循指標可抵化石陳列館。
【注意事項】欲拜訪林仙化及參觀其作品
請事先電話聯絡為宜。

林仙化竹編彩繪：菜根香／葉佳雄提供

感，闖出「竹編彩繪創作」的名號，他的作品洋溢濃濃的鄉土情懷，將竹編帶進另一嶄新領域，是生活，也是藝術。

有人以相機寫日記，林仙化則以彩繪記錄鄉居生活，配上戲而不謔的打油詩，帶給觀賞者會心一笑。他最得意的作品是一九九四年所創作的百尺竹編彩繪，內容描繪農家生活及童年往事。這幅以二十九幅作品串連而成的百尺竹編彩繪，猶如走馬燈一般，敘述著古早「晨興理荒穢，帶月荷鋤歸。道狹草木長，夕露霑我衣。」的柔情山水，這種返歸田園的農村生活，正是當今工商繁忙社會裡，許多人所嚮往的理想生活。

為了往下紮根，傳承竹藝薪火，林仙化以竹編、竹片研創二、三十種飾品、玩具，一則自娛，再則將此技藝傳播到各國中、小學，讓青年學子在玩竹片、學竹藝之時，能瞭解竹器與先民傳統生活的關係是密不可分的。

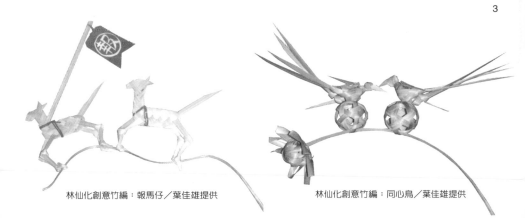

林仙化創意竹編：報馬仔／葉佳雄提供　　　　　　林仙化創意竹編：同心鳥／葉佳雄提供

傳統彩繪

■ 李漢卿（1937〜2002）

　　跟李漢卿閒聊台灣的廟宇建築，是一件相當愉快的事，他可以不打草稿，滔滔不絕地從格局的山門、拜亭、正殿，談到石刻、木作，話題再轉到廟頂的剪黏、交趾陶、飛簷、廟脊等，這些都還不算正題，如切入他的拿手好戲——彩繪，哼！哼！那就沒完沒了。若非如此高竿，哪能算是一九九四年教育部民族藝術彩繪薪傳獎得主以及一九九五年文建會的傳習藝師！

　　李漢卿的學歷不高，國小未畢業，但論起他的國學常識，一般大學畢業生都得甘拜下風，喊一句：「李老師！」雖只是國小程度，但他卻有資格踏進大學殿堂執起教鞭。

沈醉於彩繪天地的李漢卿／葉佳雄提供

【MAP】慈濟宮文物館

陳輝厝末

鹽水 172

新營

新營火車站

新營市

19

南台灣高速公路

新營交流道

慈濟宮文物館

學甲

1

台灣藝陣博物館

171

■ 慈濟宮文物館——台南縣學甲鎮濟生路170號 (06)7836110

【大眾運輸】由新營火車站前搭新營客運往學甲的班車，於慈濟宮下車後循指標可抵。

【自行開車】車行下新營交流道後循172縣道接19號省道往學甲方向行駛，循指標即可抵。

國小六年級時，因家境困苦，難以度日，不得不中途輟學開始學藝，可以說是環境逼他栽進「彩繪」這門行業。他說：「十三歲時跟隨父親從事廟宇彩繪及『玻璃匾』製作，開始拿軟筆後，便與色彩結下不解之緣。」學藝生涯相當辛苦，彩繪工作不但須登高壁作畫，工作地點又不固定，總是東奔西跑，且經常暴露戶外，因此必須有不畏寒暑的體力和毅力，對於工程油彩的基礎作業也都得瞭若指掌，例如：煉桐油、調漆、木材防朽、補缺、構稿設計、敷色、貼金箔，乃至於髮刷製作、現代水泥漆化學性質、工地環境控制等等都必須深入研究經營，箇中滋味非一般人所能瞭解，故他常自詡為「彩繪的末代傳統學徒」。

　　廟宇彩繪是一門高深的學問，依發源地及風格可分為北式、蘇式和南式等三種。中國歷代王朝集中於北方，其建築風格隱約顯示其地位之雄偉，北式彩繪堵內繪有色彩簡單的龍鳳圖案，寓意帝王「不可侵犯，唯我獨尊」之氣派。南式彩繪較柔和，有如書香、讀書人的風格，詩、書、畫三者並存，圖案都為教忠、教孝之道德規範。南式呈現多采多姿面貌，北式則呈現剛硬不阿之氣魄。

　　李漢卿的拿手絕招為：擂金畫、門神彩繪、披麻捉灰……。

　　擂金畫：原只准帝王及二品官員以上官邸才能使用，「擂金畫」大抵以黑色或咖啡色為底，上頭所繪製的花鳥、人物則以金箔、金粉為之。

　　門神：唐朝以前的「門神」，幾乎是「神荼」和「鬱壘」的天下，唐太宗以後，新門神組合一一出爐，有秦叔寶與尉遲恭、輔順將軍與輔信將軍、金童與玉女、劍監與印監、司香與司花、加官與進祿……等。門神也由原始單純的「厭伏邪氣」，演變並增加具有「祈福」

李漢卿的紙本金碧蓮花
圖／葉佳雄提供

意味的文官型門神與賜福的天官，其中變化過程耐人尋味。李漢卿的寺廟門神彩繪，不管用色、筆法，或人物造型及比例拿捏上，都是上上之作。

　　披麻捉灰：李漢卿曾在台南縣白河大仙寺的大雄寶殿完成兩對很特殊的彩繪龍柱，這種彩繪龍柱的油漆工藝，採「披麻捉灰」方式完成。其步驟為：木料先以二、三道油灰塗抹表面，繃上麻布，接著在麻布上捉灰至圓滑為止，等灰泥陰乾後，再補磨圓順，然後才在上頭彩繪，步驟雖繁複，但它有：整平、防腐、防蛀及油漆牢固不易剝落之效，是民俗彩繪與民俗工藝相結合的藝術作品。

　　李漢卿先生不幸於二〇〇二年因病往生，「凡走過必留下痕跡」，五十餘年的廟宇彩繪生涯，全省各地無數的寺廟，都有他數不清的筆墨畫跡。

李漢卿的寺廟藻井彩繪／李漢卿提供

李漢卿的擂金畫／李漢卿提供

🌐 香包與繡花鞋

■ 陳辜厤末（1921～）

　　「家家懸硃符、插蒲龍艾虎。窗牖上貼紅紙吉祥葫蘆，幼女剪彩疊福，用軟帛緝縫老健人、角黍、蒜頭、五毒、老虎等式。抽作大紅硃雄葫蘆，小兒佩之，宜夏避惡。」這是一段記載清代北京端午的風俗，裡頭的「用軟帛緝縫老健人、角黍、蒜頭、五毒、老虎等式」就是我們現在俗稱的「香包」。端午節佩帶「香包」不是台灣的權利，中國大陸好多好多地區，都盛行這種習俗。

　　「香包」又叫「香囊」，台灣話謂之「香芳」。用布縫製各類象徵祥瑞的造型，並繡上吉利的圖案，裡邊裝上雄黃、艾葉和香料，或是以沾上檀香粉的棉花為填充物，佩帶身上既是飾物，亦有避毒兼招祥納福等意義。

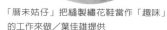

「厤末姑仔」把縫製繡花鞋當作「趣味」的工作來做／葉佳雄提供

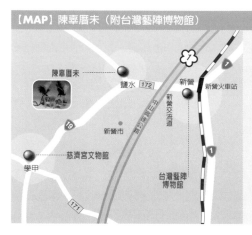

【MAP】陳辜厤末（附台灣藝陣博物館）

陳辜厤末

鹽水 172

新營 新營火車站

新營交流道

新營市

慈濟宮文物館

學甲

台灣藝陣博物館

171

19

■ 陳辜厤末──台南縣鹽水鎮中正路12號 (06)6521205
■ 台灣藝陣博物館──台南縣新營市中正路23號 (06)6321047
【大眾運輸】1.由新營火車站前搭新營客運往鹽水的班車，於中正路下車循指標可抵。2.由新營火車站前循三民路右轉中正路，步行可抵台灣藝陣博物館。
【自行開車】車行下新營交流道後1.循172縣道往鹽水方向行駛，右轉接中正路循指標可抵；2.循172縣道往新營市方向行駛，左轉中正路循指標可抵台灣藝陣博物館。

「香包」又叫「香囊」，台灣話謂之「香芳」／葉佳雄提供

小時候，記得隔壁結婚未滿周年的新娘子，端午節這天都會送給厝邊頭尾的小孩子「雞」、「老虎」、「仙桃」之類的「香包」。「香包」有的是新娘子親手縫製，也有請人代做的。現在新娘子已不縫製「香包」了，端午節要找個「香包」應景也難囉！

眼看著縫製「香包」這套傳統工藝即將失傳，台南縣鹽水鎮的「厝未姑」不但開班授徒，將繡花學的入門課「香包」傳授出去，也將縫製繡花鞋的絕藝教授給有緣人。

一九二一年出生的陳辜厝未，人稱「厝未姑仔」，其父在朴子鎮經營中藥店，是日治時代嘉義有名的望族。「厝未」，台語音就是「趣味」，「辜厝未」三字的台語發音更妙，「只顧著做自己趣味的事」，的確她的一生就在「趣味」上打滾。八歲時，因隨侍在三祖母身邊，「厝未姑仔」很迷三祖母的「女紅」，在耳濡目染下，學會一手「繡花」好手藝。

朴子女子高等科畢業後，由於不願被徵召赴日當看護，「厝未姑仔」選擇「招翁配婿」的方式，很快地憑

媒妁之言嫁到台南縣鹽水鎮陳家。嫁爲人婦後，經常爲婆婆縫製「弓鞋」，也爲左鄰右舍長輩縫縫補補，鹽水鎮民都知道她「手巧」。二十多年前，她發現鹽水大眾廟註生娘娘的弓鞋破舊不堪，「厝未姑仔」挑選最好的材料，花了二十天功夫爲註生娘娘縫製三寸金蓮，由於手工精細，造型典雅，頗獲好評。註生娘娘換了新鞋，「厝未姑仔」也贏回不少信心。接著她又受託爲鹽水鎮護庇宮三尊媽祖縫鞋、添衣裝，加了靴的弓鞋要縫一年，「厝未姑仔」把縫製繡花鞋當做「趣味」的工作來做，因此樂在其中。

台南縣民都知道她的絕活是「香包」和「繡花鞋」，其實舉凡與「刺繡」有關的「女紅」她都在行，譬如：荷包、肚兜、煙袋、金蓮鞋、媽祖婆鞋、神明裝……。

「厝未姑仔」雖已逾八十高齡，但每天依舊坐在自家百貨店裡，手持繡花針，一針一線「繡」著親朋好友拜託的「繡花」作品。座位後頭的櫥櫃牆壁上，盡是這些年來報章雜誌的專訪剪輯，更有一塊由台灣省政府在民國八十八年頒贈的「民俗藝術終身成就獎」。

她很健談，談吐中流露出名門氣質，談到「繡花鞋」，她會得意地說起一樁趣味往事，她說：「有一年，大眾廟的註生娘娘被偷走，當警方破獲時，由於神像造型雷同很難辨認，廟方沒人敢去指認，但我一眼就看出娘娘所穿的『弓鞋』是我親手縫製，才順利把娘娘請回來。」

她的作品只送不賣，奇怪吧！她開班教學生，只「教」不收「鐘點費」，有時還要提供材料，但因學員流動性大，加上「厝未姑仔」自認年事已高，對開班授徒及名利競逐興趣缺缺。爲了讓她的絕活免於失傳，有心人士正醞釀「扛轎」禮聘「厝未姑」東山再起，「閣再趣味一下」！

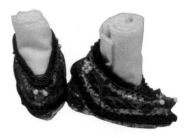

「眉未姑仔」縫製的繡花鞋手工精細，造型典雅／葉佳雄提供

結語

科技的進步，社會結構的轉變，衝擊傳統是必然的，但當我們尾隨科技，改變生活方式之時，偶爾停下腳步，回頭看看夕陽下，孤獨的傳統工藝作品時，會發現——好美喔！綺麗、蒼茫、迷人，此景頗似范仲淹詞句：

山映斜陽天接水，芳草無情，更在斜陽外。（蘇幕遮）

但，我們不能高唱「往事只能回味」，要適時將傳統民間藝術賦予新生命，融入現代人的生活中，展現新契機。

台南市 篇

TAINAN CITY

◎劉文三

台南 位處台灣西南平原的南端，西臨台灣海峽。早期台南市西部一片汪洋，稱為「台江內海」，內海西緣沙洲環繞，南端的鯤鯓島之首——一鯤鯓，即今安平，是西拉雅平埔族台灣社聚居之地，台江東岸是平原區，則為同族赤崁社生養之所。

從明朝中葉起，便有倭寇、海盜以台南為基地，為禍附近海域。一六二四年，荷人由澎湖轉進台灣南部，在一鯤鯓沙洲建立「熱蘭遮城」（今安平古堡），作為統治中心，又在城堡東方與台江東岸大井渡頭處（今民權路、永福路口），分別建「台灣街」（今延平街一帶），即普羅民遮街（今民權路）。

一六六一年鄭成功復台，改熱蘭遮城為安平鎮，作為其府第；普羅民遮城為東都承天府治。一六八四年，清廷劃定台灣為一府三縣，改承天府為台灣府，一七二五年，台南建城。康熙二十三年（1684）頒布的渡台禁令，僅准漳泉居民有限度移民，且只限廈門與鹿耳門對渡，因此台南移民聚集，商旅輻輳，成為全島最繁榮的城市。

台南地區是台灣文化發展最早的地區，也是傳統文化藝術與民間傳統工藝最具特色的地方。雖經社會與經濟發展的衝擊與改變，民間傳統性的民俗手工藝，仍留有蛛絲斑跡可尋。過去，也曾有學者專家試圖研究調查台南地區的民俗藝能與技能，然而，現代化的生活趨勢，仍使這些已將成為歷史文化的民間工藝，面臨逐漸消失的厄運。最重要的原因是老師傅逐漸老化凋零，而後繼之人，無法在現代化的社會生活中，將它繼承或轉型而發展下去。

過去，台南傳統民間工藝的蓬勃與多元性的發展，蘊涵豐富與多采多姿的台灣民俗文化，綜其類別約有：神像雕刻、傳統彩繪、細銀器之製作、刺繡、剪黏、木刻版印、糊紙、印染、竹器編製……等。本文僅就前三項，做報導介紹。

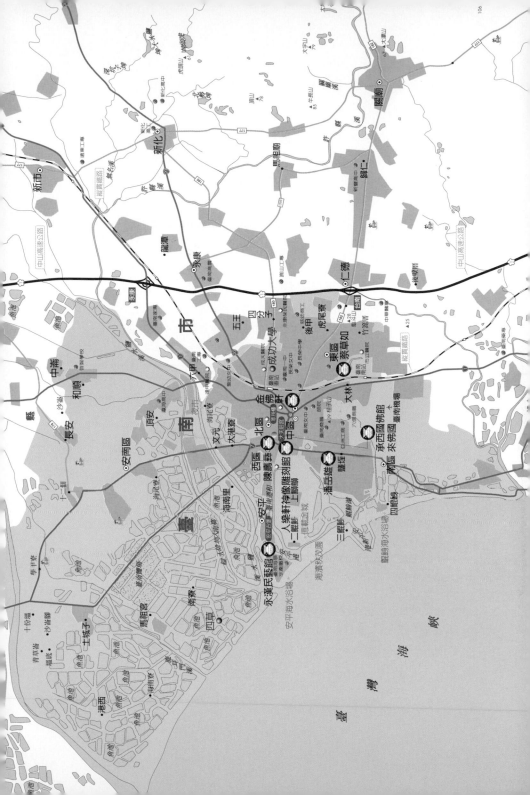

神像雕刻

　　先民由大陸移居台灣，最早大部分是到台南一帶定居。他們除將平日信仰的守護神帶來庇佑，也在民間生活中，形成對神佛信仰的民俗生活，除了蓋廟、祀奉更多的神佛之外，在每一個家中，也設壇祭拜自己所信奉的神佛神像。這些神像的雕製，都仰賴於神像雕刻師傅。常拜的神佛，大概有觀世音菩薩、土地公（福德正神）、玄天上帝、保生大帝（大道公）、媽祖、關帝爺（關公）、太子爺、王爺等數十位。這些雕製神像的店家，大約聚集在現在台南市民權路上。

　　台南的神像雕製，材料大都以檜木或樟木為主。檜木質地細緻，容易做精微細緻的雕刻，但是較難取得，因此，樟木便成為最常使用的佛像雕材。此外，也有用櫻花木或黃楊木

　　神像雕造之尺寸，以文公尺為主，文公尺一尺等於台尺六寸。因此，台南雕刻神像，最常見的是台尺九寸六或七寸二，是較小型的神像。其他稍大的有一台尺二寸、一台尺三寸半、一台尺六寸、一台尺八寸、二台尺二寸、二台尺四寸；五台尺一寸半、六台尺二寸、六台尺三寸半，則是廟宇供奉的較大型神像。這些尺寸取其文公尺寸中之吉利尺寸。

　　按照欲雕造神像之大小，先選定木材，再依民俗擇定吉日良時，予以開斧祭祀。其儀式為：在選定的開斧時日，準備鮮花四果、發粿、紅龜等燒香祭拜該神祇，並告知將以該木雕造其「金身」（神像之意），然後，先行念符咒勒令該斧為神斧，雕造師舉「神斧」在該木材上方輕砍三刀，表示三請，也有砍七刀，意為賦予三魂七魄。開斧儀式既成，暫以紅紙或紅布覆蓋，等待雕造

師排定自己的工作日程再開始雕造。

　　雕造師開始雕造時，依該神像的形態、比例、姿勢等，先做大要的分線線繪，在比例上，通常頭與身體的比例，在立姿時為一比七或一比六，坐姿時為一比五，蹲姿時為一比三。一般神像之雕造，在分線之大要構圖完成，即開始動刀雕造，有的則不用繪線，憑經驗即可開始動刀。雕造的開始，經常是由下往上雕造，這是跟普通的藝術木雕不一樣的地方，其原因有二：一、木材的紋理由下而上（神像的頭必須是該塊木材原木的上方），雕造時依順木理往上形成，如血脈上注，貫注神力而成，所以優秀的雕造師，所完成的神像，在木理的運用上極為完美無缺；二、雕刻上的方便，未雕刻的木材是四方體的，通常利用長凳或圓柱縱面為雕刻台，先雕下方可免圓形的頭碰撞桌面過多，對神明不敬，現在有的雕刻師，將神像挾在兩腿間工作，實在不可思議。頭以下的部分先雕好粗形之後，再雕頭部。

　　整個神像雕好粗胚後，再以較細的雕刻刀，雕整細部，臉部的五官則留待最後完成。雕刀完成細部，再以砂紙整修表面及細部的折紋等。然後塗上膠水，裱一層紙，塗以黃土粉混合膠水的土，再整修表面使其光滑，然後上層膠水，再加以紋飾，也就是龍袍戰甲等線紋突出部分，過去有用磚磨成細粉混合桐油，揉成細條似線，然後予以黏貼，也有以「粉條」直接上黏者，現在大都以後者為多。紋線修飾好後，敷上金箔，該彩繪的部分，則予以粉繪，都上好了色後，最後再以細筆描繪神像的臉部，也就是所謂「開面」。臉部的眼睛、眉毛、鼻、嘴等繪好，神像可謂已完成，剩下的只是配上各種零件，如手執的東西等。神像整座是由一塊木頭雕成，包括座台或椅子等，就是騎的獸物也是整塊連接的。不過，過去也有套上接合的，如頭部、手掌，或神

像與椅座是分開的。上述是神像的雕造程序，然由於各地域的雕造師師承不同，過程有或多或少的增減，因此，產生不同的風格。

　　神像雕造好後，並非即可成為祭祀的神像，它尚需經過一道「開光點眼」的過程，也就是行法術，使神靈能貫注神像裡，神像成為神靈依附的「金身」。開光點眼的儀式中，通常要置備「七寶」，亦即金、銀、銅、鐵、真珠、玉、瑪瑙等。也有的在神像的後背部挖一小洞，注入活雄蜂──以增益神靈的靈威、靈符或香灰──神的移靈、其他聖品，再予覆住洞口。在開光點眼的儀式中所置備的香爐裡，要放進鑄有古時皇帝年號的錢板三個，一個是「萬歲」，三個是「萬萬歲」，以求能佑民代代平安。放進鋅，鋅音與「生」同，以喻生靈興旺。放進炭，「炭」音與繁殖之意同，以喻興旺不絕。放進鐵釘，釘音與「丁」同，以喻生男孩，以傳香火。放進五穀，以喻五穀豐登，民可溫飽。開光點眼也要擇定吉時，有以鏡面自室外的陽光中，反射太陽的光射進室內，在打開罩住神像頭部的紅巾或紅紙的一剎那，陽光正好射進祂的眼睛，藉陽光的神靈，使神像能明察秋

尚是粗胚階段的神像雕刻，只有概括的輪廓／人樂軒提供，蘇明娟攝

上粉線是為使神像看來更有立體感／人樂軒提供，蘇明娟攝

毫。這儀式固然有些是屬於神教的故弄玄虛，但就上述的民俗理念來瞭解，也不難體諒民俗中所含的人們誠摯的信仰需求。開光點眼後，神像的真正意義，始告正式完成。

　　從一塊原本的木材，經過雕造師的精雕細琢，賦予民俗神靈的信仰意念的過程，成為信徒心目中具有護佑與避邪的主宰之神。就純雕造藝術的角度來看，一塊自然的木材，經由雕造師虔誠、專注的雕刻，成為活生生的人物，表現出各種不同性格與背景來，我們往往能在靜靜地觀賞一座神像時發現，在經歷百多年的歲月後，也許殘肢斷臂，也許原粉飾的色紋均已脫落，卻依然可以在那陳舊而腐蝕的木塊中，感受到藝術美的精神靈魂，仍然濃郁的從那材質中殘留的形態或線條或面貌中，完整地溢放出來。雖然它不過是塊木偶，是塊舊木，但我們不能不佩服雕造師的功夫，不管是從外象或內在，感受到它不僅僅是塊舊木而已。

　　對民間神像的雕造師來說，神像的雕造不僅僅是職業性的工作而已。對這份工作所代表的虔誠信仰來說，它是創造神靈形象的神聖職責，在他們的雕造意識裡，

等待安金箔的土地公雕像／人樂軒提供，蘇明娟攝

貼上金箔完成所有裝飾的神像／人樂軒提供，蘇明娟攝

充滿著即將完成的這位神像的精神靈魂，一舉手，一投
足，他的專注幾乎使眞正的神靈可以在他的手中，自然
而活生生地表現出來，尤其在臉部表情的個性表現中，
他們更是信心十足的追求者，務必使這位神的靈魂，能
在面貌五官中，眞實而貼切祂的神靈身世與神威。這種
專注而虔誠的創作精神，才能使所雕造的神像，贏得千
萬信徒的膜拜祭祀，信徒們才能眞正相信，由於雕造師
的精巧雕刻，他們所崇信的神，不是一塊木頭的人而
已，而是一位眞正具有神力的保護神。這不能不歸功於
雕造師確實在雕造表現上，先成功地使神像具有信服
力。

　　台灣的神像雕造師，通常是自己傳授學徒，以養成
並延續雕造神像的行業。也就是說，在過去從事雕造神
像的師傅，總會有一些年輕的小孩童，由他們的父母帶
來請求希望能拜師學雕刻，而他們也多半會如願以償。
學習的過程是學徒成爲師傅家中的一員，食住在一起，
工作在一起。師傅其實並沒有一套專爲教導學徒的教材
或進度，而是讓學徒先做雜務事，或幫忙一些較簡易的
工作，例如工具的操作、木材的整理等較不重要的事。
學徒的學習主要依靠自己的眼識及勤奮地吸取與體驗，
從生活中體會工作的意義，從實際的工作印證耳目所濡
的見識，逐漸擴展自己的經驗，純熟自己的技藝，瞭解
神像雕造的內涵。這種生活與學習合一的教育方法，可
以使學徒體會眞正的專業生活與情操，對於延續這份傳
統的雕造工作，極具作用。即使是反應靈敏的學徒也需
要數年的生活與工作經驗，才能逐漸在那樣的環境中塑
造自己的工作能力，而後，能離開師傅，單獨去創造自
己的行業。當然也有不少是子承父業，從小在家中，學
習父長的經驗與情操，承襲衣缽的。雕造神像的工作，
是民間傳統生活與技藝經驗的不斷延續累積，從事這份
工作的人，這份「神職」成爲他畢生的奉獻，也是畢生

探索體會，追求不盡的藝術創作。

　　基本上，神像繁複多元，但也有幾項可依類遵循的類別，例如：面貌上，可分為生臉、且臉、老生臉、老且臉及其他一些較特殊的臉型；手的擺布姿態，大約有所謂朝天式，即雙手合抱作拱狀；有通壽式，即右手自然平置右大腿上，而左手環身輕放右手掌上；有如意式，即左手平放左大腿上，而右手執如意前彎於腹前，其他如手執武器或配件之類的姿勢等。衣飾上，依神的階級與身分或其他，而有文甲、武甲、文武甲、龍袍或各種符合神的人格、神格背景的衣裳等，就是冠帽的形式，也有所謂帝帽、狀元帽、紗帽、王帽（或附鳥翅）、駙馬帽、頭巾及其他形式的變化等。然而，對一位雕造師來說，在表達與雕作神的形象時，所追求的神格意識中，這些大略的歸類，只能提供普通規範的基礎參考而已。他必須賦予個人的造詣與情思，才能使神像的靈光，透過他的製作顯現出來。神的意義是慈悲為懷，仁人善心，是對眾信徒深入而廣泛的關懷。因此，即使是兇神的造形，在祂氣憤的外象中依然可以感覺到，那份對人的溫暖祥和的關懷愛心。

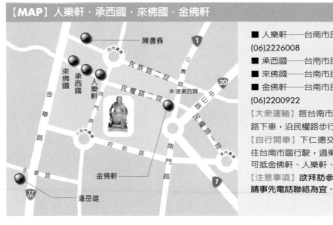

【MAP】人樂軒・承西國・來佛國・金佛軒

陳壽彝

來佛國　承西國　人樂軒

金佛軒

潘岳雄

■ 人樂軒──台南市民權路二段13號 (06)2226008
■ 承西國──台南市民權路二段58號
■ 來佛國──台南市民權路二段80號
■ 金佛軒──台南市民權路一段117號 (06)2200922
【大眾運輸】搭台南市2、7路公車於中山路下車，沿民權路步行可抵。
【自行開車】下仁德交流道後循182縣道往台南市區行駛，過東門圓環走民權路即可抵金佛軒、人樂軒、承西國、來佛國。
【注意事項】欲拜訪參觀這些佛像雕刻店請事先電話聯絡為宜。

①福州派傳統神像雕刻師林利銘先生在店中工作的情形②泉州派傳統神像雕刻師陳河欽先生與其尚未完成的神像③專精於福州派傳統神像雕刻中拋光部分的老師傅林利雄先生／以上圖片由劉文三提供

■ 「人樂軒」神像雕刻店

位於台南市民權路二段13號的「人樂軒」神像雕刻店，負責人林利銘，六十多歲，也是位雕刻師傅，師承父親林亨琛，家中排行老三，專精開面與雕眼神、栽鬍鬚及重要姿態的完成。排行老二的林利雄也是師承父親技藝，負責最後整修與拋光的工作，但由於年事已大，工作量已減輕。老大林利燈，目前已退休，專精於牽粉線、做衣飾等工作。「人樂軒」以傳統福州派神像雕刻享譽台南地區，台南武廟整修工作中的神像部分，就是由人樂軒師傅負責。

■ 「承西國」

位於台南市民權路二段58號，負責人陳河欽，年近七十，是台南地區神像雕刻中屬於傳統泉州派風格的老師傅，其曾祖父移台後，即從事神佛像的雕刻行業，代代相傳，目前其子陳威延、陳紋鋒也承襲神像雕刻的工作。泉州派風格以整體成形，強調線條單純穩重，整體優雅端莊，頗有唐宋之古風。

■ 「來佛國」

位於台南市民權路二段80號，負責人蔡金永，屬泉州派雕刻風格，五代相傳，其祖父蔡四海之手藝精湛，更是名噪當時，台南北極殿裡玄天上帝的部將康元帥、趙元帥；台南大天后宮裡的四海龍王等神像，即出自於他的精作。

■ 「金佛軒」

位於台南市民權路一段117號，負責人陳朝清，承襲師傅為「人樂軒」的林亨琛。

🌑 傳統彩繪

　　自從大陸居民開始移居台灣後，在台灣的寺廟建築也逐漸興起，早期寺廟的畫師，大多從大陸聘請師傅前來做民間傳統彩繪，事成後，即返回大陸。根據文獻資料記載：在乾隆年代，有來自福建同安的莊敬夫，在台南寺廟製作壁畫，寺廟之作現均已不見，唯留少數紙本之作，可見其筆法蒼勁狂野；道光年代，有林覺做寺廟壁畫於台南寺廟中；光緒年代，台南出生的謝彬，承襲林覺的人物畫作風格，在寺廟中做傳統彩繪，以八仙畫最為人稱道讚譽。而近期資料完整可考的，則以潘春源（1891～1972）與陳玉峰（1900～1964）兩人可視為台南市第一代民間傳統彩繪師傅。潘春源畫作風格由兒子潘麗水、孫子潘岳雄接續，在南部地區從事寺廟傳統彩繪，經年不斷；陳玉峰則由其外甥蔡草如、其子陳壽彝繼承衣缽，傳續陳氏傳統風格的寺廟彩繪工作。

　　通常傳統彩繪，多作於門板上或牆壁上。門板上以彩繪門神為主，而牆壁則以傳說中的民間故事或吉祥物為題材，繪製而成。

　　一般寺廟的門板上，都繪製有門神，約有：神荼、鬱壘、秦叔寶、尉遲恭、朝官、太監、宮女、侍女、龍鳳、韋馱護法、伽藍護法、哼哈二將、四大天王、四大元師、四大鬼王、二十四節氣、二十八星宿、三十六官將等。

門神的繪製過程

　　首先裱門板，先嵌補及整修門板、打底漆、鋪網，以豬血土塗在網布上並填縫，待乾磨平，打白色底漆。將裱好的門板置上門樞後關門，以測定要彩繪的面積，

再以彩繪門神的面積為準，開筆打稿，將畫稿上應貼金箔的部分，先按上金箔，上色的部分依不同的色澤填上顏色，再精描細部的線條或色澤的層次調子，再次勾勒重要的線條，最後彩繪臉部、手部以及鬍鬚，再上亮光保護漆或以亮光漆均勻噴上，大功即告完成。

壁堵與樑枋之彩繪

以忠孝節義、民間流傳故事為主，如三顧茅廬、渭水賢聘、成湯聘伊尹、東坡試硯，其他也有風神雨伯、八仙聚會、四海龍王、南北二星君、天龍聖神等神仙故事為題材。其作法，大抵有下底漆、描稿、上色等過程。

■ 潘麗水（1914～1995）

繼承父親潘春源畫業的潘麗水，十六歲開始追隨父親學彩繪，先以人物畫為主，大多是臨稿習作，也曾入選「台展」，後因受政策影響，寺廟工作幾乎中斷，曾改繪電影廣告畫，光復後，又回到傳統寺廟彩繪工作。其父退休後，寺廟彩繪的工作，即由他獨自承包、完

【MAP】潘岳雄・陳壽彝

■ 潘岳雄──台南市永華路80巷13號 (06)2203319
■ 陳壽彝──台南市民族路二段391巷11號 (06)2225266
【大眾運輸】1. 搭台南市2、7路公車於小西門下車，沿永華路步行可抵潘岳雄處。
2. 搭台南市公車14、17、18等路於西門圓環下車，步行可抵陳壽彝處。
【自行開車】下仁德交流道後循182縣道往台南市區行駛，過東門圓環後1.走北門路接民族路循指標可抵陳壽彝處；2.走府前路左轉西門路前行即可抵永華路。
【注意事項】欲拜訪參觀潘岳雄、陳壽彝先生請事先電話聯絡為宜。

①門神（永安永安宮，秦叔寶、尉遲
恭），潘麗水②壁畫「戰宛城」（局
部），潘麗水③門神（永安永安宮，
秦叔寶之局部），潘麗水④壁畫「天
官賜福」（鹽水鎮南宮），潘麗水／
以上圖片由劉文三提供

稿、做畫、完成，南部眾多寺廟之彩繪，均由他細心繪製，在台南市就有：城隍廟、北極殿、法華寺、清水寺、永華宮、天壇、良皇宮、德化堂、大人廟、三宮廟、水仙宮、普濟殿、西華堂、開元寺等著名的大寺廟。

　　潘麗水於一九九五年辭世，其子潘岳雄接續其傳統民間彩繪的工作。

■ 蔡草如（1919～）

　　蔡草如為傳統彩繪大師陳玉峰之傳人。自小喜愛繪畫，時常臨摹名家畫作，並練習自己創作，曾訪教於當年在台南的廖繼春，但因家境貧困，一九三七年到舅父陳玉峰家幫忙民間傳統彩繪的工作，學習彩繪技藝，六年後，到日本進入川端畫學校習畫。一九四六年返台南，重回陳玉峰處協助，此時，蔡草如即參與寺廟的壁畫、門神等實際繪製工作，並開啟他日後在傳統彩繪的生涯。

　　蔡草如由於心繫純繪畫的創作思維，所以他的民間彩繪意境，較強調心靈的感受（而非視覺上的感覺），注

【MAP】蔡草如

蔡草如

■ 蔡草如——台南市榮譽街164號
(06)3367425
【大眾運輸】搭台南市1路公車於大林站下車可抵榮譽街。
【自行開車】下仁德交流道後循182縣道接1號省道往台南機場方向行駛，至大同路右轉即可抵榮譽街。
【注意事項】欲拜訪參觀蔡草如先生及其作品請事先電話聯絡為宜。

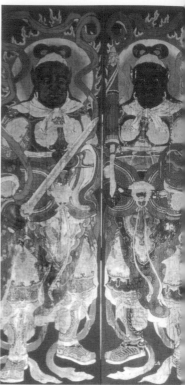

蔡草如作品「門神」（台南開元
寺，四大天王之雨順）／劉文三
提供

蔡草如作品「張天師」（墨彩畫・紙本）／劉文三提供

重彩墨間的韻味、線條的優美、神態的典雅氣質,給傳統民間彩繪成就另一種創作的風格。近年來,因年事已高,只專心做紙本佛畫與純繪畫創作,寺廟工作由其長子傳承。

■ 陳壽彝 (1934～)

　　為陳玉峰之子。陳壽彝繼承父親畫業,曾經彩繪台南興濟宮、大道公廟門神、台南孔廟壁畫、台南大天后宮壁畫、北港朝天宮門神等多處傳統彩繪,近年來較多用心於繪畫創作,擅於膠彩畫與水墨畫,強調自然寫生,寫生中注重心靈感應。

陳壽彝作品「群仙宴會」／中華民俗藝術基金會提供

細銀器製作

　　以細銀工打造而成的各式銀器，在台灣先民的生活中早已是相當重要的部分，這主要是與台灣的民俗生活有關，台南自古以來，就是細銀工打造的重要地方。日治時期，台南眾多的細銀工商店，聚集成一條街，稱為「打銀街」，後來曾毀於第二次世界大戰，然而現今忠義路與民權路交叉街口，仍有多家銀樓，為當時之「打銀街」留下見證。

　　台灣的民俗生活中，自嬰兒出生即離不開銀器的裝飾，滿月、四個月、周歲時，外婆家和親友便會購送帽花、帽飾、胸佩（銀鎖之類）、手鐲、腳鐲等。及至成年婚嫁，則以新娘佩飾物品中之銀器，最為人注目，有髮簪、髮釵、髮夾、髮梳、花鈿、耳環、項鍊、胸花、霞披綴飾、鳳冠、手鐲、戒指、腰佩、腳環等。新郎則有銀框眼鏡、錶鍊、銀扣、戒指、腰佩等。而新娘房的紅眠床，則有銀器蚊帳勾、銀墜飾品、銀花籃（檳榔籃），和化妝用的銀粉盒、銀杯等。等到百年之後，也有銀器陪葬之習俗。

　　除了生活用品之外，細銀工也常打造成神像用的各式銀器，如銀帽、銀冠、香爐、銀燭台，祭供用之銀碟、銀碗、銀盤……等等。

　　細銀工的打造，由於各式各樣的造型與製作之成品不同，技法也因之而異，但通常有兩種基本型態：一是製作平板，也就是將銀打成厚度均稱的薄片，以利製作；二是抽絲，也就是拔線，將銀穿過穿孔器（或稱線板），抽拔出粗細不等的銀絲（銀線），以利製作銀飾時使用。平板可以再經敲花，以各式不同花紋之鑿子，精打細敲，打造成各種花飾。也可以鏤空，鑿切成空，

使基本形鏤空而出。平板也可以壓出,即以松膠墊底,置平板於其上,以槌擊方式,將其槌壓凸出成形。平板也可用於剔雕,也就是以銳利之雕刀,直接在平板上剔雕出花樣圖形。而抽拔出的銀絲(或銀線),則可用來鑲嵌,或纍絲,或扭轉絲,或多條並置,橫直交叉成銀絲網布,加以運用。製作過程需要高度技巧性,其間火候之拿捏、運力拔線之熟練等均有相當的難度,但是對一位技藝純熟、打造細銀工享有盛譽的師傅來說,最無法克服的,則是眼力終將費盡,所以,不少好師傅,一上年紀,就無法再工作,殊屬可惜。

　　台南地區由於製作銀器盛行,曾擁有數十位手藝精良的師傅。日治時期,曾聚集眾多師傅,就各人不同的專長,分工合作打造一座銀器的赤嵌樓,每扇小窗子都可以開關,發揮銀器打造藝術的精華,贈送日本皇太子帶回,存藏於日本皇宮中,可見當時銀藝之精湛。而今,由於社會經濟發展,銀器之使用較少,現存者只是為寺廟神像打造銀帽較多。

■ 蔡石蟳

　　擅長鏨花的蔡石蟳,祖傳三代均以打造銀器為生。其父蔡金水曾於打銀街開設「金成美」,蔡石蟳隨父習藝,以鏨花為長,鏨花即以松膠塊上,置放銀板,加熱敲擊,使銀板凹下,也就是另一面突出成形。另一種技法是鏨切部分銀板,讓銀板鏤空,再加上述技法,予以擊壓成形。據他描述,由於技藝純熟,鄰里紛紛委託打造,工作從不中斷,可惜所完成之作品,均未能留下,如今年事

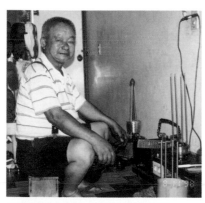

身懷鏨花銀器手藝的蔡石蟳／王婉婷提供

林啓豐銀帽作品／劉文三提供

已高，除偶爾受託做銀環之類的抽銀成繩，繩絞成銀手環之類外，幾乎多在台南武廟當志工。

■ 林啓豐

　　擅長抽銀線的林啓豐，十九歲開始學習金飾打造，以K金、白金之飾品為主，二十四歲退伍返鄉，隨林登山學習打造銀質神帽，專研抽絲，能將銀絲十六條同排黏貼。現已將技藝傳承給長子林盟修、二子林盟振，兩兄弟熱心專志習藝，並多次參加府城傳統民間工藝展覽，屢獲佳績，而且待人誠懇、做事細心認真，頗有乃父之風。台灣從南到北各大寺廟，都曾委託林啓豐製作銀帽，包括：北港媽祖廟、新港天后宮、關渡媽祖宮、台

林盟修細銀工作品「王船」／劉文三提供

北霞海城隍廟、台南西羅殿……等。林啓豐製作之銀帽種類，主要有：王爺帽、帝帽、聖帝帽（關聖帝）、媽祖帽、相帽、鳳冠、上帝公帽、祖師帽……等等，依神之不同職稱，而有不同造型飾件。

結語

從最近的田野調查工作中發現，與二、三十年前相比，台灣的傳統工藝，已經有相當大的凋零現象。當年掙扎努力從事傳統手工藝的人，如今不是辭世，就是體力老邁，既無力創作，也無法投入他們畢生所奉獻的傳統工藝了。這些行業在社會百行中，逐漸消失了他們的生存空間，大部分的年輕人也不想從事這行業。即使有人堅持要撐下去，他們的商業舞台似乎也愈來愈虛華不實了。

不過這些年來，我也發現台灣各原住民部落都已覺醒，並聚集年輕人的創作力，積極、主動地投入原住民文化、手工藝的保存發展工作，而且成效顯著。爲什麼在現代社會中，台灣的傳統手工藝，逐漸如日落般往下沉淪，而原住民的文化藝術，卻能如日出般散射他們生命的光彩？

假如，台灣傳統工藝無法注入活力，思考新出路，仍陷於商業利益的惡性鬥爭中，受到傷害的將是傳統藝術的命脈。假如，台灣傳統工藝無法復興，仍讓大陸的師傅來台搶走工藝界的生活空間，那麼，如今僅存的一點點傳統工藝的希望，恐怕終將熄滅。

大高雄篇

KAOHSIUNG

◎王長華

大高雄 概括高雄縣、市，在台灣歷史上，是一個文化背景極為豐富的地方。

高雄，原是平埔族西拉雅族打狗番聚居之處，十七世紀荷蘭人入據南台灣之時，打狗已形成漁港，沿海漁民移居漸多，慢慢發展成漁村。鄭成功收復台灣後，設一府二縣，其中萬年縣即現今的高雄，縣治設於埤子頭（鳳山）。鄭氏父子從事濱海地區的屯墾開發，也帶來中原文化。清代高雄地區被稱為「打狗」，開港通商之後，打狗地區商賈雲集，不僅成為重要通商口岸，也是物產集散中心。日治時代，日人在此築港、修鐵路，積極建設打狗為其南進的重要基地。

高雄，由小小的漁村，逐漸形成農業聚落，乃至成為南台灣的商業中心、軍事要地，六〇年代以後又發展出工業區，在這段過程中，吸引了不同族群、不同文化背景的人群來此聚居，因而孕育出豐富的文化景觀。生活在此區域的族群，有七種之多，即：布農、鄒、魯凱、平埔、客家、閩南，以及一九四九年隨國民政府撤退來台的外省移民。

高雄縣地區，依其族群遷移、產業分布及地質地理等特性，可分為三個生活文化圈，也就是我們通稱的「三山」：以鳳山市為核心的商業型類都會區；以岡山鎮為主的海線漁產業鄉鎮區；以旗山鎮為主軸的農業型鄉村區。其中鳳山丘陵以西，及人、小岡山以西平原地帶的鳳山、岡山部分地區開發較早，約在康熙（1662～1721）以前即已進行，其他地區則多在雍正（1723～1735）以後才陸續開發。

高雄市的開發比高雄縣來得早，民國六十八年升格為院轄市後，更加繁榮。

● 高雄工藝的地域特質

　　大高雄地區的民俗工藝，與其族群關係、聚落空間、傳統產業發展有著密不可分的關係。在台灣的傳統社會，民俗工藝扮演的角色，「機能性」與「實用性」的考量是最重要的，因此民俗工藝發展之存續乃與傳統產業的發展有著密切的關係。一直到最近二十年，「本土化」漸受重視，才開始以具有「美學」價值之意義出現。

　　早在「一府二鹿三艋舺」的時代，台灣重要的工藝匠師就與產業需求、城鎮聚落、族群分布等因素構成影響深遠的工藝版圖，當時的府（台灣）、鹿（港）、艋舺，都幾乎成為迄今重要工藝固著地域的代名詞，由於此種「聚光」效果，使得位於台灣府外圍周邊的大高雄地區，在工藝上就顯出邊陲與後發的性格了。然而，事實上，聞名的「岡山籮筐會」，早在兩百多年前，就是大高雄區域極富特色的工藝品展售會，不僅附近鄉鎮的民生日用品聚集在此，還有各地的農、特產，可謂五花八門，琳瑯滿目，其中更隱藏著不少的工藝精品。流傳至今，每年仍有固定三次的趕集時間，分別是：農曆三月二十三日媽祖生、八月十四中秋前夕以及九月十五日義民節，成為當地盛

事。

　　高雄地區的民間工藝與傳統產業之間有較明顯的關聯性，例如：「美濃油紙傘」與「皮影戲偶刻製」存續於鄰近鄉村、農業型態的美濃、大社、彌陀等鄉鎮地區；而杉林鄉（村）所發展出來的社區葫蘆雕刻工藝，係由鳳山市的龔一舫老師所培植，他長年熱心推廣此項工藝，逐漸發展成社區性特殊工藝。

　　大高雄地區工藝發展，以十幾年前最爲興盛。就藝師而言，製墨工藝有陳四家；銀器製作有許木生；剪紙有陳輝雄；剪影有楊志清、馬有志；漢宮花工藝有謝瑞英；風箏工藝有劉仁昇；扯鈴有馬榮泉；九連環製作有林錦淑；捏麵人有何麗文、杜進材、潘塗老；民俗彩繪有陳振吟；畫糖有黃思濱；葫蘆雕刻有龔一舫；皮塑有林幸輝、黃鳳珠夫婦、董秀梅；皮影戲偶雕刻有許福能、張榑國、張歲等人，而美濃紙傘及美濃陶藝則獨樹一幟，形成另一種工藝與地域連結的新範例，從業者爲數不少。

　　上述諸項中，除了少數與產業發展的地域性特質有關之工藝以外，這些年來其他類項的工藝無不遭遇到藝師老、病、生活困頓、後繼無人的窘況，少有再現活力者。初步審視藝師與該項工藝傳承之間的關係，則地域性特質再一次顯示其重要性。高雄民間工藝之藝師，主要有兩類：一類爲自大陸隨軍伍來台，自身便具有該項工藝技術，能在民俗技藝展的場合中，得到發揮的機會，如剪影、漢宮花、扯鈴等；另一類爲藝師個人因早年生活或家庭經歷，在外縣市習得技藝，而後在大高雄地區定居、發展，如製墨、銀器製作、捏麵人等。然而無論何者，如果無法配合地域因素形成產業，只是個人單兵操習，自然不利於傳承與發展，以致日趨沒落。

●木雕

■ 黃金城（1935～1996）

　　高雄市人。先祖黃良（1896～
1968）為雕刻名師，人稱「良師」，作
品遍及台灣、福建等名山古廟，良師之
雕刻與黃雲峰先生之宗教繪畫為「府
城二絕」。自小跟從先祖習藝，終成
一代雕刻名師，畢生多有佳作表現，
現階段三峽祖師廟之人物、花鳥、歷史故
事大多出自其手，功力之深厚，為當代名家

黃金城作品「醉李白」／中華民俗藝
術基金會提供

所推崇。他一生淡泊，對三峽祖師廟之木刻貢獻頗大。
一九九二年獲第一屆民族工藝獎雕刻類佳作。

■ 陳正雄（1953～2000）

　　高雄縣人。一九六五年拜在泉州雕刻師蘇水欽先生
門下學藝，此後跟隨師父跑遍台灣各大小廟宇，一面工
作一面學藝。一九八二年參與李梅樹教授策劃的重建三
峽祖師廟木雕工作，直到一九九五年底。一九九○年入
圍教育部重要民族藝術藝生，在藝師黃龜理先生的指導
下習藝三年。一九九三年獲第三屆民族工藝獎雕刻類佳
作；一九九五年開始為當時的李登輝總統雕作陳列於府
邸中之三國演義大型木雕作品。

陳正雄作品「安居
樂業」／中華民俗
藝術基金會提供

🌏 皮影戲偶雕刻

　　台灣的皮影戲大約是在清代初期至中期，自大陸潮州一帶傳入高雄、屏東一帶地區。關於皮影戲在台灣的傳承、發展，無論就地域範圍或演師個人為主軸的研究都有，台灣俗諺：「諸羅以北、看到天光，不知皮猴一

位於高雄岡山的皮影戲館／高雄縣政府文化局皮影戲館提供

【MAP】皮影戲館

■ 皮影戲館——高雄縣岡山鎮岡山南路42號 (07)6262620
【大眾運輸】搭火車於岡山站下車後循中山南路、介壽路步行可抵；或搭國光客運、高雄客運於岡山站或文化局前下車可抵。
【自行開車】下岡山交流道後，沿186縣道(介壽路)行駛轉岡山南路即可抵。

（地圖標示）岡山農工、岡山高中、航空技術學校、岡山南路、岡山火車站、中山南路、186、廟明公園、中山堂、大寮、岡山南路、成功新村、介壽路、岡山交流道、皮影戲館、高雄縣政府文化局

皮影戲中的戰爭場面絲毫不馬虎

哪吒三太子的英姿

許福能親自製作戲偶

偶頭造型／以上圖片由中華民俗藝術基金會提供

目。」可見皮影戲當年在台灣南部，特別是二層行溪以南的演出盛況。

　　嚴格說來，皮影戲偶刻製工藝應是整個皮影戲操演的靈魂基調，傳統操演皮影戲的技藝，包含影偶刻製設計、文武場絲弦樂器製作操演，及至台上演出的口白唱腔，這些都是屬於一個藝師養成的一貫教育，也就是說，一個影戲演師通常要同時具備設計製作戲偶、絲弦樂器製作及操演的能力，如此的傳統在「彌陀皮影窟」的復興閣許福能（1923～2002）藝師身上得到具體的證明。

　　影偶製作工藝方面的研究，向來較不受方家青睞，邱一峰《台灣皮影戲研究》論述「影偶造型」，於影偶製作美學基礎之歷史性、民俗性意義有所析論，對入門的確有許多方便。

　　皮偶雕刻的程序大概如下：(1)選牛皮，(2)打版，(3)雕刻，(4)上色，(5)組合裝桿，(6)成品。

　　在經過繁複的剪、刻、著色、裝桿組合等程序，考驗手藝精巧、審美能力的一幅皮偶終於誕生。

皮雕

　　高雄地區極為特殊的一項工藝，是由林幸輝（1945
～）、黃鳳珠（1949～）夫婦開始從事的皮雕工藝。林
幸輝擅長以皮雕表現鄉土人物、田園風光，近年更將主
題延伸至古蹟。他的作品細緻祥和，一如其人，可說是
人格的投射。黃鳳珠則通過日本名古屋革之花花藝學校
工藝花講師班審查，對於皮革應用於胸花、家用裝飾
品，極有心得。她的作品別具巧思，可見觀察之細心與
耐力。

【MAP】林幸輝、黃鳳珠・龔一舫（附科學工藝博物館）

■ 林幸輝、黃鳳珠──高雄市苓雅區福德一路
63巷3號5樓 (07)7227784
■ 龔一舫──高雄縣鳳山市瑞竹路119號
(07)7424379
■ 科學工藝博物館──高雄市三民區九如一路
720號 (07)3800089
【大眾運輸】1.於高雄市搭100號市公車往瑞
豐，於三信高商下車再搭計程車可抵；2.搭高雄
客運於鳳山站下車後轉搭計程車可抵；3.於高雄
火車站前站搭60號或後站搭73號市公車可抵。
【自行開車】車行下高雄交流道後，1.沿中正一
路右轉輔仁路到底即接福德一路；2.沿省道1戊
(中山路)往鳳山市行駛，左轉光遠路再右轉瑞竹
路可抵；3.由九如交流道下高速公路偏八如路直
行，即可抵。
【注意事項】欲拜訪林幸輝、黃鳳珠、龔一舫參
觀者請事先電話聯絡為宜。

林幸輝作品「阿媽」／
中華民俗藝術基金會提
供

黃鳳珠作品「收穫」／中華民
俗藝術基金會提供

匏雕

　　葫蘆是一種可食、可用的植物，由於葫蘆枝藤蔓延，民間往往取象喻意，象徵「子孫萬代」、「萬代長春」、「萬代盤長」等涵意，也有諧音為「福祿」的。

■ 龔一舫（1949～）

　　高雄縣林園鄉人，現居鳳山市，是一位和葫蘆結下不解之緣的民間藝師。他從小就喜歡鑽研各種民俗藝術，曾從事中國結工作將近二十年。對葫蘆產生興趣後，開始只是在葫蘆上彩繪，後來偶然在香港看到大陸微雕葫蘆，得到啟發，從此栽進葫蘆雕刻的天地。龔一舫剛進入匏雕世界，一切都靠自己摸索、研究，包括如何選材、如何防腐等問題，透過無數次的試驗，從多次的失敗中獲得答案。為了更深入瞭解葫蘆性質，他甚至

龔一舫作品「吊式匏燈」／龔一舫提供

廣集品種，自己栽種，還跑遍香
港、日本、新加坡、大陸的中
文書局尋找相關資料。

龔一舫的藝術靈感是天生
的，他從前人的技藝中求取經
驗，卻不以模仿——依樣刻葫蘆
——爲滿足，憑著毅力、樂觀，
展開多采多姿的創作旅程。從
初期的彩繪、青刻、素雕、烙
燒、投影、鑲嵌，到後來融匯
國畫墨分五色法、篆刻陰陽法
等技法，將匏刻藝術世界逐步
擴大。他一直都有新的構
思，只要靈感來了，一定會
有新的藝術品誕生。

多年來，他曾在省立教
師研習會、台中師範學
院、台中大同國小、泰山
文化基金會等單位進行短
期研習，也曾在各地文化
中心、台北兒童育樂中
心示範教學，培植新生
代，希望能將匏刻藝
術傳遞下去。

龔一舫作品「百福迎賓」
／龔一舫提供

龔一舫素雕作品「寧靜致遠」
／龔一舫提供

美濃窯

　　高雄地區的陶瓷工藝，最具有地域特色的就屬「美濃窯」。

　　相較於美濃油紙傘與皮影戲偶刻製，美濃窯所發展出來的陶壁公共藝術是一項新興的地方產業，十多年來帶動台灣南部陶藝風氣，並創造出「北鶯歌，南美濃」的名號。

■ 朱邦雄（1945～）

　　美濃窯創始人朱邦雄先生，出生於美濃，畢業於國立台灣藝專美工科，經歷大同公司產品開發處工業設計、香港寶源光學儀器公司設計顧問、中華民國工業設計及包裝中心、中華民國工業設計協會總幹事。一九八〇年開始隨吳毓棠教授專研陶瓷釉藥及配土，一九八七年將陶業帶回故鄉發展，一九九一年創設「美濃窯」。

　　美濃窯一開始即燒高級陶瓷，塑造一些花器與陶藝類，但因競爭激烈，識者無多，銷售成績平淡。朱邦雄因此覺悟到，要在陶藝天地擁有一片天，非要獨創格局

朱邦雄陶藝作品／朱邦雄提供

不可，經過不斷構思、研發，終於燒製出大、中、小三種陶藝創作，其中大型創作即是藝術陶壁。

在十多年前的台灣，陶瓷對大多數人來說，僅限於實用價值，將陶瓷當作藝術品的風氣未開，更遑論對於「公共藝術」的認同。在這樣的環境中，朱邦雄的陶壁藝術無疑帶來了震撼。根據朱邦雄的解釋，「陶壁公共藝術」從開始設計、創作，就必須考量環境與人文的因素，因此，它可以說是集藝術、人文、科學、環境為一體，作綜合表現的特殊藝術。它所展現的，涵蓋了：藝術創作的美、融合工學設計的理念，和工程製作的技術；善用特殊材質，表現並滿足現代人追求多元化、強烈的審美意識型態，刺激觀看者的思考空間，使之產生回應，而激起關注的胸懷。觀賞如此廣袤巨大的藝術陶壁，不禁令人驚訝於陶燒所呈現的美，是如此耐人尋味，對於一般大眾美感的啟發，影響更是深遠。這是從過去到現在一直都很欠缺的，有別於個人藝術的另一項藝術表現。

目前，藝術陶壁的表現型態可區分為兩種，即：

1. 全雕塑型態

【MAP】朱邦雄

■ 朱邦雄——高雄縣美濃鎮福美路496巷6號 (07)6817873
【大眾運輸】自高雄搭高雄客運開往旗山的班車，於美濃站下車再搭計程車可抵。
【自行開車】下路竹交流道後沿184縣道開往美濃，或由南二高接國道10號，經旗尾至美濃，循指標即可抵。

朱邦雄位於小港機場的陶壁公共藝術作品,「交流」／朱邦雄提供

依照設計及藝術創作來製作整體的雕塑。

它的作業過程包括:設計、繪畫、雕塑、分割、製模、壓模、作陶、素燒、施釉、色燒、作模版、運輸、安裝、施工等。

2. 組件式的型態

首先以構成設計的原理,創作許多不同造型的立體陶,每一種型施以不同釉藥,如此則產生相當數量的陶山,以供陶壁造型設計。這種型態的生產陶片,既可以降低成本,也可以滿足人們的需求,讓美育更為普及。

當然,也可以將此兩種型態合併融合,從事藝術創作。

朱邦雄的陶壁公共藝術作品分置各地,例如:國立彰化師範大學「自我挑戰」、台北市立技擊館公共藝術「超越巔峰」、國立高雄餐旅專校藝術陶壁「聚」、小港機場「交流」、美濃鍾理和舊居改建……等等,都是他的傑作。

交趾陶

■ 朱義成（1962 ～）

高雄縣人，目前定居桃園縣龍潭鄉。自幼生長於佛光山旁，深受佛教文化的薰陶。十三歲開始學徒生涯，從事廟宇佛像泥塑工作十餘年，紮下深厚的雕塑根基。後來轉向交趾陶的製作，並拜蘇俊夫老師學習釉藥。一九八五年雕塑大慈大悲觀世音菩薩，高二十一公尺，供奉於台中清涼寺內；一九九○年參加台中縣立文化中心及南投手

朱義成作品「阿摩提觀音」／中華民俗藝術基金會提供

【MAP】朱義成

中豐公路

第二高速公路

崑萬藥用植物

龍源路

朱義成

●粗坑

■ 朱義成──桃園縣龍潭鄉高平村粗坑2鄰15-2號　(03)4718130
【大眾運輸】可由桃園後站搭桃園客運開往龍潭的班車，於終點站龍潭下車後，可搭乘計程車前往。
【自行開車】車行下龍潭交流道後循113縣道往石門方向行駛，循龍源路沿指標可抵。
【注意事項】欲拜訪參觀朱義成先生及其作品請事先電話聯絡為宜。

朱義成作品「無量壽佛」／中華民俗藝術基金會提供

工業研究所（即現在的國立台灣工藝研究所）藝術聯
展；一九九四年於台中市立文化中心、桃園縣立文化中
心舉辦交趾陶個展；一九九五年獲第四屆民族工藝獎陶
瓷類佳作。他的作品遺貌取神，耐人尋味。

現代陶藝

■ 陳忠儀（1963～）

出身高雄地區，從事現代陶藝創作較具知名度者有陳忠儀，一九八五年畢業於聯合工專陶瓷科，目前定居鶯歌。一九八九年獲第三屆陶藝雙年展；一九九五年獲第四屆民族工藝獎陶瓷類佳作、第四屆金陶獎評選委員獎。作品造形氣勢宏偉，圖案層次分明，具有立體感。

陳忠儀作品「峰峰相連」／中華民俗藝術基金會提供

【MAP】陳忠儀

陳忠儀
鶯歌陶瓷博物館
中山路
大漢溪
鶯歌陶瓷老街
三峽鎮歷史文物館
110
文化路
三鶯交流道
三角湧文化協進會
復興路
文化路
祖師廟

■ 陳忠儀——台北縣鶯歌鎮欣欣街7棟5號 (02)26782164

【大眾運輸】搭火車或桃園客運至鶯歌，或搭台北客運702於鶯歌國慶街下車後，轉搭計程車可抵。

【自行開車】車行北二高下三鶯交流道後，循110縣道往鶯歌方向可抵，或車行中山高經桃園內環線（國道2號），至大湳交流道下，接鶯桃路轉大湖路、國際二路可抵欣欣街。

【注意事項】欲拜訪參觀陳忠儀先生及其作品請事先電話聯絡為宜。

● 美濃油紙傘

油紙傘之於美濃，近數十年來透過大眾傳播媒介及民間從業者的推波助瀾，早已成為美濃原鄉的印記符號。

若要論及製作油紙傘此一技藝在空間上的分布，屏東縣的高樹鄉亦有工廠，但是細究之下，卻是美濃人移居設立的，因此嚴格說來，油紙傘的製作技術的確專屬於美濃客家族群所獨有；特別是近年來「美濃」在南北諸多客族聚居的鄉鎮中，具有獨特的「原鄉」意象，紙傘之為視覺符號意涵豐富，有相當的合理化功能存在。

美濃油紙傘大約是在日治大正年間（1912～1926）自廣東潮州引入，因此舊稱「潮州傘」。當時，美濃社會已經歷過日本治台初期至明治末年的鎮撫時期，且已完成荖濃溪堤防修築、建設水利發電廠、開鑿埤圳工程，有效奠定完善水利系統，使農業水稻生產邁入高度商品化的階段；也正是美濃開庄墾拓之後，在物質資源生產條件最為平穩、豐富而有秩序的時期，這時期紙傘除了蔽雨的功能以外，更具吉祥的象徵：男孩十六歲成年禮時，父母即贈與紙傘；同時也是有價值的財物，在女兒出閣之時，嫁粧中帶上一對紙傘，藉著圓圓大大的傘，寓意團圓美滿的祝福。

昔日美濃油紙傘的製作，分傘骨、糊紙、上油、裝幹四個部分，由四個人完成，因此有人戲稱：「傘」字是一個傘形撐著四個人。

製傘的過程，首先要鋸竹作傘架，美濃傘的竹子多用孟宗竹，取其硬而有彈性的優點。竹子需先浸水一個月，穩定其性。接著劈竹，製成傘頭、傘骨和傘柄。將傘骨鑽孔裝在傘柄的傘頭上，然後「穿線定型」，以絲

美濃

①劈竹製傘頭、傘骨和傘柄
②穿線定型即成傘架
③黏貼傘紙
④黏貼傘紙／由美濃愛鄉協進會提供

線纏繞在傘骨周圍，即成傘架。傘架完成後，就是「粘貼傘紙」。傘紙採用事先浸泡柿子油的埔里棉紙，柿子油則是採摘未成熟的青柿子，熬煮而成。傘面粘貼完成，需曝曬在陽光下，乾後再以彩筆繪上圖案，上桐油，最後修飾傘柄，一把古意盎然的美濃紙傘才算完成。

據調查，在美濃首先開廠製傘的是「廣珍昌」的古阿珍，從一九二八年到一九六二年共經營了三十四年，其間最興盛時期美濃有十二、三家紙傘廠，每年生產兩萬餘把；但是在民國五〇年代後台灣輕工業急速發展，化學複合材料製作的洋傘取代油紙傘，相關廠家漸告蕭條歇業，甚至僅存林享麟經營的「廣進勝」一家，以每日六把的產量，供應為數甚微的年長愛用者，以及雅好奇風異俗的外國觀光客。

民國六〇年代第一次石油危機之前，美濃紙傘業受惠於全球觀光產業興盛，一紙來自加拿大的一萬把紙傘訂單讓製傘業也隨之復振，特別是民國六十五年十二月號的英文漢聲雜誌（ECHO）以封面專輯大幅報導，刺激出這項技藝的榮譽感及失傳的危機性，大有助於其後產業與觀光結合的商品文化走向。

民國七十年至八十二年，美濃紙傘在台灣經濟起飛、旅遊觀光業蓬勃、手工藝品需求殷切的環境下，再創另一番榮景，一時廠家達十一家之多；然而終究由於工資高漲、原料成本高昂，此項勞力密集的傳統手工業，不符合市場法則，面臨另一波調整趨勢——紙傘廠不是走向裁併、歇業；就是將資金、機具移至大陸東南省份，利用當地廉價竹材、桐油及人工，完成紙傘製作百分之九十的產程，最後才以貨櫃運回台灣，完成最後修飾、分銷的工作。

結語

　　大高雄，概括高雄縣、市，依山傍海，幅員廣，族群多，涵蓋陸地文化與海洋文化，長期以來俗民工藝應實際需要而產生，不可不謂繁複多樣了。以往，每年的岡山籮筐會，工藝琳琅滿目，人潮聚集，大家各取所需，也促進工藝的繁榮。

　　隨著時代進步，社會變遷，傳統工藝漸漸沒落，先民的工藝智慧也瀕臨滅絕之境，真是令人無奈，感慨不已。

　　我們列舉這些民間工藝為大高雄的人文作見證，除了喚起大家的注意外，更希望民間、公部門能積極搶救民間工藝，薪傳先民巧思，藉以充實大眾心靈，累積人文資源，締造人文大高雄。

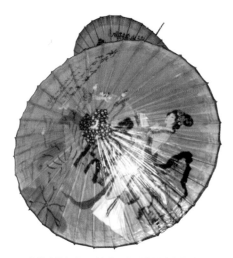

美濃油紙傘成品／中華民俗藝術基金會提供

屏東‧台東篇

PINGTUNG‧TAITUNG

◎許功明

屏東　台東一般所謂「原始藝術」或「土著藝術」，除了靜態的工藝器物外，還包括：身體毀飾等裝飾藝術，以及音樂舞蹈、歌謠傳說、神話故事等之動態藝術。「工藝」基本上專指器物而言，而「藝術」涵括的範圍比工藝來得廣泛，在有關台灣的原始藝術論述中，甚至還談及史前的文化遺物或考古出土器物。

長期以來，屏東與台東兩縣所蓬勃發展的原住民工藝與藝術，代表著台灣民間族群文化之多樣性內涵。在南台灣「區域」範圍內，原住民各族群或部落間在歷史遷徙之互動關係上，向來是錯綜多向且跨越中央山脈的南端，因此所涉及之族群工藝文化乃概括本島的：魯凱、排灣、布農、阿美、卑南五族，及位處外島台東縣蘭嶼鄉的雅美族（達悟族）共六族。但本文因考慮到該區域內之各族群人口比例、既有之研究文獻資料，以及族群彼此間工藝發展目前之融合樣貌等，故謹以魯凱、排灣兩族之工藝文化為主軸，以其中最具影響力之雕刻工藝為焦點作出發，分別介紹南台灣多采多姿的原住民工藝。

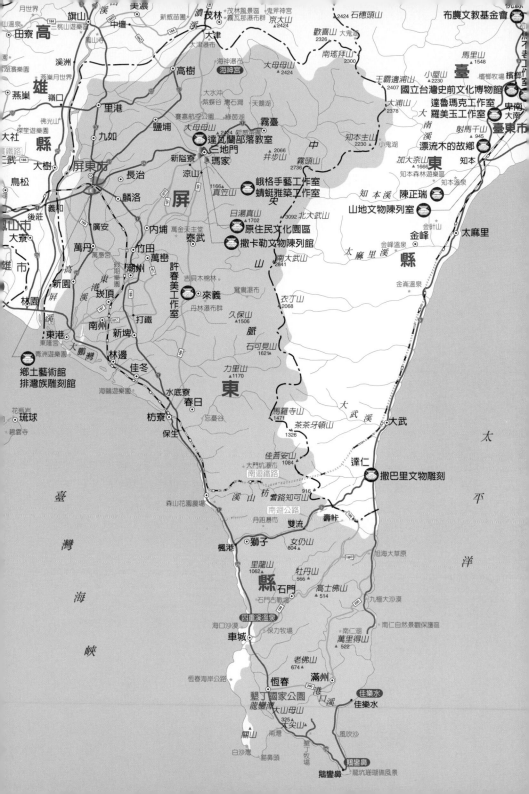

● 族群的分布

多族群的文化互動

　　台灣原住民是廣大「南島語族」（Austronesian）（又稱「馬來──玻里尼西亞語族」Malayo-Polynesian）的一支。根據一新的說法，今日約兩億人口的南島語族乃源於大陸華南及中南半島，在距今至少五、六千年前，以台灣爲其最北據點，開始向外遷徙發展，足跡遍及太平洋及印度洋各島嶼，據推測，台灣原住民是陸續、分批移入本島。南部的排灣群諸族來的時間可能比北部的族群晚，約在兩千多年前；而東部的阿美族及雅美族則更晚，不過，各族在台灣島內部的移動分布情形，一般認爲到十七、八世紀時已大致穩定。現所認定各自仍保留其傳統語言及文化特色之族群，除已漢化的平埔族外，被概稱爲「原住民」，並分爲十族。

　　南台灣相鄰的兩個行政縣區──台東、屏東，分布著「原住民」族群中的：排灣族、卑南族及雅美族三族之全部，以及東魯凱族及阿美、布農二族的一小部份，共計有六個族群，其中以排灣族人口數（近七萬）佔最多。除原住民之外，還有已漢化的平埔族及晚近自大陸移入的漢人。由於區域內各地群體彼此成員在歷史淵源上的互動關係，使得其族群所屬及文化特質皆顯得十分複雜。

風行南台灣的排灣文化

　　由於南台灣區域內之各群體在遷徙、互動與融合過程中，皆不斷地吸收「外來文化因素」，因此不論在方言、社會或藝術文化面貌上，彼此間有著多重與多元的

屏東縣霧台鄉好茶村頭目家屋（魯凱族）／許功明提供

互變關係，藉著從各向而至、環繞或越過山脈的影響力來達成。而其顯形的工藝器物與物質文化，正具體地反映出這些互動的結果。

「排灣文化」由於具有吸引力與感染力的特質，在二十世紀初或之前，就已成為南台灣山區及山麓間的「流行文化」，至今南台灣仍處處可見蓬勃發展的「排灣文化」現象。一般認為，在此區域的西北部「魯凱——排灣」族之按壤山區帶（尤其是魯凱族所在地），是「排灣文化」的起源地與核心區；以其石板屋及紀念性的雕刻為例，即是由此西北中心帶往東向去傳播、或向南擴散，爾後在其邊緣帶各地可能受生態環境與所在地異族文化（如阿美・卑南族等）混合等因素所影響，故而呈現出截然不同之獨特風貌。

以擁有圖騰紋樣著稱的魯凱、排灣兩族，其在雕刻、織繡或服飾等之顯形藝術或工藝文化上的成就，現今實已跨越過南部中央山脈，對屏東、台東兩縣以外的所有原住民族群皆造成了影響力，進而成為今日所見形塑超越族群之「泛原住民」意識與認同的視覺藝術表徵。

魯凱族與排灣族的工藝

　　從日本殖民統治時期所累積下來的官方或私人蒐藏品及諸多論著皆可看出，迄今魯凱與排灣二族之傳統工藝或造型藝術，在台灣原住民族之物質文化表現所佔之鰲首地位。縱觀其原因概爲：

　　1.皆具有具像、豐富之圖騰紋樣，以人頭紋、人像紋、蛇紋及鹿紋爲主，也有許多的人頭紋與蛇紋之複合紋，以及幾何變化紋。

　　2.這些紋樣大量表現在雕刻品及織繡藝術上，其他族群即使也有刳木製品或織繡品，卻未必有如此精緻之裝飾性圖紋。

　　3.自十九世紀末始，作爲視覺美感焦點之族群工藝器物，就成爲外來者進行民族學「器物標本」或「原始藝術」的蒐藏對象，進而形成今日原住民文化產業化之工藝商品。

　　4.由於該二族群在雕刻技藝傳承及圖騰紋樣表現上具有相當堅固的傳統，故使其工藝製作者在不斷追求藝術化表現的今天，具有跨越不同族群文化、傳統與現代間之襲捲性影響力。

　　一般公認魯凱與排灣兩族之工藝，以石板屋、雕刻（木雕、石雕）、織繡、古陶壺、與琉璃珠最具特色。另有一種青銅刀，曾與古陶壺、琉璃珠合稱爲「排灣三寶」，不過，此說仍有待查証，因爲青銅刀及其刀柄之出現地、數量相當有限，且族人中見過或仍有記憶者非常之少，即使頭目階層者亦然。至於古陶壺（作聘禮用或祭祀用的）、琉璃珠，則族人們已喪失了對其製造地點及製作技術的相關知識與記憶，僅認爲：這些是他們祖先所留傳下來的貴重物品（甚至是神聖的物品），但不知

屏東縣霧台鄉好茶村家屋前的石板柱，其上刻畫著善獵的男祖像（魯凱族）／許功明提供

是從何時、自何地傳來。

目前，該二族之傳統手工技藝，日常用品之木器、竹器、織布及皮革製品等，已幾近消失，竹、藤、月桃編織、骨角牙製品、金屬製品等則尚能延續。然值得注意的是，屬於男性的雕刻技藝及女性的刺繡、頭飾與衣飾，不但能維持部分的傳統功能，且隨著時代潮流仍不斷地創新，並積極開發族群內外的市場。總之，現況所見，從變遷角度看來，過去所有之實用、功能性器具幾已快速消失，反之，包括祭典服飾、雕刻在內的「裝飾性」或「象徵性」的文化藝術產品，卻有日益發達的趨勢。

石板屋

據陳奇祿先生的研究分析，「排灣群諸族」家屋式樣分為：北部式、內文式、牡丹式、紹家式、太麻里式五種。而原來與貴族階層家屋建築相關的雕刻，在現在傳統石板屋已改成現代水泥房之後，固有的裝飾並未隨著雕刻品而消失，還繼續地被應用到公共景觀與地標上，如：三地門鄉鄉公所、三地村、霧台村、好茶村等村及道路上皆可見；有些族人還刻意以石板來裝飾他們的現代住屋，為屋內陳設增添復古風。

木雕

排灣、魯凱二族傳統的木雕藝術風格具有平面、裝飾的與填充的特徵，且在：蹲踞人像、蛙形人像、關節標記人像、肢體相連人像、圖騰華表式相疊人像、動物剖裂紋組成文樣、正反相對人像、吐舌人像和人頭蛇身像等之特徵上，具有所謂「環太平洋地區藝術式樣」之特色。

①屏東縣霧台鄉好茶木拓板柱之一，上有百步蛇環繞，手持人頭的勇士像（魯凱族）
②吹鼻笛的立偶雕刻（排灣族）
③屏東縣霧台鄉好茶村雕刻師蔡旺（右）及其村之頭目柯金順（左）合影（魯凱族）
④屏東縣三地門鄉公所大門的景觀設計，由百合花、陶壺與百步蛇圖紋所裝飾的鄉徽標誌（排灣族）
⑤豐年節會場的圖騰柱標誌（排灣族）／以上圖片由許功明提供

①魯凱族雕刻師彭水光及其木雕作品②排灣族女巫揹著的巫術箱雕刻③
排灣族雕刻師賴和順及其木雕作品④台東縣達仁鄉土坂村天主堂中十字
架上的傳統雕像（排灣族）／以上圖片由許功明提供

節慶時合飲的連杯（排灣族）／許功明提供

適合現代居家所用之排灣族創新的木雕家具座椅／許功明提供

石雕

　　排灣族的石雕呈現出兩種不同
的地域性風格：1.瑪家村至
泰武村之間的石雕人像，
以泰武地區爲代表；2.佳
平舊社至力里舊社間的
石雕祖先像，以來義地區
爲代表。此兩種藝術風格
分別爲不同神話傳說系統
的兩個文化集團所有，
即：「泰武式」風格的
石柱祖先像，是屬於以「蛇
生說」傳說爲主的排灣人所有；而
「來義式」風格者，則是屬於以「太陽卵生說」傳說爲主
的箕模人文化。

寫實的立體雕刻作品（排灣族）／許功明提供

　　台灣原住民工藝的蒐藏風潮，以及官方舉辦的研習
訓練、展覽推廣，始於日治時代。光復以後，隨著宗教
信仰與社會體系的巨大變化，基督教文化及強勢政體權
力的進入，有關器物製作與使用的儀式禁忌、習俗信
仰、社會規範遂不再，貴族階層的「象徵裝飾特權」亦
蕩然無存，而唯獨雕刻工藝今日卻不衰反盛；不過，其
生產、交換及消費系統，卻脫離了以家屋爲中心的生產
單位，從部落式的傳統交換經濟轉換到大社會的商品體
系下來運作。再則近來，受到文化產業化、觀光化的訴
求影響，地方產品風格與藝術表徵即便是維繫著傳統，
介於工藝之生產、消費乃至行銷三者間的人際關係，卻
已大爲不同。

　　九○年代，以雕刻工藝、個人創作爲主題的現代原
住民藝術展（個展或聯展）相繼出現；一九九一年「頭

①現代浮雕石板桌之製作（排灣族）②展演示範中的卑南族雕刻師哈古③卑南族雕刻師哈古的寫實立體
雕刻作品／以上圖片由許功明提供

目的尊嚴——哈古雕刻個展」首度造成轟動。創作者於是逐漸得以擺脫過去外界賦予的「藝匠」或「藝師」頭銜，而積極地去尋找其在主流社會藝術市場及藝術世界中的定位。在大眾媒體關愛下，這些族群的工藝或藝術工作者也被戴上原住民「藝術家」的冠冕。近年來美術館內以美學方式表現的原住民藝術展覽興起，亦漸漸洗刷以往大眾對原住民工藝或雕刻的刻板印象；族群藝術不再只是提供民族學蒐藏研究之工藝器物、標本或文物，也不再是僅限於人類學博物館中收藏保存與展覽的物件範疇。

衣飾工藝

衣飾工藝對當代原住民來說，可說是另一類能與雕刻藝術並駕齊驅的技藝表現，不論是在媒材、技術、工具或形式構成上，皆出現許多摻雜了工業化與現代化的技藝巧思與創新。過去魯凱、排灣二族的織繡技藝，如由夾織及挑織技法所織成的精美織布，其技巧之卓越性，可與北部之泰雅、賽夏族或蘭嶼雅美族相媲美。可惜的是，自荷、清時期與外界之接觸開始，就有外來的材料（線、毛、布、漢式成衣）輸入，漸使得採麻紡織的技術及生產光景不再，相關之手工技藝、習俗信仰及儀式禁忌也幾乎消聲匿跡。至於較晚傳入之刺繡藝術，卻反而屹立不衰。

今日，每位族人都擁有一套以上的傳統服飾，在參加豐年節、五年祭及婚禮等慶典儀式時，男女老幼皆穿戴著整套盛服；有的是量身訂作，有的則是從商店買來成品，或者以半成品來自己裁製、加工組合而成，搭配著自家所傳承或從商販買來的頭飾、頸飾、耳飾、手飾及肩帶等飾品，確保著身體裝飾的華美習俗。婦女於閒暇時，大都仍以從事繡工自娛，以十字繡、珠繡及貼布

①坐在月桃編蓆上織布的魯凱族婦女②排灣族新郎撒古流及其新娘的服飾裝扮③屏東縣內埔鄉水門村山地服飾商店中所陳列的男女頭冠飾品／以上圖片由許功明提供

屏東縣來義鄉古樓村女頭目羅木蘭的羽飾頭冠與服飾（排灣族）／許功明提供

繡爲最常見（亦有鎖鍊繡、直線繡、緞面繡之技法），
不過由於商業化與觀光化的衝擊，用機械電繡、電腦紋
樣的繡片已大量出現，大陸或南洋引進的手工製品也不
陌生。

　　魯凱、排灣兩族工藝之所以能在當代商場上發揮特
色，主要是因承襲了雕刻、織物、服飾上的傳統圖騰紋

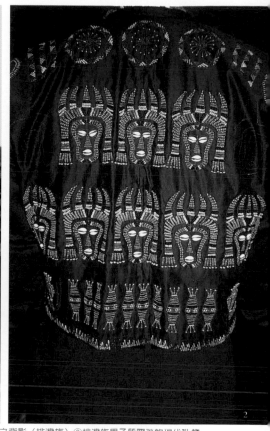

①古樓村女頭目的羽飾髮辮與服飾之背影（排灣族）②排灣族男子所穿著的現代珠飾背心╱以上圖片由許功明提供

樣，並且將這些紋樣連同喜好的色彩（紅、橙、黃、綠）一起，大量地應用到適合現代都會人士所使用之日常用品飾物上，如：手提包、零錢袋、桌巾、座墊、眼鏡袋、名片夾等創意性的小東西。傳統工藝紋飾配合著創新設計，加上在材料、技術、美感上的求新，族人們的生活工藝於是拓展出新空間。

其他工藝

　　南台灣近年來，有不少原住民工藝工作室或工藝坊成立，主要生產：仿古或創意的手工陶壺、琉璃珠（分玻璃及陶土兩種材料）和珠工飾品，以及禮刀、雕刻品等為主。其中陶壺、琉璃珠、禮刀原是貴族階層才能擁有的物品，如今卻完全為貨幣交易所控制；不過，許多族人現論及婚嫁時，仍堅持要訂購這些新製品以替代業已被蒐藏殆盡及變賣的家產，當成傳統聘禮之用。換言之，基於內部成員對這些貴重物品的傳統價值觀及欲求仍然存在，因此仿古之工藝製品被適時地研發出來，據現況顯示市場性相當樂觀。

■ 仿古琉璃珠

　　古琉璃珠傳入台灣的時代與來源地說法不一，有的主張是在中國的漢代（西元一至四、五世紀）之間，由魯凱、排灣二族的祖先，自東南亞地區移入時所帶來；但有的則認為可能是在比此更早之前從歐洲生產傳入南洋；或者是較晚於二族人移居台灣後，與漢人或荷蘭人

【MAP】撒卡勒文物陳列館・原住民文化園區

■ 撒卡勒文物陳列館──屏東縣瑪家鄉三和村美園巷101號　(08)7993105
■ 峨格手藝工作室──屏東縣三地門鄉中正路2段52號　(08)7992415
■ 蜻蜓雅築珠藝工作室──屏東縣三地門鄉中正路2段9號　(08)7992856
■ 達瓦蘭部落教室──屏東縣三地門鄉大社村53號　(08)7991524
■ 原住民文化園區──屏東縣瑪家鄉北葉村風景104號　(08)7991219
【大眾運輸】以自行開車較為方便，屏東客運班車只停水門站（三地門）、三地門鄉公所、文化園區三站，下車後需步行或搭計程車分別前往。
【自行開車】車行下高雄交流道後，循1號省道經屏東市，接24號省道可至三地門，循指標分別可抵。

等接觸交易時才得來。至於現代琉璃珠的仿古製品，一般依其外觀可區分出：仿古琉璃珠、陶塑琉璃珠、單色管狀上釉之小型陶珠三類。

　　仿古琉璃珠工藝技術的研發，最早是由排灣族三地村人雷賜，以顏色玻璃棒熔製而成，一九七六年時研發成功，後來相繼有不少族人投入此行業，從此大發利市。

■ 仿古陶壺

　　真正古陶壺的來源，到底是出自那個族群之手所製，至今尚無定論。而依壺身之外觀紋飾差異看來，可區分出不同的等級價值：1.最珍貴之古老無釉的古陶壺；2.與外界交易得來之帶釉的陶壺；3.新製的仿古陶壺與現代藝術陶壺三大類。若從功能來看，則可區分為：1.部落占卜或祭祀用的神聖古陶壺；2.代表頭目地位或貴族生命標誌的古陶壺；3.用作貴族聘禮的陶壺；4.平民的陶壺；5.日常實用性的陶壺；6.純屬創作的現代藝術陶壺等六種。目前所謂仿古新製的陶壺工藝品，指的是帶紋飾但

排灣族藝術工作者撒古流，從事部落有教室計劃案之製陶教學活動／許功明提供

無釉之具有第一至第三種功能的古陶壺；不過顯然新製品在紋飾裝飾的比例，比起古老者更為誇張，幾佔了壺身的一半。據目前陶壺工藝專家的說法，所仿製之古陶壺之中，除了一種是具有百步蛇紋飾的「公壺」，另一種具乳突形狀紋飾的「母壺」之外，還有一等級更高且兼備以上兩者之紋飾特徵的「陰陽壺」。

　　仿古陶壺開始被生產銷售的時間，大約是在一九八六年左右，以排灣族大社村人撒古流為開端。

■ 編織技藝

　　較常見的有：編月桃蓆、鉤製網袋；藤竹編籃則較為少見。

排灣族新製的仿古陶壺乃具傳統的價值與功能，在議婚時作為貴重聘物／許功明提供

【MAP】排灣族雕刻館・鄉土藝術館

■ 排灣族雕刻館——屏東市大連路69號4樓 (08)7360330
■ 鄉土藝術館——屏東市民學路26號 (08)7231637
【大眾運輸】搭乘屏東市公車東區的班車，於廣東橋站下車後步行分別可抵。
【自行開車】下高雄交流道後循1號省道往屏東市區行駛，左轉復興路接大連路後分別可抵。

其他族群工藝

卑南族

由於慶典展演時穿戴的需要，衣飾工藝是當代卑南族人生活中最被認可、得以持續發展的物質傳統。「織」成的衣服，現在已為數不多，穿戴它的人，雖然覺得驕傲，但也不致於排斥「繡」成，或甚至機器加工的新款式。同樣地，花紋的變化，從夾織到刺繡，或從傳統稜形紋到當下的寫實人物故事，均為族人所接受。

而除了與全套服裝穿著有關的用品：禮刀、小背簍及小竹製水壺之外，其他工藝品的存用維護則不太樂觀。在日常生活中，早已不使用杵、臼、槍、弓……等。偶爾族人們會烹煮鄉土食物如小米或糯米糕，才可能動用如蒸桶等的用具。大部分的老舊用品，不是置於屋角不再使用，就是被大家遺忘了。不過，目前仍有一些生活中很少使用但卻深植人心之物品，儘管平凡無奇，卻是集體成員童年經驗與共同記憶之所在，因此仕

【MAP】馬不老工作室・陳正瑞　山地文物陳列室

馬不老工作室

⑨

馬蘭榮家

陳正瑞

山地文物陳列室

■ 馬不老工作室──台東市更生路724號 (089)343924
■ 陳正瑞──台東市漢口街112號 (089)350929
■ 山地文物陳列室──台東市南京路25號 (089)320378
【開放時間】09：00～11：50，13：30～17：00，週一及國定假日休館。
【大眾運輸】山地文物陳列室與陳正瑞個人工作室離台東火車站不遠，步行可抵；馬不老工作室則可在火車站前搭計程車前往。
【自行開車】於台東火車站前走新生路右轉南京路可抵文化局；南京路左轉更生路可接漢口街到陳正瑞處，續直行更生路循指標可至馬不老工作室。

十字架雕像作品（卑南族沙洼岸作）／許功明提供

往在經過選擇、改良或創新下，成爲該族群整體的文化
象徵，例如：背簍、竹製水壺、湯匙、警鈴（傳令
牌）、木盾、佩刀。

阿美族

　　衣飾工藝之中，又以佩袋（又稱檳榔袋）之製作爲
最發達。而阿美族在豐年祭時所穿戴的服飾風格上，也
有區域性的明顯差異。屬於「南部海岸型」（宜灣系統）
及「南部型」（馬蘭系統）風格者，其衣服底色以黑、藍
色爲主，似是受到客家、平埔、排灣與卑南族的影響。
與所謂「北部型」（花蓮里漏系統）、「西部型」（秀姑
巒或馬太鞍系統），甚至「海岸型」（港口系統）的服
飾，色彩與型式上皆有極大之不同。
　　至於生活器具中，只有蒸桶還會被使用，家中的舊
石杵、木臼則常特別地被保存下來，不忍丟棄。其他仍
保存製作的手工藝只有編籃、鉤網較常見，不過已從男
性專利變爲男女皆可從事的技藝；而傳統的女性製陶已
不復可見。

阿美族的雕刻技藝，現已脫離了煙斗、刀柄、刀鞘、杵、臼、蒸桶、車輪等之傳統純剞木製作法，或者線雕的裝飾法，而變成像魯凱、排灣兩族之板面、木柱式或立偶式圖像（或圖騰）式的雕刻作品。

　　一般認爲阿美族人以前並沒有雕刻，只製作杵、臼、口簧等工具，因此近年興起的雕刻，被視作是阿美族的「新」傳統。然而事實上，過去在太巴塱、馬太鞍之祖祠皆曾存在過板柱、壁板及天花板雕刻。不過阿美族目前的現代雕刻家，似乎都以沒有傳統包袱及能夠自由創作爲傲。其風格走向大致分爲兩類：

　　1.乍看起來像是排灣族的傳統浮雕，即圖騰華表式及立柱的板面式樣，亦或是象形之立像人物雕刻，但再細看卻發覺其中所雕人物衣飾紋樣及其旁之裝飾圖紋都是屬於典型的阿美族文化符號特色。

　　2.屬於極爲抽象的造型，是標榜個人主義自由創作的現代雕刻。

布農族

　　布農族在傳統上並無階級專利的特權，而且因其在與外界或鄰族接觸後皆普遍受到了影響，因此在衣飾等各類工藝上，似乎並無所謂的「標準型」存在；與排灣、魯凱和雅美族之豐富內容與精緻手法相較，顯得樸實無華。最引人注意的是，布農男性的鞣皮與女性的織布技術；不過目前除與衣飾相關者之外，其餘工藝皆已式微。

雅美族（達悟族）

　　雅美族人在自己製造的器物、工具上時常加以浮雕裝飾，使其具有實用之外的觀賞價值。造主屋、豎立雕山羊角的中柱、工作雕房、拼板船及紋飾雕刻，皆是族

①台東縣成功鎮宜灣部落的阿美族豐年節時的舞蹈與男子服飾　②台東縣成功鎮宜灣部落的阿美族豐年節時的舞蹈與女子服飾／以上圖片由許功明提供

①陳正瑞雕刻的
噶瑪蘭人物
②阿美族雕刻師
林益千及其作品
③阿美族的竹、
藤編工藝／以上
圖片由許功明提
供

阿美族的板柱雕刻作品，乍看下像排灣族的作品／許功明提供

中罕見盛事。至於冶金（製銀盔、金片項飾）、燒陶器
及編織等，已逐漸脫離了族人的物質生活。雅美族的工
藝表現中，最特別的是擁有與魯凱、排灣兩族完全不同
的裝飾紋樣（或稱圖騰），雖亦爲平面式的淺浮雕，卻
顯現出以高度技巧，運用直線、曲線構成抽象化的幾何
紋樣（如：人像紋、水波紋、三角紋、菱形紋、邊線
紋、同心圓紋、渦卷紋、羊角紋……等）。將其浮雕在
船舷、主屋、工作房、日常用具上。在不同的地方、不
同的器物上，會使用不同的紋樣。

①雅美族的圖騰紋飾之美，其獨特之處可媲美於魯凱、排灣二族②雅美族創新的雕刻工藝，刻飾著傳統紋樣的桌子③雅美族拼板船上的雕飾／以上圖片由許功明提供

結語

　　南台灣原住民之當代工藝，除雕刻之外，就屬各族群慶典儀式時所穿戴的衣飾工藝（包括新製琉璃珠），最能持續其地域性之多元發展風貌，再者，才是新製陶壺或是由傳統織物紋飾所創新設計成的飾物等紀念品。

　　當下所見，原住民的工藝與藝術工作者咸以嶄新視野、寬闊胸襟及靈巧雙手，從自己的文化體驗、價值與意涵汲取養分，再從對社會環境的理解及社區需求出發，融合了新與舊的傳統與觀念，掌握住科技與美學並追求卓越。其工藝品確已走出了實用性、祭儀性、交換性與集體性之傳統，邁向更具有裝飾性、藝術性、觀光性、商業性與個人性之發展途徑。

（本文由編輯節錄、整理自作者所撰〈原味工藝南台灣──台東・屏東篇〉一文）

【參考資料】

千千岩助太郎，1937，《台灣高砂族住家的研究》，台北：台灣建築會。

夏鑄九主持，1997，《社區資源調查與人才培訓（原住民篇）》，台東縣社區總體營造計畫，台東縣立文化中心委託計畫。

任先民，1956，〈魯凱族大南社的會所〉，《中央研究院民族學研究所集刊》1：141-161。

任先民，1960，〈台灣排灣族的古陶壺〉，《中央研究院民族學研究所集刊》9：163-219。

阮昌銳，1995，〈台灣原住民的社會與傳統工藝〉，《美育月刊》57：48-54，58：50-56。

李莎莉，1993，《排灣族的衣飾文化》，台北：自立晚報。

李莎莉，1998a，〈台灣原住民泰雅、排灣二族服飾編織工藝初探：兼論當代的發展策略〉，《亞太編織藝術節中日編織工藝交流展》，頁77-105，台中縣立文化中心。

李莎莉，1998b，《台灣原住民的衣飾文化：傳統、意義、圖說》，台北：南天。

佐藤文一，1944，《台灣原住種族的原始藝術研究》，台灣總督府警務局理蕃課，黃耀榮譯，未出版。

吳玲玲，1999a，《現代社會脈絡中的魯凱族藝術產品之研究》，國立藝術學院傳統藝術研究所碩士論文。

吳玲玲，1999b，〈近年魯凱族工藝發展之觀察〉，《原住民的工藝世界：傳統、創新與商機研討會論文集》，頁205-222，台北：行政院原住民委員會。

吳玲玲，2000，〈萬山岩雕之相關研究回顧〉，未出版。

胡台麗，1999，〈百步蛇與鷹：排灣族的文化認同與表徵〉，台灣原住民國際研討會，中央研究院民族學研究所／順益台灣原住民博物館主辦。

高業榮，1976，〈魯凱族的刺繡〉，《藝術家》18：55-60。

高業榮，1980，〈記排灣族的額冠裝飾〉，《藝術家》59：70-73。

高業榮，1986，〈西魯凱族群的部落與藝術〉，《藝術家》137:199-

256，138:257-261，139:182-186。

高業榮，1987，〈西魯凱族群的部落與藝術〉，《藝術家》140：231-237，141：212-217，142：156-163，143:224-233。

高業榮，1992，〈凝視的祖靈：試論排灣族石雕祖先像的兩種風格〉，第一屆山胞藝術季美術特展，頁24-48，台北：中華文化復興運動總會。

徐瀛洲，1983，《蘭嶼之美》，台北：行政院文化建設委員會。

徐瀛洲、徐韶仁，1994，《台灣山胞物質文化──傳統手工技藝之研究（雅美、布農）》，內政部專題委託研究計畫。

徐瀛洲、徐韶仁，1998，〈台灣原住民的工藝〉，《台灣民俗技藝之美》，頁：245-330，台灣省政府文化處。

許功明，1998（1988），〈變遷社會中的魯凱族與排灣族藝術〉，《魯凱族的文化與藝術》，第二版，頁147-158，台北：稻鄉。

許功明，1998（1991），〈魯凱族花飾與儀式關係之研究：百合花飾文化分布與比較〉，《魯凱族的文化與藝術》，第二版，台北：稻鄉。

許功明，1999a，〈台灣原住民的工藝與藝術：時間向度及其發展脈絡〉，《祖先、靈魂、生命：台灣原住民藝術展》，頁：13-25，台北：國立歷史博物館。

許功明，1999b，〈台灣原住民的工藝與藝術及其論述觀點初探〉，《原住民的工藝世界：傳統、創新與商機研討會論文集》，頁：61-83，台北：行政院原住民委員會。

許功明、黃貴潮，1998，《阿美族的物質文化：變遷與持續之研究》，行政院原住民委員會委託計畫。

陳奇祿 Chen Chi-lu，1968，《Material Culture of the Formosan Aborigines》 Taipei: The Taiwan Museum.

陳奇祿 Chen Chi-lu，1978（1961），《台灣排灣群諸族木雕標本圖錄》，國立台灣大學考古人類學專刊第二種，三版。

陳志梧，1997，《台北市原住民藝術職業訓練規劃之研究》，台北市政府勞工局委託專題研究計畫。

許美智，1992，《排灣族的琉璃珠》，台北：稻鄉。

陳義一、呂理政、蔣斌、喬宗忞，1994，《台灣山胞物質文化──傳統手工技藝之研究（排灣、魯凱）》，內政部專題委託研究計畫。

喬宗忞，1996，〈魯凱族的衣與人：一個標本研究的嘗試〉，東台灣研究與南島文化研討會論文，台東：國立台灣史前文化博物館主辦。

喬宗忞，1997，〈持續與變遷：百餘年來魯凱族的身體裝飾文化〉，台灣原住民歷史文化學術研討會，行政院原住民委員會等主辦。

費羅禮，1968，《Taiwan Aboriginal Groups: Problem in Cultural and Linguistic Classification》，中央研究院民族學研究所專刊，第十七期。

萬煜瑤，1998，〈原住民文化與藝術理論之對話：排灣族古樓村聚落研究〉，《現代美術學報》1：103-127。

雄獅美術，1972，〈台灣原住民藝術特集〉，《雄獅美術》22：1-82。

雄獅美術，1991，〈新原始藝術特輯〉，《雄獅美術》243：104-155。

劉其偉編著，1995（1979），《台灣原住民文化藝術》，第六版，台北：雄獅美術。

盧梅芬，1999a，《當代台灣原住民藝術生態與風格：以台東卑南族為例》，國立成功大學藝術研究所碩士論文。

盧梅芬，1999b，〈認同與藝術表現：當代台灣原住民木雕隱含之原住民化現象〉，第一屆帝門藝術評論徵文獎，頁9-13。

盧梅芬，1999c，〈解讀台灣原住民木雕藝術興盛之現象〉，《台灣博物館民族誌論壇社通訊》2 (4)：22-32。

蔣斌，1986，《重修台灣省通志屏東縣志》，卷七同胄志，未出版。

蔣斌，1995，〈風行南台灣的排灣文化〉，《山海文化雙月刊》13：6-12。

謝世忠、李莎莉，1995，《卑南族的物質生活：傳統與現代要素的整合過程研究》，內政部專題委託研究計畫。

簡扶育，1998，《搖滾祖靈：台灣原住民藝術家群像》，台北：藝術家。

花蓮篇

HUALIEN

◎潘小雪

花蓮縣 地處台灣東部，東臨太平洋，西有高聳的中央山脈，與台灣西部隔絕；主要的地形可分為山地、平原和海階。由於地形複雜，海拔差異大，動植物的分布及種類極為繁複，不論高山、海洋或溪流，處處蘊藏豐富的資源，因此在漢人植稻文化移入之前，就已是原住民的生活樂土。

花蓮地名經過多次演變，最早泰雅族稱之為「哆囉滿」，阿美族人稱其居住地為「奧奇萊」，又稱奇萊或歧萊。漢人則以花蓮溪東注於海，海濤激盪，迂迴澎湃而稱為「迴瀾」，後因語言及口音轉變，改稱「花蓮」，沿襲至今。

花蓮昔日住民以阿美族最多，泰雅及平埔次之，布農族最少。明永曆三十六年（1682），鄭克塽遣陳進輝至「哆囉滿」採金，揭開漢人開發花蓮的序幕。同治十三年（1874），清廷依沈葆楨之議，調兵分南中北三路，開路墾荒，加速花蓮的開發。由於花蓮的開墾在台灣歷史上較為落後，因此有「山後」或「後山」之稱。

花蓮最重要的工藝當屬石雕工藝，在自然資源豐富以及技術條件充足之下，從石材業、工藝品、紀念像，逐漸發展出藝術創作的風氣。一九九七年起花蓮縣舉辦了三屆國際石雕藝術季，同時，業界也推出國際石材工藝展，引薦來自世界各地的創作者、設計家以及各種加工技術，使花蓮成為名馳中外的石雕勝地。

除了石雕之外，原住民文化及其歌舞、工藝也是花蓮的一大特色。在花蓮，「族群共融」在生活中隨處可見，雖然不同族群接觸時，必定有摩擦和衝突，但相對的也會產生互動，衝突與互動之間，各族群的文化生活開始同化融合，形成今日的局面。事實上，漢人族群文化，向來都是強勢的，經過近百年的接觸，原住民生活的改變、傳統文化的流失、自我認同的減低，形成了族群的危機。九〇年代，來自原住民自覺運動，以及民間田野調查、部落重建工作不斷持續進行，豐年祭、海祭、捕魚祭、倫理制度、編織、製陶、木雕等等文化活動，亦不斷持續深入反思中。

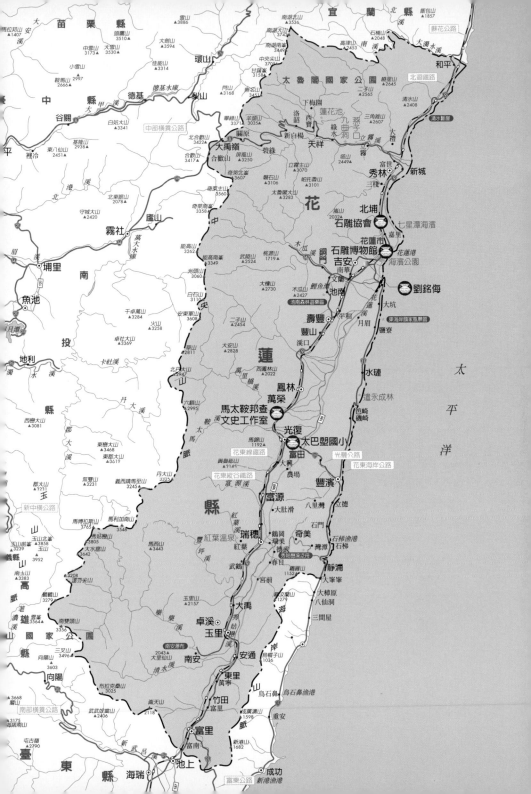

● 石雕

石頭的故鄉

　　從台北搭北迴鐵路至花蓮，沿途除了浩瀚的太平洋令人驚嘆之外，高聳入雲的重山峻嶺，更讓人經歷了未曾有過的逼視山脈的感覺。沿著鐵路，偶爾可以發現陡峭的山壁中，露出白色岩塊，濃郁的森林無法遮掩花蓮的地寶——大理石以及各種寶石。和平、和仁、太魯閣等地的礦區，在大量開採之下，白皙的大理石更是毫無隱藏地裸露出來——花蓮的大理石像隻巨獸般，在一片墨綠的遮蔽中，等待魔術師揭開布幕，一窺它的真面目。

　　花蓮大理石的分布，從和平往南延伸至南武山，產量豐富。東海岸的靜浦、大港口至台東成功等地產化石、帝王石。秀姑巒溪出口大量的帝王石露出河床，千姿百態，令人稱奇。其他由火成岩構成的輝綠岩、蛇紋石也遍布各地。

　　花蓮也是台灣寶石的主要產地，有台灣玉、玫瑰石、玉髓、石榴石、碧玉、文石、珊瑚等，主要分布在壽豐、豐田、西林、三棧溪、木瓜溪、太平溪、秀林、萬榮、瑞穗、玉里、東海岸山脈等。台灣玉（閃玉）主要產地在豐田地區，一九六九～七五年間曾大量生產，年產量佔全球產量的百分之九十，可謂名副其實的「閃玉王國」。寶石的艷麗、燦爛、稀罕，著實讓花蓮像一顆閃亮的明星般耀眼，滿足了愛美人的心靈。

　　三棧溪、木瓜溪和立霧溪的綠水和洛韶，以及瑞穗的中央山脈山區，盛產薔薇輝石（俗稱玫瑰石）。三棧溪所產玫瑰石顏色鮮艷，近桃紅色；木瓜溪所產則是淡紅色，錳氧化成黑色部分經打磨之後，酷似傳統山水

畫，多作奇石觀賞之用，甚受愛石人士歡迎，曾經掀起一股賞石之風，至今依然盛行。

石雕產業的興起

　　花蓮石雕的淵源，必須追溯到一九六一年，榮民大理石工廠在此設廠，花蓮的石藝工業才算開始發展。榮民大理石工廠具有完整的石工加工設備，其成立是為輔導國軍退役官兵就業，開發東部大理石資源，同時帶動花蓮石藝加工和石雕創作的風氣。早期的雕刻家，如：林聰惠、許禮憲等人，都曾在此學習技術，或教授工人圖案設計與雕塑。一九六〇年代，該廠大都從事鋸石片、石板、車床，大量生產石桌、石凳、花瓶、煙灰缸、屏風，屬於平面雕刻。一九七〇年代，則增加了立體雕刻，如：鳥、動物、獅子、龍、兔子、老虎、天鵝、大象等。當時工人眾多，工廠頗具規模，產品大量外銷，除了工藝品外，題材尚有女體、邱比特、維納斯、尿尿小童等常見的西方造形，很受來此遊覽的外國觀光客喜愛。

　　一九七九年中美、中日相繼斷交，加上全球性能源

石龍與石獅／潘小雪提供

九龍搶珠／潘小雪提供

危機，對花蓮工藝品外銷傷害頗大。八〇年代後期，台灣經濟逐漸好轉，國人的消費能力提高，業者不再完全依賴外銷，工藝品也不再局限於西方的題材，而走向民俗性或吉祥物，例如：大理石加工的如意、龍、鳳、魚，或白石、黏青石的好采頭、含幣蟾蜍、母雞帶小雞（好起家）等。訂單最多來自大陸，原材料也來自中國，當時花蓮有十分之一的人口從事這項行業，是台灣最大的石藝加工區，產量與規模都超過聞名全球的義大利。腦筋靈活的工藝品老闆，憑著令人驚嘆的開創性，不斷地開發新產品，石壺、茶盤等就是在這種情況下產生。題材雖由老闆決定，但由師傅代工，同一個題材刻多了，技術自然純熟，速度也變快，當這些師傅轉型從事石雕創作時，機具技術往往是一流的。

八〇年代後，花蓮石壺工藝曾盛行一時，每個愛喝茶的家庭都擁有兩、三個以上的茶壺。早期茶壺的製作，都利用傳統的材料及造形，以家庭式小規模的生產開創市場。後來，車床業者鄭春榮結合有豐富雕刻經驗的黃國清，嘗試用溪石（如蛇紋石、風化石等）製作茶壺；其後經營麥飯石的邱

十一面觀音石雕，詹文魁作品／潘小雪提供

①大理石製煙灰缸②玉石雕刻「好起家」／以上圖片由潘小雪提供

雕竹石壺，林國
祥作品／潘小雪
提供

金德，提倡用麥飯石製作的茶壺對人體有益，於是石壺、藝品逐漸盛行。一九八八年，林忠石從巴基斯坦引進木紋石，由於木紋石石壺泡了三、四天後，會呈現出特別的色澤效果，頗能滿足養壺者的成就感，因此市場反應極佳，許多業者也紛紛改換石材。葉健仁、林國祥的木紋石石壺作品在造形上頗具創意，技術高人一等，薄翼、濾網以及趣味的營造，使石壺走向高級藝品。

然而好景不常，一九八九年左右，由於生產過量，大陸設廠生產的產品回銷台灣，削價競爭的結果，石壺生意開始走下坡。

偉人雕像與宗教雕刻

七〇年代除了工藝品之外，偉人雕像、宗教雕刻也都陸續登場。

偉人雕像，以林聰惠的作品最具代表性，包括花蓮車站的國父像、花蓮師院的蔣介石總統像、文化中心的孔子像等。花蓮的偉人雕像極具特色，白色大理石所呈現的造型，降低了威權政治的森嚴氣氛，但在一九八七年解嚴之後，便少有人製作了，甚至原來的作品還遭到

①位於花蓮火車站前的國父石雕，林聰惠作品②位於花蓮師範學院的蔣公石雕，林聰惠作品／以上圖片由潘小雪提供
③宗教雕刻作品「菩提達摩」，印度紅花崗製④宗教雕刻作品「迦葉尊者」，印度紅花崗製／以上圖片由詹文魁提供

遷移、拆除的命運，當時被表揚、禮遇的雕刻家，如今
多不願提及往事。在舊價值崩解，而新價值尚未重建
時，過去的熱忱與奉獻，如今只是虛空與徒然罷了！

　　相較之下，宗教雕刻則經得起時代變遷的考驗。一
九七四年間，當時的省主席謝東閔先生，在彰化二水示
範公墓的景觀規劃中，將林聰惠所雕之地藏王菩薩和福
德正神，放置於入口處，從此宗教圖像運用於石雕創作
的風氣便逐漸普及。早先多採用道教或一般民間宗教題
材，如關公、呂洞賓系列；近十年來則傾向佛教雕刻。
除了林聰惠之外，較知名的作者有：詹文魁、魏永賢、
卓文章、林忠石等人。慈濟功德會在花蓮發展期間，靜
思堂的部分雕塑工程，曾邀請當地石雕家協助，這些擅
長佛教雕塑的創作者的作品也在其他縣市的廟宇、道場
陳列，例如：法鼓山以及新近落成的中台禪寺。座落在
花蓮鹽寮海邊的和南寺，亦為佛教藝術的勝地，許多大
型佛像皆由寺廟弟子與雕刻家合作，或由住持傳慶法師
設計製作，風格特殊。

雕刻家的時代

　　雕刻界人士一致認為，謝東閔先生是早期少數支持
台灣石雕藝術的行政首長，他曾遊歷世界各地石雕公
園，挪威奧斯陸雕刻公園觸發他的靈感。一九八一年，
台灣第一座石雕公園在南投縣草屯的「台灣省手工業研
究所」（即現在的國立台灣工藝研究所）成立，希望藉由
石雕藝術美化環境空間，以達到「生活藝術化，藝術生
活化」的境界，為戶外石雕藝術的創作，開啟一扇門。
作品由楊英風、陳夏雨、蒲添生等人策劃徵選，成立至
今共選出二十二件，林聰惠的「親情」、「採茶」、
「田園樂」，以及許禮憲的「愛心」、「祥獅獻瑞」、
「花國即景」等，都在其列。

同時期，花蓮市長陳清水爲美化市容，曾邀請雕塑界人士製作戶外雕塑造型，在此之前，楊英風位於花蓮機場出入口前的作品「大鵬」，具有典範作用。另外，柳順天在南濱公園之「泊船」、「螃蟹」（現已拆除），中信飯店右前方龍鳳公園中的「龍」與「鳳」，文化中心與高分院之間，民權路上的「風帆」，以及美崙坡上石炳輝的「雙眼」都是當時立體造形的表現方式，如今已成爲歷史上的特殊風格。此外，市政府亦邀請各級學校美術老師，設計大理石人行道鋪面的圖案，形成今日花蓮市的特殊景觀，爲台灣其他縣市所罕見。

　　一九八三年花蓮文化中心正式成立，開始舉辦創作比賽以及作品典藏，鼓勵在地藝術家創作，提供展示空間與機會，形成藝術評論、探討藝術史、風格典型之風氣，並以「石雕藝術」作爲花蓮文化建設發展的重點。

　　在花蓮，石雕藝術的源頭來自工藝品產業的蓬勃發展。一九八〇年以後才開始的藝術創作，除了受到石雕公園的啓發，以及花蓮文化中心「石雕博物館」典藏作品的鼓勵之外，工藝界人士紛紛轉型也是一大因素。在工藝品景氣旺時，他們毅然投入創作，主要是被創作的

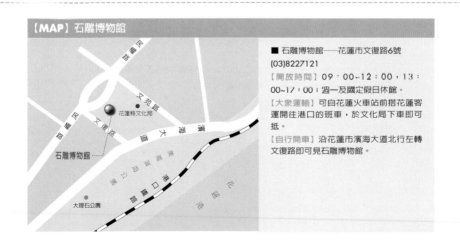

【MAP】石雕博物館

■ 石雕博物館──花蓮市文復路6號
(03)8227121
【開放時間】09：00~12：00，13：00~17：00；週一及國定假日休館。
【大眾運輸】可自花蓮火車站前搭花蓮客運開往港口的班車，於文化局下車即可抵。
【自行開車】沿花蓮市濱海大道北行左轉文復路即可見石雕博物館。

用大理石製作美崙坡
的擋土牆

柳順天用大理石片製作的「龍」，放置於
花蓮市的龍鳳公園

石炳輝的作品「雙眼」，位於美崙坡／以
上圖片由潘小雪提供

自由與喜悅所吸引，當然，藝術性的作品價錢高，也是轉型的重要原因。幾年之內，以參加本地或其他縣市的雕刻比賽來自我肯定，經過多次入選、得獎以後，更加嚴謹地思考創作的問題。

有些藝術科班出身的雕塑家，雖然早期也從事工藝品生產，但創作一向是他們所熟悉的，所以，當藝術的氣氛降臨，很快地就拾回創作力。來自學院的創作者，通常較具藝術史、美學的素養以及批判能力，因此有較大的影響力。他們在工作室中聚集同好共同欣賞、解釋中外作品，並且進行創作，這些都是隱含在生活之中，相互啓發而具影響力的談話。

一九九一年林忠石、黃河清、林樹德、向光華、卓文章等人發起成立「石雕協會」，由林聰惠擔任第一屆會長，會員包括部分石藝工作者以及學院派之雕塑家，目的在鼓勵花蓮本地的石雕工作者爭取創作空間，使作品從工藝品轉型爲藝術品，並舉辦各種展覽與學術講座，引進當代思潮與現代雕塑觀念。而策劃的三次「花蓮國際石雕藝術季」，涵蓋多項活動：國際石雕戶外創作研究營、國際石雕聯展、國際石雕研討會⋯⋯等，對提昇花蓮石雕藝術，貢獻良多。

🌐 原住民工藝

　　花蓮的原住民有阿美、泰雅、布農等族。阿美族又分秀姑巒阿美、南勢阿美以及海岸阿美；分布在花蓮的泰雅族為賽德克亞族，他們來自台灣西部，翻越奇萊山到達立霧溪及木瓜溪附近共數十社；布農族則分布住花蓮縣南部山區，如卓溪、太平、立山等地，也與泰雅族人共居。

　　阿美族的歌舞與各類祭典可說是其文化特色，其中二月的拜土地神活動，族人會帶著象徵自己祖先的陶壺（沙配挪海，Sibanohay）和祭品參與祭祀。

　　泰雅族群的工藝技術與生活實務、祭典儀式有極密切關係，主要的工藝有：服飾、建築、藤竹編織、紡織、葫蘆製品、結網等。

　　文化學者吳明義認為原住民文化的內涵有兩方面：物質文化與精神文化，他將原住民藝術界定為靜止藝術與律動藝術兩種，前者包括裝飾藝術（體飾、服飾及器具裝飾）以及描寫藝術（繪畫、雕刻），後者包括律動

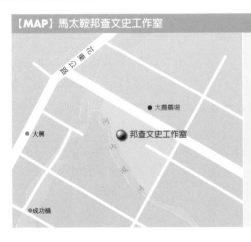

【MAP】馬太鞍邦查文史工作室

■ 馬太鞍邦查文史工作室——花蓮縣光復鄉大全村大全街42巷15號　(03)8700015
【大眾運輸】可搭火車，或在花蓮火車站前搭花蓮客運往光復、玉里、瑞穗的班車，或自台東市搭鼎東客運山線往花蓮的班車，皆於光復站下車後轉大華路即進入馬太鞍部落。
【自行開車】自花蓮或台東行駛9號省道均可抵光復，於光復火車站前見大華社區的標示後轉大華路即進入馬太鞍部落。

地圖標示：
- 跨公鐵街
- 大農農場
- 大興
- 邦查文史工作室
- 成功橋

藝術（舞蹈、音樂）與觀照藝術（即歌謠、神話、傳說）等。現就紡織、陶藝、木刻等項目加以探討。

紡織

織布是部落中婦女的工作，每一女子必須精通紡織技能，才能施黥、缺齒，以獲得象徵成年的標幟。在每年七、八月秋收後農閒時期種植苧麻，等長到約一百四十多公分就可採收，以便進行織布的工作。各族群紡織過程大同小異，但在形式、文樣及色澤上便有差異。太魯閣的夾織文樣有條文、曲折文、方格文、三角形文及菱形文，顏色以紅、黑、藍色為主。

紡織的用途在於遮羞、護身、美觀、族別間的徽記及社會地位的標記。紡紗時的方式各族相同，讓紡錘懸空，藉轉動的力量，使線纏繞其上。但姿勢卻不大相同，排灣族站立或抬一腳以便使力；阿美族則坐矮凳；泰雅族是站著或坐著。織布機是水平式背帶機，織出的衣服都是方衣系統，因為此式織機能織出的布寬皆為一尺，而長大約是腿長的數倍。

染色方面則以黃色（以柿子果實為原料，現已不多見）、咖啡色（以豬血水加 kmatsi 薯類搗碎）為主。花蓮原住民服裝鮮艷奪目，即使現在使用現代的布料和形式，他們在

泰雅族掛袋／潘小雪提供

泰雅族織品／潘小雪提供

泰雅族織品／潘小雪提供

穿著上仍然富於色彩的美感，這使他們民族形象顯得特別清新鮮明，泰雅族群的女人們擅長複雜的幾何紋飾，在鮮艷的幾何安排中，有一種寧靜而又令人愉悅的感覺。她們對於紋飾與色塊比例顯得具有天生的和諧與變化觀念。

原住民的服飾並沒有一種固定不變的花紋與樣式，日治時代，他們模倣日本人設計圖案，有時候也模倣別族的色彩圖樣，若要概括性區分，則阿美族喜好紅色和黑色，泰雅族群是紅、黑、白、藍等色系。

陶藝

根據史料，阿美族傳統製陶有四個中心，分別是：花蓮吉安鄉、太巴塱（花蓮縣光復鄉）、台東隆昌部落和花蓮貓公部落，如今只剩下貓公部落還有傳統製陶。阿美的傳統製陶，不論在方法或過程、型式上，都與漢人不同。阿美的製陶，是用於生活上的煮飯、煮菜、搬水，男人和女人在祭祀上使

用不同的陶器。

　　阿美族的陶器不用窯燒，其燒製過程完全採用自然材料，如茅草、茅稈及稻殼，利用自然物是爲了讓這片土地有再生、再利用的價值。陶器製作的時間，大約是在每年六月，農作收成後、豐年祭之前的農閒時間，這是屬於部落性的活動，過去大人會帶小孩挑土回部落，由婦女來製作，男人多不參與。

　　根據研究，阿美族傳統製陶過程中，挑土之前要先祭祀（NifeTik），並喝酒，因爲在取走自然的財產時，要先告知自然。製陶時要安靜，表示對工作的尊敬。燒陶時不能放屁，否則陶壺會爆裂。另外，太魯閣群過去狩獵回來舉行祭典時，需要樂器吹奏音樂，用竹笛、吹琴以及後來加進來的木鼓吹奏。這些都與儀式、禁忌有深遠的關係。

木雕

　　就歷史發展的痕跡來看，一般認爲阿美族或泰雅族並沒有木雕文化，也沒有特定圖騰。但是，前太巴塱國小校長李來旺認爲：阿美族雕刻起源很早，但其中有四

【MAP】太巴塱國小

■ 太巴塱國小——花蓮縣光復鄉中正路2段23號 (03)8701134
【大眾運輸】可搭火車，或在花蓮火車站前搭花蓮客運往光復、玉里、瑞穗的班車，或台東市搭鼎東客運山線往花蓮的班車，皆於光復站下車，循光豐路即可進入太巴塱部落或自光復站搭計程車前往。
【自行開車】自花蓮或台東行駛9號省道均可抵光復，於光復火車站前轉光豐路即可抵太巴塱部落。

百年的斷層，原因不得而知。從他收集的資料中顯示，太巴塱部落裡有一個祭司的房子，是一九二九年重建的，那時柱子和樑原本都已經有雕刻了，他推斷這個作品已有兩百年歷史，因為這頭目是第五代祭司。再加上他在其他作品年代的推測，認為阿美族文化中確實有木雕。

李來旺先生在擔任光復鄉太巴塱國小校長期間，提倡木雕教學，以五、六年級的學生為對象，利用假日、課餘以及團體活動時間，從事雕刻。一九九四年師生作品在當地民眾服務站展出，有六件作品為「順益原住民博物館」收藏，題材大多以女性舞蹈、勇士裝以及服飾、頭飾等圖案為主，活潑而有生氣。李來旺希望推動木雕教學來傳承阿美族的雕刻文化，他是第一位原住民知識分子在教育體制中自覺性地進行原住民文化運動者。

一九九六年，雙隆建設舉辦花蓮阿美族木雕展，計有袁志寬、陳正瑞（Asoy）、廖勝義（Sigi）、高建成（Iway）、林益千（Iki）、黃約瑟（Sifo）、鄭宋彬（Tafong）、彭賢清（Kanan）等人作品，以及太巴塱國小木雕教學作品參展。仔細欣賞這些作品，已不再是過去與生活、宗教不分的藝術，即為求愛、求食，以及帶有宗教信仰或咒術意義，少有為純美而創作的現象。相反的，參展者都帶有現代藝術的基本認識，創作上除自我表現外，還有民族文化復興運動、存在尊嚴等動機。

其中值得一提的是袁志寬先生的雕刻，他是早期第一位最有特色的木雕家。

■ 袁志寬（1921～1999）

台東馬蘭人，阿美族，一九八七年開始住花蓮著名的國際級飯店——亞士都，從事園藝工作。該飯店以原住

袁志寬木雕作品／潘小雪提供

民雕刻呈現花蓮的文化藝術特色，因此袁志寬在亞士都
十年的工作期間，除了園藝之外，木雕成了他最喜愛的
工作。他並不完全是無師自通，曾向擅長木雕和編織的
李光維（音樂家李泰祥之父）學習木雕。

　　他從未自覺自己的木雕是「作品」，直到一九八七
年中風無法再創作之後，收藏家們悉數收購他所有作
品，家人才知道父親的作品是多麼受歡迎。

袁志寬的雕刻多以族群的生活樣態為主，捕魚、工作、生活等題材都有，也有刻劃服飾的。造型自然而神秘，質感豐富，保留了強烈的鑿刀刻痕。他說當他看到原始材料──木頭時，靈感便自然湧現，樹木本身就是一件原始的藝術品，他常把枝和節或造型當作完整生命的一部分，並且將它轉換成為作品的重要元素。他的最後一件作品是耶穌的十字架，人家問他為什麼雕這個題材，他也說不出所以然來，只覺得外國人可以雕，為什麼他不行。但是別人要拿去展覽，他卻阻止說：「那是神，我敬拜神，不可拿去展覽。」他現有的木雕作品大都陳列在亞士都飯店內，得到觀光客不少欣賞與熱愛的眼光。

交趾陶

花蓮另一個較不為人所知的工藝是交趾陶，以劉銘侮的作品最有代表性。

【MAP】劉銘侮

■ 劉銘侮──花蓮縣吉安鄉南海9街202巷30號 (03)8522032
【大眾運輸】可搭火車至吉安，循海岸路南行即可抵南海9街。
【自行開車】自花蓮市循9號省道南行至吉安，轉11號省道（海岸路）即可抵南海9街。
【注意事項】欲拜訪參觀劉銘侮先生及其作品請事先電話聯絡為宜。

■ 劉銘侮（1949～）

　　原籍彰化永靖，曾師事身
懷交趾陶調配秘方的林添木
（1912～1987）先生，劉銘
侮深入研究竅門，並且達到
交趾釉最高的「寶石釉」
境界。除了將七十餘種
如：朱紅、胭脂紅、粉胭
脂、杏黃、古黃、寶藍、
海藍、古藍、墨綠、
葉綠、淺綠、
青、白、黑等
各種釉色，調
配得絢麗燦爛外，經
快速凝固之寶石釉結晶塊
在切割研磨之後，成爲
透明燦亮的寶石，更
是令人愛不釋手。

劉銘侮作品／潘小雪提供

　　劉銘侮三十多
年來承造全台各地寺廟工
程，一九七六年在台南佳里一佛寺舉辦的全台名師設計
圖比賽中得到第一名，因此被列爲十大廟師之一。他手
捏的作品小至盈寸的泥偶，大至丈高的神佛塑像，無不
栩栩如生。目前劉銘侮致力於創作民俗韻味的彩色作
品，如雜耍、平劇人物、傳說故事人物等，精巧玲瓏，
令人回味無窮。

　　一九九九年，他榮獲台灣省文化處頒發的「民俗藝
術特別貢獻獎」。

結語

　　花蓮早期石雕是由客戶提供照片、設計圖案，或以模型直接複製開始，逐漸發展出自創的產品。

　　九〇年代以來，石藝與雕刻創作呈現各自發展的趨勢。在石藝方面，光隆大理石公司積極從事國際石材展、石藝展、科技展等，並設立博物館，將產業文化化，在產品設計上有新的理念與創造，開展了花蓮石藝的另一頁；在雕刻創作方面，由於觀光景點的推展、公共藝術法案的實施，以及三屆國際石雕藝術季的刺激，許多原來從事石藝雕刻者也受到深遠的影響。早期偉人像、紀念像、宗教像、鄉村田園生活等題材，多以寫實手法為主，想像的、純粹造型性的思考較少。九〇年代以來，逐漸轉

①②光隆大理石工廠所設計之創新石椅／潘小雪提供

向現代主義，在展覽會中可以發現亨利摩爾、傑克梅遞蒂、布朗庫西的造型語言以及不太準確的抽象結構，未來雕塑藝術的發展將朝向更具原創性的純藝術。

原住民在歷史交替與工商社會的衝擊下，部落崩解，語言喪失，老一輩的人活在與周遭世界無關的另一時空裡，而年輕人也感受到自己是「黃昏民族」，歷史的傳承與文化復興運動，正考驗著族群未來存在的可能。

許多原住民學者認為無論任何類型的所謂「工藝」或「藝術」，就原住民文化而言，其源頭乃是信仰中的祭典與儀式，如果沒有保存下來，所有的工藝與歌舞將會變質或流失。花蓮豐年祭是原住民文化藝術的綜合性活動，其中包含了信仰、祭典與儀式，原住民認同了這些，族群的力量自然產生，部落才能保存各自的特色。另外，官方文化政策應摘除鄙視與同情的假面，嚴肅面對原住民的文化問題，不要將它們視為觀光或政治圖騰的工具，滿足文明人的窺視欲望，如此方能落實文化發展的理想。

【參考資料】

台灣省礦務局編印，1995，《符玉寶石礦之開發與利用》。

盧祥華編，1991，《石雕景觀專輯》，南投：台灣省手工業研究所。

林碧霞，1996，〈引言〉，《台灣原住民文化藝術傳承與發展系列座談實錄報告書》，台北：文建會。

花蓮篇

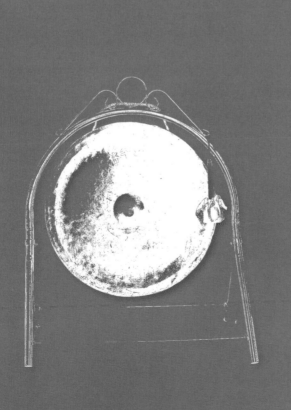

ILAN

宜蘭篇

◎陳賡堯

宜蘭縣 包括兩大部分，一是以沖積平原為主的蘭陽平原；一是中央山脈與雪山山脈綿亙的中央山地。平原地區三面環山，一面靠海，其上河流縱橫，溪潤密佈，富饒自然資源，除了是漁獵的好場所外，也是農業生活的好地方。

在距今約一千年前，噶瑪蘭族最早在蘭陽平原上定居。後來，原先居住在台北縣貢寮鄉一帶的凱達格蘭族，在距今約四百年前，有一支族叫哆囉美遠人，也遷移到蘭陽平原的沿海地區；而猴猴社則在大約三百年前，從花蓮立霧溪逐步遷移到南澳、南方澳附近。縣境內的泰雅族，原先定居在南投縣仁愛鄉發祥村，大約三百年前開始向北和向東擴散，距今兩百五十年左右，到達南澳鄉和大同鄉各村。西部平埔族則在土地大量流失到漢人手中後，為了另謀出路，於嘉慶九年（1804）移往蘭陽平原居住。至於漢人進入蘭陽平原的時間，若從嘉慶元年（1796），吳沙率漳、泉、粵三籍人士入墾噶瑪蘭算起，至今不過是兩百餘年的歷史。由於有如此多的族群曾在此區域活動過，因此今日宜蘭境內的居民，表面上看起來絕大多數是漢人，其實血緣相當複雜，為漢人和南島民族的大融合。

在台灣歷史上，宜蘭算是漢人開發較晚的地區。由於地形上的形格勢禁，造成長期對外交通不便，外來文化刺激不多，社會結構維持相當程度的穩定性，在這樣的外在條件下，以漢民族移墾文化為基調，融合平埔噶瑪蘭原住民文化，歷經兩百餘年的發展，形成了獨具地方特色的宜蘭文化。

因此，在台灣西部各地傳統民俗藝術飽受衝擊，日漸凋零之際，宜蘭雖也無法豁免，但傳統民俗戲曲及工藝，仍能保有相對的完整性，甚至還發展出唯一的台灣本土劇種——歌仔戲，進而影響台灣百年來的民間戲劇藝術發展史。由此可知，宜蘭的地方特色在「台灣工藝地圖」的建構上，是不容忽略的。

● 全面性的傳統工藝

作為移墾社會，宜蘭地區的傳統工藝，深深受到移居平原漢人的影響，由於進入宜蘭墾殖的漢人中，百分之八十以上來自漳州府，泉、粵兩籍人士只居一小部分，因此現存的宜蘭傳統民俗藝術，乃至於語言、習俗，充滿了漳州色彩，宜蘭保有的傀儡戲，就屬漳州傀儡，宜蘭人獨特的「酸酸、軟軟、黃黃」的腔調成為特色，被稱為宜蘭腔，與常民生活息息相關的工藝，也應如是觀。

以往農家必備的蓑衣，一般只有縫製五層，但在多雨的蘭陽，卻要縫上七、八層才夠，足以印證工藝在宜蘭受到地理與人文環境影響，就地取材、因地制宜，而有了特殊的表現。

宜蘭的雕刻藝術，如：石雕、木雕、廟宇刻字乃至於蔬果食雕，都不乏優秀匠師。蓑衣、草鞋等民生及生產用品的編藝、民俗彩繪、剪黏、交趾陶、刺繡，陀螺、風箏、糊紙、銅鑼、製香、藤編、竹器等，都有可觀之處。宜蘭的原住民泰雅族人，在南澳、大同兩鄉的部落，仍保有傳統織布、藤編、口簧琴等工藝。

儘管傳統工藝飽受現代化衝擊，但依附在宗教上的傳統工藝，在宜蘭仍有相當的榮景，業界翹楚不乏聞名外縣市者。崇拜神佛除了三柱清香之外，正如俗諺「人要衣妝，佛要金妝」，也有人專門為神佛打理頭冠衣飾，因此傳統手工製香及刺繡業，在宜蘭都有相當好的發展。

● 雕刻

佛像

　　宜蘭採用玻璃纖維製作的
佛像，曾經在台灣佔有一席之地。
佛像塑造業，早年以宜蘭市的老師父
翁松山為首，數十年間培育許多弟子，
弟子們出師獨立門戶後，老幹新枝相互
輝映，使得宜蘭出產的佛像遍及全島，
只要進入蘭陽平原，行經台九省道，
沿線都可看到佛像製作工廠，將成品
放置在店門口權充招牌以招徠顧客，
形成宜蘭的特色工藝。可惜的是老師
父已經去逝，近年來塑佛業也日趨
凋落，不復昔日勝景。

珊瑚法界收藏的精雕珊瑚藝
品／簡浴沂攝，陳贊堯提供

珊瑚雕刻

　　南方澳的珊瑚雕刻，開始於
日治時期在南方澳引進採珊瑚船，
已有近百年歷史。二次大戰後，隨著
珊瑚產量的逐漸提高，珊瑚加工及雕刻更
加發達，一九八一年台灣珊瑚產量，居世界
第一位，而最大的珊瑚產地，就在南方澳，
雖然原料多數外賣北部地區的工廠，仍因此
衍生了珊瑚加工業，培養出珊瑚飾品的雕刻
匠師，目前在南方澳漁港的觀光市街，仍有
珊瑚藝品店，可以看到若干精品。

　　珊瑚加工業依材料不同，大概以加工為

珊瑚被視為佛教的七寶之一，珊瑚藝品創作題材多的是佛陀菩薩／簡
浴沂攝，陳贊堯提供

圓珠及雕刻品爲主。圓珠可以再製成項鍊、戒指、耳環、別針等飾品；雕刻方面則表現在神佛人物、山水景物、民間故事、神話傳說等，取材範圍很廣，相當程度反應出台灣的民俗文化，雕刻匠師掌握材料的形貌特色，依其形態一刀一鑿盡情揮灑，藝術上有很大的表現空間，珊瑚爲佛教七寶之一，因此宗教雕刻深受歡迎。

在八〇年代盛極一時的珊瑚雕刻工藝，曾經是台灣重要的外銷工藝品，由於價格較外國便宜，尤其受到日本觀光客的熱愛，近來因禁止打撈珊瑚，材料來源枯竭而漸漸沒落，但在南方澳仍有——小型博物館「珊瑚法界」，可以觀賞到精緻的珊瑚工藝，見證珊瑚漁撈業與珊瑚工藝的歷史。

■ 陳萬松的木雕天地

以一座「清明上河圖」的立體浮雕，贏得第五屆民族工藝獎二等獎的陳萬松（1956～），在雕刻界擁有高知名度，少年時期不愛讀書的他，卻憑著巧手在雕刻之路上闖出名堂。十幾歲的陳萬松，輟學後追隨兄長謝茂松學習雕刻。大約在五〇年代，日本傳統的和風建築，大量使用雕刻的欄杆，訂單大量湧到生產檜木的羅東木工廠，陳萬松最初的雕刻技藝，就是從欄杆雕刻開始。有相當創造力的他，原本很滿足於收入不錯、訂單穩定的欄杆雕刻，但到了七〇年代，大陸低廉的人力取代了台灣，陳萬松的創作因此受挫，不得不轉向。於是充滿日本風格的和服美女、日本聖山富士山或田野風光，乃至

陳萬松作品「清明上河圖」／中華民俗藝術基金會提供

於廟宇的精美木作，成了他的主要作品，由於雕工精細，很快受到日本人喜愛，日本二村研磨工業銘木部的展覽室內，就收藏了多件陳萬松這一時期的代表性作品。

直到一九九三年，陳萬松幡然省悟，覺得自己畢生工藝能力，不應盡是生產日本風格的作品，乃以難度相當高的「清明上河圖」作爲自我挑戰的目標。他耗費了三年的功夫，才完成作品，並一舉拿下了第五屆民族工藝二等獎。

這座「清明上河圖」，從創作開始，就獲得從事園藝造景的陳嵩嵐青睞，他們倆原本素昧平生，陳嵩嵐爲了問路，偶然闖進了陳萬松的工作室，發現他的才藝及創作決心，愛才、惜才之心萌生，立即下訂預約了這座鉅作，當時並沒想到日後作品完成，能夠奪得大獎。現在「清明上河圖」安放在陳家客廳，成爲最珍貴的壁飾與收藏，由於保存良好，至今看來人物、景物活靈活現，一刀一鑿都見證著陳萬松的匠心與雕藝轉型的歷程。

陳萬松近期的創作題材，轉而關注在台灣本土上，一系列以蘭陽開發史爲主題的作品，正在陸續構思與創作中，他的成就值得期待。

陳萬松雕刻技法純熟，創作企圖心旺盛，前景可期／宜蘭縣政府文化局提供

陳萬松早年作品以日式欄杆雕刻居多，現仍有許多保存在日本／陳賡堯提供

◉ 編藝

以竹編而言，頭城以往為了每年七月搶孤習俗，發展出來的製作孤棧技藝，是宜蘭特有的工藝；孤棧高度約十三公尺，用以搭建在孤棚之上，參加搶孤的勇士，必須沿孤柱攀爬而上，並翻身上了孤棚，才能取得掛滿孤棧的各種供品。

製作孤棧要先採伐老成堅實的刺竹，烘烤直到通體變直，部分材料削取竹皮製成箍圈，配合著竹子搭架成圓錐形的孤棧，製作過程從選竹取材、剖削竹皮、束綁綑紮，全程動用相當多人力，長者提供經驗，少壯負責製作，且有不得口出穢言、不得跨越竹身等禁忌，以示虔誠，民俗搶孤的文化意涵，也在其中顯現。

搶孤習俗停辦四十三年後，於一九九一年在宜蘭縣政府鼓吹之下恢復，可惜最近又告中輟，長此下去，附著在搶孤民俗活動之上的孤棧製作技藝，將有失傳之虞。

🌑 宗教性的傳統工藝

製香

　　以手工製香來說，宜蘭的製香業多半集中在頭城，主要原因是頭城金面山盛產做香腳用的桂竹，且有人專門以桂竹剖製香腳，因而製香行業容易集中。其中蔡萬益創設的「明光堂香舖」，就是重要的一家，他早年在台北松山習藝，後來回頭城老家設廠，產品行銷宜蘭、花蓮，至今傳到第二代，不但產品佳，也培養出許多製香師傅來，嫡傳弟子林己能，就是其中佼佼者。他十三歲開始從蔡萬益學習製香，由於靈巧、勤快，很快學得好手藝，但到三十四歲才開始與弟弟合力創業，創設的「己文堂香舖」，十餘年下來生意由小到大，現在廠內僱用了七個師傅，而且還調教出二十多位師傅，有多人出師自行創業，宜蘭目前有三十餘家手工製香業，林己能算是振興有功，也說明了手工製香，是宜蘭工藝中重要的一環。

【MAP】明光堂香舖‧己文堂香舖

明光堂香舖　北宜公路　己文堂香舖　190　頂埔　頂埔社區活動中心　二城小學　191　下埔路　中崙　下埔

■ 明光堂香舖──宜蘭縣頭城鎮青雲路2段18號 (03)9772085
■ 己文堂香舖──宜蘭縣頭城鎮北宜路1段75巷36號 (03)9776499
【大眾運輸】可搭乘國光客運、大有巴士、火車於頭城站下車，或搭乘上述班車及尊龍客運於礁溪站下車，再轉搭計程車即可抵。
【自行開車】1.自頭城火車站前循青雲路南行，續行金面路至二城小學附近即可抵明光堂；2.循北宜公路行駛，近終點前即可抵己文堂。

林己能也是宜蘭傳統手工製香打開北台灣市場的重要人物，長於經營的他，認為宜蘭多數香舖仍秉持傳統手工香的製程，在品質上，不是中南部機器製香能比擬，加上乾燥機發明後，解決了宜蘭多雨的不利因素，因此不但能夠在市場保有一席之地，且有日益興盛之勢。這是宜蘭傳統工藝日漸式微的整體趨勢下，一個難得的異數。

刺繡

　　宜蘭寺廟多，北管、大神尪等陣頭多，各種神明誕辰祭拜活動，更是四時皆有，民間信仰裡新入厝、娶媳婦等，都要用到象徵吉慶的八仙彩，林林總總的民俗信仰，造就了傳統刺繡行業的前景。

元成繡莊的工作情形／元成繡莊提供

■ 金官繡莊

宜蘭市光復路擁有六十多年歷史的金官繡莊，就是最著名的一家。店主陳金官（1916～），十七歲從福州來台灣討生活，投靠在台北迪化街開設繡鋪的親戚，學得一身好手藝。日治末期，台灣捲入太平洋戰爭，陳金官隻身來宜蘭避難，結識妻子，從此在宜蘭落籍，並開設金官繡莊。

金官繡莊以手工細膩、交貨準時著稱，產品從獅旗、八仙長彩、神衣長幡、桌裙官燈、佛像神帽等，舉凡傳統民俗戲曲神佛裝飾有關衣飾，無不用得著金官繡莊的刺繡藝術，宜蘭民俗慶典常見的大神尪，

元成繡莊的刺繡作品／元成繡莊提供

【MAP】金官繡莊（附台灣戲劇館）

合作社
光復路
宜興南路
神農路　鎮南宮
金官繡莊
中山路

宜蘭觀光市場
宜蘭縣政府文化局
台灣戲劇館
復興路 一段　7-11　復興路二段

■ 金官繡莊──宜蘭市光復路57號
(03)9326455
■ 台灣戲劇館──宜蘭市復興路2段101號 (03)9322440
【大眾運輸】1.宜蘭火車站前即是光復路。2.可從宜蘭火車站前搭宜興客運往內城的班車，於普門醫院站下車後步行可抵，或由火車站前沿宜興路右轉復興路步行可抵。
【自行開車】從宜蘭火車站前循光復路即可抵金官繡莊；續行接中山路、神農路南行，右轉復興路即可抵台灣戲劇館。

元成繡莊的刺繡作品／元成繡莊提供

身長逾二公尺，神衣上盤龍踞鳳活靈活現，錦衣冠扣都
是功夫之作。

　　在陳金官帶領下，陳家六名子女及第三代都投入了
傳統刺繡的行業，承繼金官老店的陳本川，更是把刺繡
業發揚光大，鼎盛時期有數百名員工，不但全台各地訂
單不斷，連東南亞一帶華人社會也有金官繡莊的作品。

【MAP】元成繡莊

■ 元成繡莊——宜蘭縣壯圍鄉壯五路173
號 (03)9381264
【大眾運輸】自宜蘭市搭宜興客運於壯圍
鄉公所下車，往美福方向步行即可抵。
【自行開車】自宜蘭市循7號省道(東港路)
向東行即可至壯圍，左轉壯五路可抵。

元成繡莊的刺繡作品／元成繡莊提供

■ 元成繡莊

設在壯圍的元成繡莊，主持人李文河，十三歲在羅東入行，二十一歲創業，也是以好手藝在刺繡業馳名，他的作品種類與金官繡莊類似，同樣是全家人一起投入刺繡，生意遍及各縣市，是青壯一代的中堅。

李文河對刺繡業有過人的熱情，他認爲這是一門相當深奧的藝術，不是簡單的玩玩針線，其間又以立體的表現最難，如神衣上或繡旗上的浮龍或半浮龍，必須能看起來栩栩如生，龍鱗也要細緻繡出，整體神韻才能顯現出來。薪傳獎得主傀儡戲老藝人林讚成的傀儡戲服，就有部分是李文河的傑作。

一直鼓勵子女投入刺繡行業的李文河，對傳統刺繡的前景依然看好，難能可貴的是，他一直以藝術的態度來看待刺繡業，所展現的正是老一輩的精湛工藝與敬業精神。

● 銅鑼

■ 銅鑼林午（1916～1989）

　　北港媽祖出巡，少不了鎮上的金聲順鑼鼓隊隨行，而在出巡隊伍前頭，有一面直徑長達一百八十二公分的超級大鑼，每逢媽祖起駕，都可以聽到一聲接著一聲悠揚的鑼聲，這一面大鑼，就是一九八五年由教育部民族藝術薪傳獎得主林午親手打造。

　　出生在羅東的林午，投入打造銅鑼這一行，實在是偶然，幼年喪父的他，羅東公學校畢業後，在一家飲食店充當跑堂兼外送麵食，有一天夜裡送麵時，寡母游阿香看到了，提醒他眼光要放遠點，萬貫家財還不如一技在身，送麵不會有前途，不如去學點技藝。就這樣林午開始當起農機學徒，當時兄長林錦水在宜蘭學鐵工，數年後學藝有成也有積蓄，乃合力在宜蘭市開設鐵工廠。

　　從一般的鐵工廠到跨入打造銅鑼，又是另一個偶然。日治時期施行皇民化政策，在日本人禁鼓樂之下，一些劇團紛紛解散或停止演出，戲劇文物跟著流失，林午偶然間買到一、兩面大陸製的小鑼，開始自行研究，沒想到光復後，市場又有製鑼的需求，他憑著收藏的小鑼，以及鐵工師傅的經驗，開始嘗試以鐵為材料，研製鐵鑼。

　　一開始並不成功，但林午並不放棄，他一再更換材料，一鎚鎚打製，從失敗中汲取經驗，終於第一面鐵鑼完成。試敲之下，發出的聲音竟然比收藏的小鑼還好，自此建立信心，三十一歲開始自行創業，在宜蘭市最熱鬧的中山路創設了林午鐵工廠，生產鑼成為獨門技藝。

　　在銅鑼世界裡，一鎚敲下去鑼聲響起，能夠發出

林午（左二）當年打製台灣第
一大鑼的情景／林烈旗提供

林午（左一）傳授製鑼
技藝／林烈旗提供

林午銅鑼（二尺八）
／中華民俗藝術基金
會提供

「長、遠、穩、沈」聲響的才是上乘好鑼，當年林午雖然研製鐵鑼有成，市場反應也不惡，但總發現鐵鑼聲音不如銅鑼，鐵有太多的雜音，林午遂開始嘗試以銅做為材料製鑼。由於對銅的特性仍瞭解不多，林午也是歷經了相當多的挫折，才有能力讓銅鑼發出好聲音。

林午銅鑼研製成功後，由於音色絕佳，立即在戲曲界造成轟動，基隆市的北管子弟社團「聚樂社」、台北「金天社」，聞風而來高價收購了林午的產品。不過當時銅鑼的樣式，多半為直徑二尺及二尺四，再大的二尺八，雖然做得出來，但音色、音量卻始終不能等量齊觀，令林午頗為困擾。

林午能夠突破障礙，得助於維修宜蘭市「敬樂軒」及桃園子弟團的銅鑼。這兩面鑼因老舊不堪使用，送請林午修護，林午從舊鑼中發現了突破音障的訣竅，從此製銅鑼的面積愈來愈大，品質日益精進，至今全台八成以上的銅鑼，都出自林午及他的兒子之手，林午作為台灣一代銅鑼大師的地位是無可動搖的。

一九八七年林午獲頒教育部第三屆民族藝術薪傳獎，這是他四十餘年的努力成果。一九八九年四月病逝之前，已交棒給兒子林烈旗、林烈誠。兄弟兩人承繼衣缽，盡得真傳，一九九二年間，林烈旗兄弟合力完成鹿港天后宮重達四百公斤，號稱台灣第一的大鑼，數倍於林午生前所打造的最大鑼。林烈旗曾應邀與加拿大環保音樂家馬修‧連恩合作，參加「海角一樂園」音樂會演出，在國家音樂廳及宜蘭演藝廳，林烈旗帶著銅鑼亮相，雖然全場他只負責敲響一聲鑼，卻象徵著無限的榮耀與肯定，有這些表現，相信林午身後不會再有遺憾。

傳統建築

■ 大木老師傅陳合元（1905～）

　　人稱「阿添師」的陳合元，出生宜蘭，現年已經九十七歲了，在傳統建築這一行，能夠擁有教育部民族藝術薪傳獎的光彩，並非易事。幼年喪父的他，十四歲開始木工學徒生涯，開始從一般家具學起，在木工界稱為「平面」，歷經三年四個月辛苦學習總算熬出頭，舉凡桌椅、衣廚、櫃子、八腳眠床等生活器具都會了。

　　出師後，陳合元一度在台北打工，受僱在一些建築工程中處理木料，二十一歲始返回宜蘭，投入「助師」門下，開始從「平面」，轉向「大木」。隨後又跟隨「石生師」赴花蓮，參與溪仔尾城隍廟的建造，在這當中他認真學習傳統建築的各種技術，從刨削圓柱、棟樑，到學習上樑、接榫、斗拱，在既有的根基下，逐漸成為能夠獨當一面，主持整個廟宇規劃與建造的大木師傅。

　　陳合元後來執業範圍，除了宜蘭本地外，遍及基隆

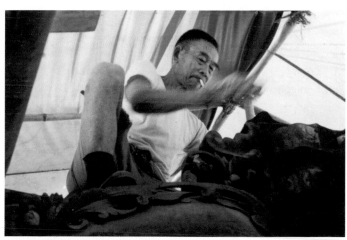

陳合元先後修復宜蘭古蹟昭應宮、宜蘭市城隍廟，展現一流匠師功力／陳進傳提供

市、台北、花蓮，許多人都是慕名而來，傳統建築包括寺廟、民宅，都曾經應聘主持鳩工建造，直到新的鋼筋混凝土建築法，逐步淘汰傳統建築，陳合元空有一身技藝，卻難以施展，生活上也備嘗艱辛。

陳合元在一九八五年，以八旬老翁之齡，主持國家三級古蹟宜蘭市媽祖廟昭應宮前殿重修，前殿因年久失修，屋頂漏水、部分樑柱腐朽，他依傳統工法，去腐更新抽換不能使用的桁梁、棟架、斗拱，完成後老師傅的功力，深深獲得各方肯定，宜蘭史權威陳進傳教授，曾經見證阿添師的細膩施工。

陳教授指出，對傳統建築而言，柱礎是整棟建築物承受重量的部位，位置不能有絲毫的誤差，否則立即影響建築的穩定與安全，有一次助手不小心搖動了柱礎，只見陳合元頓時臉色凝重，只有重新丈量、重新定位，再一步一步架構完成。陳教授說，老師傅嚴謹的態度，細膩的施工，都讓人折服。

前殿修整成功後，陳合元持續昭應宮大殿的整修，以一貫的審慎態度完成，使昭應宮的建築風格能夠統一，也讓這一宜蘭最具代表性的古蹟，可以持續風光歲月。他在昭應宮整修展現的功力，獲得高度評價，經由陳進傳教授的推荐，透過宜蘭縣政府轉報，榮獲一九八八年教育部民族藝術薪傳獎傳統工藝類。

他的另一代表作是宜蘭市城隍廟，該廟也因為老舊

傳統建築柱礎關係整棟建築物安全，陳合元校正位置，絲毫不敢馬虎／陳進傳攝，宜蘭縣政府文化局提

昭應宮部分桁樑，陳合元督工抽換／陳進傳提供

之故，委由陳合元依傳統方法維修，他以近九十的高齡，極爲辛苦的完成了城隍廟整建，成爲阿添師一身傳統建築技藝的見證。可惜的是傳統建築沒落，他空有一身功夫，也未有人追隨學習，未來傳統建築不但建造機會不多，目前這些傳統建築老舊後，誰來修復才是一大問題。

【MAP】林午鐵工廠（附昭應宮、城隍廟）

■ 昭應宮──宜蘭市中山路106號
(03)9353536
■ 城隍廟──宜蘭市城隍街12號
(03)9331613
■ 林午鐵工廠──宜蘭市中山路310號
(03)9357893

【大衆運輸】林午鐵工廠、昭應宮、城隍廟皆在宜蘭市中心區，搭尊龍客運、國光客運、大有巴士或火車至宜蘭站後，循指標步行分別可抵。

【自行開車】林午鐵工廠、昭應宮、城隍廟皆在省道（中山路）旁，沿9號省道進入宜蘭，循指標即可抵。

【注意事項】欲拜訪參觀林午鐵工廠請事先電話聯絡爲宜。

竹塑藝術

■ 沈福佃的竹塑藝術

　　肢體殘障的沈福佃（1962），其不畏險阻的奮鬥精神，以及展現出來的竹塑才藝，譜出了令人動容的故事。

　　沈福佃出生在宜蘭三星，幼年一場高燒導致肢體殘障，歷經了求學、求職的許多不愉快之後，從創作中尋找自我的生命價值，他以竹筷為素材獨創的竹塑藝術，完成了一系列的龍舟造型藝品，一九九三年為他贏得文建會第二屆民族工藝獎佳作，同年台灣省手工業研究所（即現在的國立台灣工藝研究所）主辦第一屆台灣工藝設計競賽，也獲得優選。

　　幼年的沈福佃因父母離異，隨著母親改嫁，曾在梨山與繼父度過一段開墾山林的美好時光，但到了青年期，母親再度遭到遺棄，他自己從山區到宜蘭市上學，學業上的適應困難，縱然在美術課表現傑出，仍難以在

【MAP】沈福佃

粗坑窯　九份

郵局

蘭陽灌水協會

育英新村

沈福佃

宜蘭縣冬山鄉

義成路三段

光明路

中正南路

連興路

育英路

冬山路三段

■ 沈福佃──宜蘭縣冬山鄉清溝村光明路74巷2弄2號　(03)9584477
【大眾運輸】可搭尊龍客運、國光客運、大有巴士、宜興客運班車或搭火車，皆於羅東站下車，再搭計程車前往。
【自行開車】自羅東火車站前循興東路南行轉義成路即可接光明路。
【注意事項】欲拜訪參觀沈福佃先生及其作品請事先電話聯絡為宜。

沈福佃竹塑作品「帝王龍船」／中華民俗藝術基金會提供

智育掛帥的學制下獲得肯定。

　　失去繼父生活上的奧援，沈福佃經歷多次求職上的挫敗，生活壓力逼人，想起青少年時期曾經以牙籤為創作素材，製作成山水、涼亭、風車等，再加以組合成為討人喜愛的竹器藝品，乃決定嘗試拿這手藝來賺取生活費用。但牙籤太細太短，使用上不很方便，有一天沈福佃靈機一動，發現用完即丟棄的竹筷，削成細條就很合用，經過多次試驗，逐漸發展出獨門的竹塑技藝。

　　沈福佃的竹塑，事實上是以回收的竹筷為材料，經過清洗、乾燥過程，逐一削剖成細長的竹籤，竹籤先黏合成竹片，再依照創作需要加以剪裁，最後逐步製作成龍舟及花鳥小品等深具藝術品質的工藝。這種做法，運用的技法不是單純的竹編，也不同於一般的雕塑，沈福佃自己命名為竹塑。

　　沈福佃對竹塑藝術並不藏私，他在《輕舟渡重山──沈福佃竹塑求生的故事》一書中公開做法，道出自己摸索多年的秘密，也願意開班授徒，特別是與他一樣境遇的殘障朋友。但同時，生活也在嚴苛地考驗著他，妻子與接連出生的兒女，正是他甜蜜的負擔。

傳統童玩

　　傳統童玩包括：風箏、陀螺、剪紙等，在已逝的童玩大師黃恆男的推動下，地方政府大力投入，選擇童玩為主題，發展出宜蘭國際童玩藝術節的國際級大型活動，形成傳統工藝退位，童玩藝術興起的特殊現象。

　　原本是國小老師的黃恆男，畢生收藏、發明、推廣童玩不遺餘力，不但廣泛收集各國童玩，也投入益智童玩的發明。當宜蘭縣政府決定在冬山河親水公園籌辦大型以兒童為對象的活動時，採納他的建言，以各國民俗舞蹈藝術與童玩藝術為兩大主軸，他自己也提供了收藏品，使歷年藝術節童玩展覽部分，都十分吸引人。

　　在藝術節的帶動下，宜蘭縣政府在冬山國小成立風箏館，舉辦風箏節，為童玩風箏再續生命力。縣內三星鄉憲明國小發展出特技式的陀螺玩法，使古老童玩再顯活力。黃恆男雖已因病去逝，但縣政府決定設立童玩公園，永久陳列他的收藏，保存並發展傳統童玩。由於民間與政府的合力推動，以及宜蘭國際童玩藝術節的受到喜愛，在傳統工藝褪色的此刻，童玩或許正是宜蘭未來工藝發展的一大特色。

【MAP】冬山國小風箏館

■ 冬山國小風箏館──宜蘭縣冬山鄉安平村安中路35號　(03)9593504

【大眾運輸】於羅東火車站前搭台汽客運「頭城—南方澳」的班車，或宜興客運「羅東—冬山—南方澳」的班車於冬山國中站下車；或搭火車於冬山站下車後步行可抵。

【自行開車】沿著9號省道過羅東往南抵冬山鄉，過新冬山橋約三分鐘，右轉安中路不久即可抵達冬山國小校門口。

【注意事項】非固定開放，需事先聯絡。

🌐 國立傳統藝術中心

遞嬗民間技能開台灣願景，
創新傳統藝術造文化地標。

　　座落於宜蘭縣五結鄉冬山河畔的「國立傳統藝術中心」，和冬山河親水公園隔水相望，園內佔地廣達二十四公頃，建有許多仿造傳統建築聚落、傳統生活方式的現代空間，如民藝大街、廟前戲台、傳統工藝坊、文昌祠、傳統小吃坊等；縣內重要古蹟黃舉人宅，也已在傳藝中心復建。兼具傳統與現代風格的中心，宛如一座世外桃源。

　　在民藝大街中，未來有藝陣、原住民歌舞的表演；傳統工藝坊、工藝傳習所，以開辦傳統工藝的研習營與示範、DIY教學為主；提供民眾用餐的傳統小吃坊與咖啡館，也將安排賞心悅目、精緻細膩的「水榭雅集」與「咖啡藝術講堂」，讓遊客在古色古香的庭台樓閣間邊享受美食，邊欣賞劇團的講古秀、歌舞節目與藝術講座。

　　為營造氣氛和吸引人潮，園區內的招牌、空間裝飾

【MAP】國立傳統藝術中心（附冬山河親水公園）

宜蘭市　員山　壯圍　蘭陽溪口　冬　國立傳統藝術中心　五結　親水公園　羅東　羅東運動公園　東　山　河　冬山　溪

■ 國立傳統藝術中心——宜蘭縣五結鄉濱海路301號 (03)9605230

■ 冬山河親水公園——宜蘭縣五結鄉協和路20－36號 (03)9502097

【大眾運輸】搭尊龍客運、國光客運、大有巴士或火車至羅東站下車，再轉搭客運或計程車可抵。

【自行開車】車行台9線省道至羅東，轉台7丙省道東行即可抵親水公園，續行接台2線省道（濱海公路）北上即可抵傳統藝術中心，或者直接走台2線省道至加禮遠橋南方即可直達。

【注意事項】國立傳統藝術中心目前還有工程尚未完成，預計92年全部完工後再正式開放。

亦極富文化趣味，如咖啡廳
和傳統小吃坊餐廳，便用了
許多著名水墨畫家陳永模的
作品，畫中鮮活的吃飯、休
息、仕女等題材，呼應了空
間情調，連咖啡廳服務生都
穿起肚兜，希望能調和傳統
風味空間和洋式飲料之間的
突兀。

　　園區內的停車場可容納
約六百輛小型車和五十輛遊
覽車，優質的餐飲服務與園
內設施，結合民俗藝術展
示、工藝DIY教學、傳統藝
術演出，徜徉其中，讓旅行
內涵更為豐富，實際體驗傳
統藝術的魅力。

園區內的戲臺／中華民俗藝術基金會提供

民藝大街／中華民俗藝術基金會提供

傳統小吃坊將有小吃攤及商店／中華民俗藝術基金會
提供

結語

隨著時代推移，除了若干依附在宗教信仰上的行業，尚可暫時維持一定的榮景，少數行業例如檜木浴盆的製作，在現代人重視健康的觀念下，近年來有復活跡象之外，宜蘭的傳統工藝，正日漸退出宜蘭人的生活舞台。

懸絲傀儡戲偶／中華民俗藝術基金會提供

宜蘭被視為台灣漳州懸絲傀儡重鎮，但傀儡戲演出機會日漸稀少，連帶戲偶的製作，也面臨老成凋謝，後繼無人的困境，甚至一尊戲偶必須偶頭、骨架、戲服分開採購或自製，最後以併裝方式才勉強裝成。數年前宜蘭縣政府指定頭城國中成立社團，發動學生追隨薪傳獎傀儡戲大師林讚成傳承傀儡戲，所使用的數十尊傀儡戲偶，就是依照這樣的方式製作完成，這種窘境足以說明傳統工藝的景況。

此外，近幾年宜蘭成為國內社區總體營造的旗手之一，最早投入「社造」運動，具有先驅地位的礁溪玉田社區，就是以農鄉的傳統文化，試圖以文化產業化的角度活化地方，並重新挖掘傳統產業的新價值。一九九五年開始，玉田人嘗試發展出一系列以獅子頭為造型的工藝，包括陶藝、繩編、草編等，社區內不分老少婦孺，幾乎人人都投入了這一波的傳統工藝學習，只可惜「社造」的熱潮，近來在玉田似乎有退燒的現象，連帶的這些手工藝的發展，也呈現停滯狀態，未來是否能夠再活化起來，仍有

白米社區以生產木屐著稱／林炯任提供

待觀察。

　　從傳統工藝出發的另一個嘗試，是蘇澳的白米社區。俗稱「白米甕」的白米社區，早年以生產木屐著稱，現在則是台灣重要的水泥、石粉工業產品生產地。

　　社區總體營造行動發起以來，白米居民回頭審視社區的發展史，開始發現木屐工藝是居民記憶中共鳴最大、引起回響最多的一部分，於是透過陳其南教授及多位文史工作者協助，結合社區熱心人士，完成了社區的基本文史資源調查，同時也開始籌設木屐館，並找到削木屐老師傅，傳授木屐工藝，社區的美術人才，也協助開拓彩繪木屐、生活工藝木屐，自此增添了藝術氣息。如此一來，不但瀕臨滅絕的木屐工藝，在白米社區重生，多年來飽受水泥、石粉工業污染之苦的社區居民，也重新找到了活力。現在宜蘭縣部分觀光業者，以木屐

白米社區／林炯任提供

做為旅遊紀念品，甚至在觀光活動中推出木屐ＤＩＹ及彩繪活動，為幾乎被遺忘的木屐工藝，找到了一線生機，這或許正是日漸沒落的傳統工藝，得以浴火重生的一個新模式。

【MAP】白米木屐館

■ 白米木屐館──宜蘭縣蘇澳鎮永春路174號 (03)9952653

【大眾運輸】搭乘國光客運、宜興客運或火車至蘇澳站下車後，步行或搭乘計程車可抵白米社區。

【自行開車】車行台9線省道往南，入蘇澳外環路（蘇港路）至蘇澳，第一條叉路右轉直入可抵，亦可走濱海公路或蘇花公路到蘇澳港務大樓前，面南直走，過蘇澳橋左轉前行即可抵。

澎湖篇

PENGHU

◎林明德

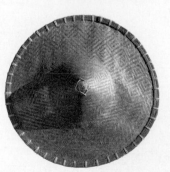

澎湖 昔稱西瀛、澎海或平湖。澎湖地形平坦，海拔約二十餘公尺。主要是堅硬的玄武岩火山地形，其次是珊瑚礁形成的裙礁地形，遍布淺近海域。胡建偉《澎湖紀略》云：「澎湖風信不惟與內地不同，亦與他海迥異。周歲獨春夏風信稍平，可以種植。然有風之日，已十居其五矣。一交秋分，直至冬底，則無日無風。其不沸海覆舟，斯亦幸矣！」強勁的季節風，使澎湖又有「風島」之稱，諺語云：「澎湖風，基隆雨。」就是最好的證明。冬季風期間，「海風捲浪，飛沫遍灑」，形成鹽霧與鹹雨，所過之處，草枯木死，為害農耕甚大，當地稱為「鹹水煙」。面對這種環境，澎湖人只能往海洋發展，以海為田，在「做山有一半，做海攏無看」的條件下，終於型塑了澎湖人堅毅刻苦的個性與特殊的民間信仰。

澎湖向來是台灣的門戶，臺海兩岸的中途站。根據文獻，隋代初年（600）即為中國人發現，南宋初年，曾經設治，時稱平湖。元順帝至正九年（1349），汪大淵《島夷誌略》，於澎湖地勢、氣候、植物、土壤、漢族移民、物產及貿易，記載周詳，可見移民拓殖的情況。明代對澎湖時置時棄，因此淪為海盜根據地。天啓二年（1622），一度被荷蘭人佔據。元朝至正年間（1341～1368），在澎湖設安撫司，駐紮重兵防守。滿清時期，初設巡檢司，雍正元年（1723），置澎湖廳於媽宮，五年，改巡檢司為通判。

光緒十一年（1885），中法之役，澎湖曾被法軍盤踞。一八九五年，日本政府改澎湖廳為澎湖島廳，一九二六年，恢復為澎湖廳直屬台灣總督府。一九四五年，台灣光復，改稱澎湖縣，分一市（馬公）五鄉（湖西、白沙、西嶼、望安、七美），設籍住民約90,000人。

澎湖的民間工藝，受自然條件的影響，發展出風格獨特的鑿花木雕、石雕、陶藝、貝殼鑲嵌、竹笠及草鞋編織、模型船……等等，尤以文石雕刻堪稱舉世聞名。

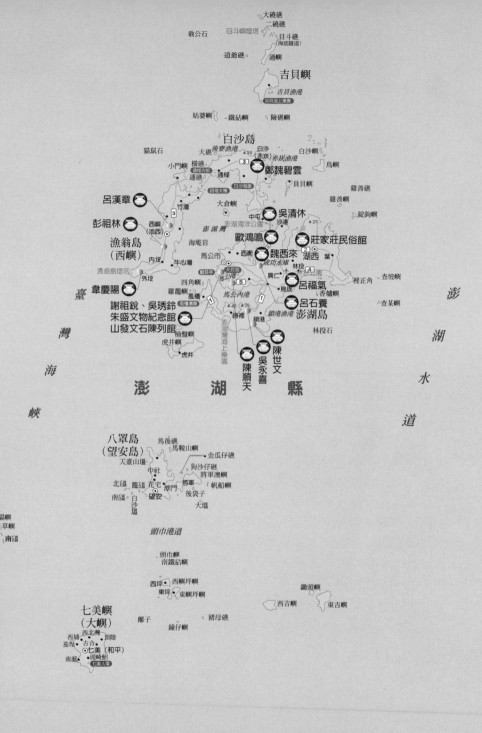

大磽礁
二磽礁
翁公石　目斗嶼燈塔　　目斗礁
　　　　　　　　　　（海底隧道）
道爺礁。　　　　　　　過嶼
　　　　　　　　　　　吉貝嶼
　　　　　　　　吉貝漁港
　　　　　　　　西嶼海上樂園

姑婆嶼　鐵砧嶼　　險礁嶼
　　　貓鼠石　　後寮漁港　白沙　白沙漁港
白沙島　　大礁　　　　（赤崁）　白沙岬
　　　小門嶼　橫礁　　A38　鄭魏碧雲　鳥嶼
　　　　跨海石橋　　通樑　　員貝嶼　吉貝嶼
　　連礁　　　　　　　（白沙海岸）　　雞善礁
　呂漢章　竹灣　　　　　　　　　　雞善嶼
彭祖林　西嶼　大倉嶼　　　　　　錠鉤嶼
　　　（池西）　　中屯　吳清休
漁翁島　　澎湖灣　　　池港　　A29
　（西嶼）　　海垵岩　　澎湖海洋公園　　莊家莊民俗館
　　　　　　　牛心灣　歐鴻鳴　湖西　菜
漁翁島燈塔　　内垵　馬公市　　魏西來　　A2
　　　　　　外垵　馬公港　　成功水庫　　林投
　　　　　　　　　　　　興仁　　呂福氣　A4　裡正角　查坡嶼
臺　韋慶陽　　四角嶼　馬公　烏崁　香爐嶼
灣　謝祖銳、吳琇鈴　雞籠嶼　　　　　　呂石養　查某嶼
海　朱盛文物紀念館　鳳櫃　　5　鎖港漁港　澎湖島
　山發文石陳列館　　　桶盤嶼　鎖港　林投石
峽　　　虎井嶼　　　　　陳世文
　　　　　虎井　　　　吳永喜
澎　　湖　　　縣　　陳順天

八罩島　馬後礁
（望安島）　馬鞍山嶼
　　天臺山塭　金瓜仔礁
　　　中社　狗沙仔礁　將軍澳嶼
北礁　籠仔　花宅　將軍　帆船嶼
南礁　白沙塭　望安　後袋子
　　　　　　　　天塭
小貓嶼
草嶼
南礁　　　　　　頭巾港道

　　　　　　頭巾嶼
　　　　　南鐵砧嶼
　　西坪　西嶼坪嶼
　　東坪　東嶼坪嶼　　鋤頭嶼
七美嶼　　　　　　　西吉嶼　東吉嶼
（大嶼）　離子　　豬母礁
　西埔　西北灣　前隙　鐘仔嶼
茄塭　古合　　
　南滬　七美（和平）
　　　頭崎尾
　　　七美人塚

澎
湖
水
道

🌐 木雕鑿花

　　澎湖地理特殊，民間信仰繁複，寺廟林立，大概有二百座之多。長久以來，逐漸累積了廟宇修建的技藝與行業，例如：石雕、木雕、大木、土水。當中木雕鑿花，代代相傳，最具特色。

　　「鑿花」，是澎湖對木雕製作雕鑿技藝的俗稱，屬於傳統建築的小木作，旨在裝飾建物。在澎湖，鑿花向來以廟宇為主，像「古色古香」的馬公天后宮，各項木雕，特別是鑿花，其技法之精緻，題材之豐富，為寺廟營造的美感，往往令人「回味無窮」。

　　創造這些「最具價值」的作品，是唐山（福建）師傅，其中，又以泉州的黃良先生最為出色。他參與修建天后宮，之後，留在澎湖繼續修建其他寺廟，並且傳授徒弟，為澎湖鑿花技藝開派。

■ 黃良（1896～1968）

　　福建泉州人。日治大正十二年（1923），他到澎湖參加天后宮重修工程，負責木雕鑿花，以雕工細緻，技藝精湛，甚獲肯定，例如「花中君子喜鴛鴦」，刀法之犀利，構圖之嚴謹，堪稱精品，而「雪中小夢見英雄」，刀法兼攝陽剛與陰柔，呈現鮮明的意象。這些毋寧例證了他的深厚功力。

　　黃先生性情隨和，徒弟拜師，往往免除繁文縟節，直接帶徒弟到廟宇工作場中親自教學，蔡欓先生（1919～2000）曾回憶說：「黃師對待徒弟很好，多用『講』的，很會『牽成』徒弟，學的人都能成器。」

　　因此，黃良一派薪傳五代。第二代有黃玉瑤、林重喜、葉福美與蔡欓等四人。蔡先生十六歲與謝自東學木

「花中君子喜鴛鴦」／王文良提供　　　　　　　「雪中小臂見英雄」／王文良提供

雕，在赤崁龍德宮的工作場中深受黃良的賞識。三十四
歲，他跟大師兄黃玉瑤赴台會黃良，隨師傅南來北往，
參與了許多寺廟工程，例如台北龍山寺、高雄文武聖殿
等。一九五六年，他返回澎湖主持一連串的寺廟鑿花工
程，留下許多精心傑作。蔡先生為人忠厚，不擅交際，
全心投入鑿花生涯數十年。他的鑿花世界，題材眾多，
作品精采，其中以文武齣人物、馬與九龍楣，最見功
力，深得行家稱道。

🌑 石雕

　　澎湖土地貧瘠，季風強勁，因此，安石止煞的風俗，應運而生，全縣石敢當林立，大概有二百一十八座之多，其造型、刻法獨特，深具民俗意象。

　　講美一帶，過去以石雕聞名，石材來自泉州，雕刻內容與日常生活關係密切，例如石磨、石臼、石槽等等。目前石材缺，雕匠老，雕藝瀕臨滅絕。令人驚訝的是，一批石雕生力軍乘勢而起，開出新的氣象，他們透過多樣石材，或精雕細琢或創意揮灑，形似、神似兼有。

■ 吳清休（1948～）

　　澎湖人，初中肄業。早年從事寺廟雕刻，是「金義成石工鋪」負責人。他現在和兒子吳瑞隆共同研究石雕藝術，兩人創作了許多石雕作品。

　　由於身居海島，吳清休父子的作品中有許多是以海中生物為主角，例如，各式各樣的魚類，還有想像中的

【MAP】吳清休

白沙島

龍頭　　　　　龍頭礁
後寮　文衡聖帝殿　　白賊嶼
　　　　　　北海遊客服務中心
　　　　　赤崁漁港　　鄉魏碧雲
澎湖　　　赤崁（白沙）
　　　　　農會
九啊崎漁港　張百萬故居
　　　　　　　　澎湖水族館
草嶼　　　鎮海　　　岐頭
　　　　　　港子坪港　後湖漁港
　　白沙海園 ● 福安宮
　　　　　　尖嶼　坪嶼
　　　　　　　　　　　　吳清休
　講美國小 ●
中南半島難民接待中心

■ 吳清休──澎湖縣白沙鄉講美村36號
(06)9931380
【大眾運輸】自馬公市搭開往外垵線的班車，於講美下車。
【自行開車】由馬公市循3號縣道北行可抵白沙鄉講美村。
【注意事項】欲拜訪參觀吳清休先生及其作品請事先電話聯絡為宜。

怪獸。吳清休有一件龍頭龜身的作品,外表看來像一件
完整的動物雕像,揭開龜殼後,卻成了泡茶的茶具;他
的作品常常結合藝術與生活。另外兩件茶具是用一塊大
石頭剖成兩半做成的,一半刻龍,一半刻達摩。吳清休
說,每件作品都是邊作邊修改,直到最後才確定形貌。
因為在創作的過程中,一旦發現原先的構想和石頭的線
條有所衝突時,應該及時修正,有時新的靈感出現,他
也會立刻將之加入作品中。

　　他喜好佛法,大件的達摩祖師,法相莊嚴,深受雕
刻界的肯定。

　　吳清休像其他工藝家一樣,希望能全心創作,但為
了生活,他還是只能把藝術創作當休閒活動,這是他感
到相當無奈的地方。

呂石養常說「想開就好」／中華民俗藝術
基金會提供

澎湖篇

■ 呂石養 (1944～)

　　澎湖人,初中肄業。是一位無師
自通的素人石雕家,有「澎湖林淵」
之稱。他曾從事水泥工,擅長水泥浮
雕、廟宇剪黏,一九九○年,年近四
十七歲開始嘗試石雕創作。住家庭院
就是他的工作室。庭院的四周及住房
的牆上擺滿了石雕作品,草叢中則藏
著一隻隻石兔子、石羊……,最奇特
的是,在庭院的正當中放了一個大蒸
籠。呂石養揭開蒸籠蓋,只見蒸籠中

呂石養作品「自得其樂」　　　　　　　　呂石養作品「隨物賦形」／以上圖片由中華民俗藝術基金會提供

陳列著一碗碗湯圓、蕃薯籤、麵龜，全是他的傑作。

　　想像力豐富又充滿童心的呂石養光著腳，穿梭在他的石雕世界中，解說著他的創作動機，看來就像他的作品一樣，天真而深具鄉土氣息。

　　他喜歡以生活中的題材來創作，這一類作品，往往帶有深刻的人生體驗。像在蒸籠中有一個剉到一半的蕃薯，呂石養說另一半已經剉成那碗蕃薯籤了，蕃薯要剉成籤才顯得量多，讓大家都吃飽。他接著又加了一句：「蕃薯是寶。」

　　他在一塊石板上刻了一幅自刻像，雙手拿著鎚子和鑿子正在工作，所穿的褲子補了一塊補丁，光著雙腳，但臉上的表情卻帶著寬容與滿足，看來就像他常說的那四個字「想開就好」。

他的作品直覺像是隨手雕成的粗製品，但仔細玩味，其中所呈現的情趣往往令人驚艷。多年前，攝影大師柯錫杰初識呂石養，目睹系列作品，情不自禁地說：「心靈在傑作中冒險。」他的兒子呂志文（大家暱稱「阿文」）也開始從事石雕創作，父子倆將共同爲澎湖的石雕藝術再創新生命。

■ 呂福氣（1929～）

　　澎湖人。早年做過粗工、水泥、木工。偶然間，看到呂石養正在雕刻石頭，兩人開聊了幾句之後，引發呂福氣創作的興趣，從此進入他的石雕生涯。

　　他雕刻包括硓砧石雕、木雕、石雕，而以雕人頭居多，他直接以手動工具加上鑽石鋸片切削線條，雕成人臉，再漆上黑、紅二色，突顯臉、眼、鼻、唇的視覺效果。

　　幾年的時間裡，呂福氣完成了許多各具特色的作品，目前他正以庭院爲背景，以石雕作品搭建一道命名爲「龍」的長牆，牆中嵌著一個個不同表情的石雕臉譜。呂福氣說，除了繼續把「龍」完成之外，每隔一陣

【MAP】呂石養（附天后宮）

朱盛文物紀念館
山發文石陳列館
觀音亭海水浴場 澎湖青年活動中心
天后宮
謝祖銳

西衛
馬公
澎湖縣文化局
馬公高中 東衛
吳飛達煮石廠 呂石養石雕工作室
澎湖國家風景區管理處
吳琇鈴
案山
石泉
前寮 陳扶氣石雕工作室
仙人掌公園
馬
公
市
陳順天

港仔尾
魏西來

■ 呂石養──澎湖縣馬公市東衛里83-1號
(06)9214678
■ 天后宮──澎湖縣馬公市正義街19號
(06)9262819
【大眾運輸】1.自馬公市搭青螺線的班車於東衛下車，循指標可抵呂石養石雕工作室。2.由馬公市循民族路往南走，過仁愛路交叉口後，再往前走約10分鐘即抵天后宮。
【自行開車】1.由馬公市沿中華路往白沙方向行駛可抵東衛；2.天后宮位於馬公市中心，循指標即可抵。

子，他還會用新的臉
譜換掉舊的，讓這個
作品不斷的呈現新氣
象。

　　除了石雕之外，
呂福氣利用許多撿回
來的廢棄物，配合自
己的創意，搭建出各
型各色的作品。呂福
氣已經七十二歲了，
但他的想像力在天人
之際馳騁，創作靈感
源源不絕，創作原料
永遠不缺，因此，他
的作品也將不斷的呈
現。

呂福氣與其作品／陳成塾提供

【MAP】呂福氣

■ 呂福氣——澎湖縣湖西鄉林投村88-12
號 (06)9921797

【大眾運輸】自馬公市搭尖山線的班車於
林投公園站下車，循指標可抵呂福氣石雕
園。

【自行開車】由馬公市沿中華路行駛，右
轉取4號縣道可抵林投村。

⚫ 文石雕刻

　　澎湖一向以文石聞名，然而，文石是什麼？文石雕刻之奧妙又如何？這些問題值得推敲。

　　文石是得天獨厚的礦產，在世界上僅有兩個主要產地，一在澎湖，一在義大利的西西里島。「惟文石之文，以堅貞之質，著斑爛之耀，五色紛綸……」，澎湖「文石書院」落成時對文石之描述，言簡意賅，並點出其特質。欲覽文石之妙，必須知道澎湖主要的產地和種類：

　　1.產於望安、將軍兩島：屬於良質文石，色澤較深，為墨綠、深褐色，硬度較高，花紋多變化，具有同心圓圖案，為高級品。

　　2.產於西嶼一帶：澎湖最早發掘的地點，即西嶼小池角。呈現金黃淡色或黃色，間有白色花紋，質地易碎，屬中級文石。

　　3.產於白沙島通樑、望安之山仔、東安等地：顏色是嫩葉綠或乳白色，花紋多變化，也具有同心圓圖案，是中級文石。

　　4.產於風櫃一帶：屬大塊文石，顏色深黃或淡黃綠色，質地粗且不易碎，琢磨後往往能呈現山水、花卉等圖樣。

　　5.玄武岩間隙或節理中的片狀文石，花紋多山水。

　　6.俗稱「白石膏」，乳白色或淡黃色，無紋或少紋，質地粗且易碎。

　　以上六種，以望安、風櫃所產最為出名，經過雕刻家的精雕細琢，一尊尊風格別具的佛像，法相莊嚴，令人為之神往。

■ 歐鴻鳴（1958～）

澎湖人，國中畢業，養鹿為業。曾雕刻珊瑚，目前則以雕刻文石為主，但雕刻珊瑚的經驗對他的石雕藝術有很大的影響。由於珊瑚質軟，再加上珊瑚藝品是以重量論價，所以一般雕刻師都儘量將作品雕成一個整體，例如，雕人物，手腳都盡可能黏著身體。這個習慣他現在已克服，讓雕刻的人物能自由開展動作。另外，雕刻珊瑚所慣用的一種特殊斜角刻法，則使得歐鴻鳴的石雕作品呈現「曹衣帶水」的韻味。

由於文石含有雜質，且多有裂縫，雕刻時必須避開這些缺陷，因此無法像一般雕刻家一樣，先想好要刻什麼，畫好圖樣再雕。他總是在拿到石頭以後，才慢慢思考要如何「因材施刻」，然後經由每一次的經驗，修正錯誤，並培養對文石的靈感。

技法上，他專長浮雕、巧雕、透雕，尤

歐鴻鳴作品／中華民俗藝術基金會提供

【MAP】歐鴻鳴

■ 歐鴻鳴──澎湖縣湖西鄉潭邊村1鄰9號 (06)9271496
【大眾運輸】自馬公市搭沙港線班車，於潭邊下車。
【自行開車】由馬公市循3號縣道北行至西寮後轉鄉道可抵潭邊村。
【注意事項】欲拜訪參觀歐鴻鳴先生及其作品請事先電話聯絡為宜。

歐鴻鳴作品「鍾馗」栩栩如生／歐鴻鳴提供

其善於巧雕技巧。他所雕刻的人物，包括神話、傳說、佛道，依勢雕刻，渾然圓熟，傳釋盎然的生機。

　　歐鴻鳴是佛教徒，因此，有許多是以佛教為題材的作品。所刻的佛像顯得很人性化，他認為「莊嚴」應該不是菩薩唯一的法相，慈悲為懷的菩薩應該是親切的，是樂於與人親近的，因此他以另一種方式來呈現佛像的樣貌。他道出：所雕人物的臉越來越像自己的面影，或許這正代表作品在不知不覺間，反映了創作者的心境。

　　歐鴻鳴是一位石雕藝術家，但他受託為人雕刻作品的酬勞，是以雕刻匠的工資計算。「自己要生存，別人也要生存，如果要求的酬勞太高，店家就賺不到利潤。」他如是說。

　　由於文石的體積有限，所以歐鴻鳴以前的作品都屬於小型的，未來希望朝向大型作品邁進。

■ 陳世文 (1960～)

　　澎湖人，國中畢業。為「角昂文石店」負責人。他開始是刻珊瑚，後來才改刻文石，現階段則以石雕為主。

　　他的作品中有許多是以自己為模特兒（model），臉部線條與神情栩栩如生，但他並未對著鏡子或照片創作，完全憑感覺雕刻。他在取得石材後，根據石頭本身的型態思考要把它雕成什麼；也就是先看石頭再思考要表達什麼，從不先有主題，再去找石頭。

　　他有一件作品「孕婦」，呈現出無比的圓滿與滿足。陳世文說，當時看到這塊石頭時，就感覺它的線條很像孕婦，又覺得懷孕的婦女好美，所以就刻了這件作品。

　　陳世文說他的作品很少取名字，因為「刻就刻了，沒想到要取名字」。除了雕刻，閒暇時，他以畫水彩畫自娛，牆上掛了許多幅水彩作品，但只有一幅是他的作品，其餘的都是兒子的傑作。目前，他也嘗試以其他材質創作。

【MAP】陳世文

■ 陳世文──澎湖縣馬公市山水里200號
(06)9273665
【大眾運輸】自馬公市搭山水線班車，於山水下車。
【自行開車】自馬公市沿1號縣道往南行駛即可扺。
【注意事項】欲拜訪參觀陳世文先生及其作品請事先電話連絡為宜。

■ 謝祖銳（1947～）

　　青海省人，人稱老謝，國小三年級時到澎湖定居，初中肄業。服完兵役後，在高雄和蔡進芳、蔡進財兄弟學貝刻、珊瑚刻、骨刻，獲得啓蒙。已有二十五年的傳統玉雕經驗，材料的應用相當廣泛，包括：珊瑚、玉石與文石。他主張藝術是個人意念、價值觀、人文素養的延伸，不應受限於傳統狹窄的創作視野，他融會中、西方的特質，發展創作意念的空間。

　　他說靈感人人都有，只是有人不會用，因爲沒有寵它，如果寵它，就知道給它吃什麼，讓它長大、讓它成熟。

　　近年來，他全心投入陶藝創作，從製陶的拉、捻、燒過程中，提高自我的心志，融會創作理念，展現自然的生活氣息。

■ 陳扶氣（1950～）

　　澎湖縣馬公市人，號「藝術拓荒者」。馬公高中畢業，觀察敏銳，興趣多方，是位執著藝術創作的人。一九七三年，進入台灣電力公司服務。一九七八年，於鎖港成立青年舞獅隊。

　　在藝術歷程上，陳扶氣由攝影入手，繼而，玩賞、雕刻雅石，接著是木雕、鐵雕、版畫，逐漸開展，締造多元的藝術天地。他的作品「石斑魚」（1997）、「螞蟻」（1998）、「心靈對話」（1999）與

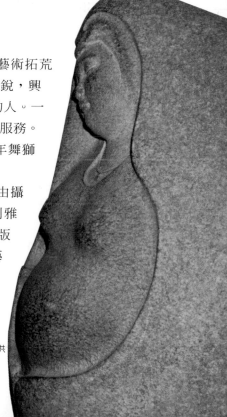

陳世文作品「孕婦」／中華民俗藝術基金會提供

「廟會」（2000），別出心裁，深受藝術評論者的肯定。

在他眾多的作品裡，賦予民俗意象且因材施刀，更是別具一格，例如：「關聖帝君」系列、「禪」系列、「達摩」系列及「澎湖姑娘」等。在在例證了他無限的想像力與創作力。

謝祖銳石雕作品／澎湖國家風景區管理處提供

【MAP】謝祖銳

■ 謝祖銳──澎湖縣馬公市中正路99號
(06)9263002

【大眾運輸】中正路位於馬公市中心，返程車都有經過。(於車上可請教司機先生)

【自行開車】中正路位於馬公市中心，循指標即可抵。

【注意事項】欲拜訪參觀謝祖銳先生及其作品請事先電話聯絡為宜。

⬤ 陶藝

　　澎湖屬於玄武岩火山地形，於陶藝，自有其先天的局限，過去大多依賴外援，近年來，出現蓬勃生機，其陶土或進口或澎湖土，技術別出心裁，作品則多采多姿。

■ 呂漢章（1925～）

　　澎湖人，台北師範師資班畢業。在漁翁島擔任教職四十五年，退休後才開始陶藝創作。他的兒子呂嘉靖也

是一位陶藝家，不同於其他父子檔的是，不是父親傳藝給兒子，而是兒子引導父親到陶藝這條路上。

　　呂漢章的作品幾乎全是茶壺，完成品都有落款。他沒受過正統陶藝訓練，原先只是為了打發退休後的餘

呂漢章醉心於陶壺天地／呂漢章提供

【MAP】呂漢章

漁翁島（西嶼）

西嶼鄉

呂漢章　望安
池西　池東
澎湖灣
赤馬　白馬灣
大菓葉　
風坑　彭祖林
韋慶陽
內垵
堀仔邊
外垵　馬頭　內垵赤嶼
外垵漁港　西嶼西台（西臺古堡）

■ 呂漢章——澎湖縣西嶼鄉池東村5鄰48號 (06)9981117
【大眾運輸】白馬公市搭外垵線的班車，於池束下車。
【自行開車】由馬公市循3號縣道北行經白沙鄉到西嶼鄉可抵池東村。
【注意事項】欲拜訪參觀呂漢章先生及其作品請事先電話聯絡為宜。

暇，沒想到卻玩出了數百件傑作。他最滿意的作品是一把燒出金釉感覺的壺，整把壺晶瑩剔透；其他極富創意的作品，例如，一把壺有三個壺嘴，呂漢章說這是小三通，還有一個壺是做成八面形，壺上的文字與圖樣全部以八卦爲主題。

呂漢章的陶壺帶有渾厚之美／呂漢章提供

他的作品完全交給住在台北的兒子呂嘉靖處理（素燒上釉），他只負責依自己的興趣，繼續「玩」下去。

多年來，這對「陶」冶親情的父子檔，爲澎湖陶藝挹入不少活力。

呂漢章陶壺作品／呂漢章提供

■ 陳順天（1952～）

澎湖人，台電專科電機工程畢業，曾任台電公司望安電廠廠長，現爲台電澎湖營業處服務股股長。他自行臨摹仿古法，作品以風獅爺最爲人所知，爲了紀念千禧龍年，他燒製一百條龍，件件意象獨特，可見其匠心獨運之一斑。

他家中佈置一個佛堂，每完成一批作品，都會先供在佛前一段時間，撤下來之後，才輪到自己欣賞。由於虔誠信佛，使得陳順天的作品也呈現出深刻的佛理。例如，他有一件燒製成人體骨骼的作品，一般人不太能接受，但他認爲人最後都會變成這樣子，常常對著這件作

陳順天作品「開口獅」／中華民俗藝術基金會提供

陳順天作品「風獅爺」／中華民俗藝術基金會提供

品冥想，可以讓自己對生命有另一番體驗。

「用宗教滋養心靈，用藝術充實生命，用科技提升品質。」這是他的座右銘。對他來說，宗教、藝術、科技早已融為一體，因此，他所創作的佛像與寺廟佛像大異其趣。

在陳順天家裡，除了大廳的陶藝品之外，後院裡還放了許多石雕作品，因為除了陶藝之外，他對石雕、木雕也很有興趣。

■ 鄭中和（1957～）

基隆人，輔仁大學大眾傳播系畢業。是澎湖女婿，深愛這塊土地，隱居馬公，沉潛陶藝，作一個與世無爭的藝術創作者。

鄭中和把他的工作室名為「夢想租界」，在這個創作天地裡，不斷展現一個個的夢想。他的作品充滿創意，不同於澎湖的傳統工藝品。例如，他在七夕情人節推出「對契墜子」，既可愛有趣又深意的禮物，也就是將一塊陶土以手工刻成一對圖案，再以刀子劃出裂開的紋路，然後入窯，情侶各執一塊，當作來日相見的信

鄭中和從民俗中提煉意象／中華民俗藝術基金會提供

物。還有風獅爺系列紀念品，在民俗的轉化上，另闢蹊徑，作了相當獨特的嘗試。

■ 吳瑇鈴（1958～）

澎湖人，澎湖專校畢業。是本土陶藝家，她對鄉土的情感濃厚，發願實驗「澎湖土」燒製陶藝品。她以家鄉的土為教學、研究與創作資源。但澎湖土有兩項缺點，一是黏性不足，可塑性差，二是含鐵量高，不易上釉。在深入研究後，她發現，經過萃取將雜質去除，就可解決澎湖土黏性不足的問題；她在釉中融入石粉、貝殼粉，使得上出來的釉色有一種「立體」的特殊效果，而且由於含鐵量高，燒出

【MAP】吳瑇鈴

朱盛文物紀念館
山發文石陳列館
觀音亭海水浴場
澎湖青年活動中心
天后宮
謝租銳
西衛
澎湖縣文化局
馬公
馬公高中
吳飛龍煮石集
案山
前寮
石泉
陳扶氣石雕工作室
魏西來
雅織文石陳列館
東衛
吳瑇鈴
仙人掌公園
馬　公　市
陳順天
港仔尾

■ 吳瑇鈴──澎湖縣馬公市六合路41巷10號 (06)9262411
【大眾運輸】自馬公總站搭乘 0 路線於澎湖技術學院站下車。
【自行開車】自馬公市沿中華路轉六合路可抵。
【注意事項】欲拜訪參觀吳瑇鈴女士及其作品請事先電話聯絡為宜。

吳琇鈴及其作品／中華民俗藝術基金會提供

來的胚體帶有亮點，呈現另一種美感，吳琇鈴稱之爲
「滿天星」。

　　「滿天星」系列是吳琇鈴最喜愛的作品，一方面是對
家鄉土的感情，另一方面是因爲近來有許多對礦物有研
究的朋友告訴她，這種含礦物質豐富的陶製品帶有大地
的磁場，常接觸對身體有助益。

　　另有作品「裂」，她說「裂」是窯神的傑作，非人
力所能控制，她就是喜歡那種隨時驚喜、隨時發現的創
作感覺。

　　在吳琇鈴的工作室中，隨處可見如天人菊之類帶有
澎湖色彩的陶藝品，正說明了她對這塊土地的無限愛
戀。

🥣 編織

彭祖林傳自父親彭闊（薪傳獎得主）的竹
編絕技／中華民俗藝術基金會提供

澎湖的編織，向來與常民文化關係密切，頭戴的竹笠，腳穿的草鞋，身躺的草蓆，手提的竹籃，無一不是草織竹編。然而，隨著社會變遷，這些工藝逐漸沒落，馴至消聲匿跡，這裡特別介紹最後的兩位藝人：

■ 彭祖林（1933～）

澎湖人，日治公學校畢業。父親彭闊是教育部薪傳獎的竹藝大師。彭祖林繼承父親竹編技藝，成爲唯一能編製澎湖傳統竹

【MAP】彭祖林

■ 彭祖林──澎湖縣西嶼鄉赤馬村91-1號
(06)9981974
【大眾運輸】自馬公市搭外垵線的班車，於赤馬下車。
【自行開車】由馬公市循3號縣道北行經白沙鄉到西嶼鄉可抵赤馬村。
【注意事項】欲拜訪參觀彭祖林先生及其作品請事先電話聯絡為宜。

笠的藝師。

　　他家裡只剩一頂竹笠。由
於澎湖不生產竹子，編製竹
笠的「竹篾」不易取得，他
已經不再編竹笠了。他說，
年輕時，編一頂竹笠大約要
十幾天，現在年紀大了，需
要更長時間。編竹笠是一項極
費工的技藝，光是編製前的剖篾工
作，就要花幾天時間，報酬又不高，
因此很難收到學生。不過，最大的問

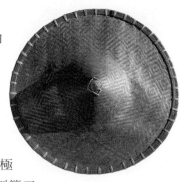

澎湖竹笠／中華民俗藝術
基金會提供

題仍是材料的缺乏。他說不但竹子本身的材質要好，節
也要少，因為節多，為了避開節的部份，就要用接的，
那就不算上品了。一頂好的竹笠不但外表美觀，而且永
不褪色，摸起來感覺光滑圓潤。

　　彭祖林年紀已大，但他說，只要能找到材料，他仍
願意繼續編竹笠。

■ 鄭魏碧雲（1936～）

鄭魏碧雲代表的是澎湖草鞋的黃昏／
中華民俗藝術基金會提供

　　澎湖人，國小肄業。是
位家庭主婦，她編製草鞋的
技術，在澎湖的傳統手藝，
可能唯一僅有。

　　她編的草鞋是供船上工
作穿的，有防滑作用。目前
她編的草鞋已經不再使用
「草」來編製，而是用捕丁
香魚的魚網包裹繩子，搓成
長條形（長度以成人展開雙
臂的長度計算，每條為兩個

編草鞋只用簡單的工具／中華民俗藝術基金會提供　　編草鞋的材料／中華民俗藝術基金會提供

半成人展開雙臂，一條可以做一雙鞋），再用一部簡單的木製工具編成鞋狀，編一雙草鞋大約需要兩個小時。由於編草鞋很費力，所以她現在已不太做了。

　　鄭魏碧雲編製草鞋的技術不是拜師學來的，她曾看見別人編草鞋，過目不忘就學會了。她的兒子、媳婦很有意願向她學習這項技藝，或許是傳承的契機。

　　在澎湖編製大小、顏色不同的草鞋，配合觀光，開發商機，是一個可以思考的方向。

【MAP】鄭魏碧雲

白沙島

龍頭　　龍頭礁
後寮　　文衡聖帝廟　白賊嶼
　　　　　　　北海遊客服務中心
　　　　　　　　　東吉嶼礁
澎湖群島　赤崁（白沙）　　鄭魏碧雲
　　　　　農會
　　　　張百萬故居
　　　　　　澎湖水族館
草嶼　　　　鎮海　岐頭
澎湖灣　　　　　港子漁港
　　　白沙海園　福安宮　　　　吳清休
　　　　　尖嶼　坪嶼
　　講美國小
中南半島難民接待中心

■ 鄭魏碧雲──澎湖縣白沙鄉赤崁村276號 (06)9931421
【大眾運輸】自馬公市搭開往外坢的班車，於赤崁下車。
【自行開車】由馬公市循3號縣道北行可抵赤崁村。
【注意事項】欲拜訪參觀鄭魏碧雲女士及其作品請事先電話聯絡為宜。

⬤ 模型船

　　澎湖先民以海爲田，長期以來，累積相當豐富的航海經驗與海洋文化，前者如漁諺，後者如造船。固然，目前造船業沒落了，卻意外地出現了玲瓏可愛的「模型船」。

■ 魏西來（1949～）

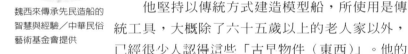

　　生於澎湖的鳥嶼，國小畢業。由於父親從事造船業，魏西來從小耳濡目染，和「造船」結下了不解之緣。跟父親學會傳統造船技術之後，他便一頭栽進了「船的世界」。後來在某一機緣下，他忽然興起將各種不同的船隻，以模型製作留存後世的心願，從此「造船」就成了魏西來人生中最大的興趣。

　　他堅持以傳統方式建造模型船，所使用是傳統工具，大概除了六十五歲以上的老人家以外，已經很少人認得這些「古早物件（東西）」。他的

魏西來傳承先民造船的智慧與經驗／中華民俗藝術基金會提供

【MAP】魏西來

朱盛文物紀念館
山發文石陳列館
承天紀念館
西衛
港仔尾
魏西來
澎湖文化局
馬公
雅輪文石陳列館
馬公高中
東衛
觀音亭海水浴場
澎湖青年活動中心
天后宮
謝租銳
吳飛達煮石器
吳琇錦
案山
石泉
前寮
陳扶氣石雕工作室
仙人掌公園
馬公市
馬公內港
陳順天

■ 魏西來──澎湖縣馬公市安宅里126-2號 (06)9213052
【大眾運輸】自馬公總站搭乘沙港線、通樑線、外垵線於安宅站下車。
【自行開車】自馬公市沿3號縣道可抵。
【注意事項】欲拜訪參觀魏西來先生及其作品請事先電話聯絡為宜。

模型船內部／中華民俗藝
術基金會提供

魏西來的模型船／中華民俗藝術基金會提供

模型船以檜木和櫸木爲材料，全船沒有任何五金材質，
完全以木料架構完成。船上的每一艙門、每一窗戶都是
活動的，可以自由開關。開始造船之前要先畫設計圖，
將原船的每一部份按比例縮小。至於哪一種船包含哪些
部份、船型、長度、寬度這些專業知識，對數十年來與
船爲友的魏西來而言，早已瞭若指掌。

　　他的模型船各式各樣，包括崁裡遠洋的「高興船」
、赤崁捕丁香魚的「圓底船」及崁裡捕小管的「舢舨船」
等。

　　模型船的保養很重要，因爲溫度和溼度都會影響到
木材，所以必須有良好的空調設備才能妥善安置這些木
製模型船。昂貴的設備及材料，再加上保存的場地和費
用，這些重擔已使他喘不過氣來，但他仍秉持藝術家的
堅持，絕不出賣自己的創作，他的每一艘模型船都是非
賣品，目前只有台北中正紀念堂典藏一艘，澎湖國家風
景區管理處典藏七艘，其餘的都由自己保存。

　　魏西來最大的心願就是成立工作室，並把其中一部
份闢爲展示館，讓大眾有機會欣賞他的模型船，深入瞭
解澎湖漁業發展史，以及先民的造船智慧與經驗。

■ 韋慶陽（1952～）

　　澎湖人，國小畢業。從事捕魚，在船上待了三十幾年。對模型船的製作發生興趣後，便全心投入造船研究，不但要瞭解各地船隻的差異，也想清楚從古到今各類船隻的變化。為了維持生計，他腦力激盪，設計了金錢龜、金錢龍、金錢鳳梨……等藝品來販賣。這些金錢系列的藝品都是以AB膠及中性司力空黏住錢幣構造完成，所用錢幣有五角、一元、五元、十元、五十元等。原先是有人從台灣買了一隻金錢龜捐給寺廟，但韋慶陽怎麼看都覺得不像龜，朋友便慫恿他做看看，沒想到完成後大受好評，於是他就開始設計金錢系列的工藝品。雖然他只把它當成維生工具，卻不失為一種別緻的民間工藝。

　　他不但造船，也研究和船有關的一切事物，例如，船身上的「龍眼」，商船、漁船、商漁兩用船型都不一樣，如果是商船，「龍眼」一定看天，因為商船要靠天候航行，所以看天，天候一變，就要立刻行動，於是產生了一句「走船不等爸」的諺語。

　　為了造船，他到處尋找耆老請教船的構造、討海的生活、行船的禁忌，並且研讀各類造船書籍，思考如何

韋慶陽的金錢系列工藝品：左為金錢龍，右為金錢龜／中華民俗藝術基金會提供

韋慶陽的夢想——模型船／中華民俗藝術基金會提供

使過程更方便快速，例如，他使用AB膠先固定船身，這樣可使後續工程方便許多。對於成品擺設方式，他也花了不少的心思，把模型船放在透明壓克力裡面展示，角度看來像在水中行駛一樣。

　　他討海三十年，閱歷豐富，模型船往往存有生活的痕跡，例如，較現代的船，船上有雷達、有衛星定位系統。如果是漁船，擺設時會把船頭放低一點，表示滿載而歸的意思。韋慶陽說，金錢系列藝品為他解決現實問題，製作各類模型船則是他的夢想。

【MAP】韋慶陽

■ 韋慶陽——澎湖縣西嶼鄉外垵村78號
(06)9983497
【大眾運輸】自馬公市搭外垵線的班車，於終點站下車。
【自行開車】由馬公市循3號縣道北行經白沙鄉到西嶼鄉，循指標可至外垵村。
【注意事項】欲拜訪參觀韋慶陽先生及其作品請事先電話聯絡為宜。

牛車製作

牛車製作是澎湖民間工藝中，目前留存唯一僅有的，雖是夕陽工藝，卻值得正視。

■ 吳永喜（1932～）

澎湖人，國小畢業。是一位以打造牛車、農具、漁具及打鐵為業的老先生。隨著時代變遷，如今澎湖已很少有人會造牛車了，吳老先生雖有造牛車的能

吳永喜以打造牛車、農具、漁具及打鐵為業／鄭中和攝，中華民俗藝術基金會提供

【MAP】吳永喜

馬公市

馬公內港

澎湖灣海上樂園

葛龍頭

吳永喜

蔡廷蘭進士第

鐵線里

後寮

五德里

威靈宮

蒔裡

蒔裡海水浴場

鎮港

山水國小

山水

海底公園

山水蛤潮

山水海灘

山水吃潮

陳世文

■ 吳永喜──澎湖縣馬公市五德里42-1號 (06)9951588
【大眾運輸】自馬公市搭山水線班車，於五德下車。
【自行開車】自馬公市沿1號縣道往南行駛即可抵。
【注意事項】欲拜訪參觀吳永喜先生及其作品請事先電話聯絡為宜。

吳永喜製造的牛車／中華民俗藝術基金會提供

力，卻因材料難尋而荒廢一手技藝。

　　他造牛車的技藝傳自其父，父親曾在台南車路墘爲人造四輪牛車。他回澎湖後，專門造兩輪牛車。他說牛車車盤要用檻木，車輪要用櫸木，澎湖不產這類木材，要依賴外來。年輕時半個月就能造一輛牛車，現在則需要一個月。一輛牛車的建構包括木工和鐵工，以往製造牛車時，常採用分工合作的方式進行，因爲他身兼木工、鐵工，所以能獨自完成。現在已沒有人找他造牛車了。多年前，文化中心曾找他造了一輛，作爲展示之用。

　　目前，他仍繼續打鐵工作，但客戶越來越少了，這大概是某些傳統工藝的共同悲哀吧！

🌑 民間工藝的推手

　　在澎湖，除了實際創作的藝人外，還有一些不能忽略的，例如「莊家莊民俗館」的莊正義，「盛興餅舖」的朱宏釱與「山發文石陳列館」的陳成塾，他們一直默默推動民間工藝，爲澎湖保住人文命脈。

■ 莊家莊民俗館——
莊正義（1936～）

　　負責人莊正義先生，澎湖人，也是位神像維修家。他在澎湖各地蒐尋古舊的神像，並進行修護工作。他的維修技術是自己摸索出來的，因爲不忍見到先人

神像醫生——莊正義／中華民俗藝術基金會提供

【MAP】莊家莊民俗館

虎頭山
青螺港
莊家莊民俗館
青螺
聚善寺
潭邊
歐鴻鳴
澎湖監獄
東石　西溪
港仔尾　天軍殿
成功水庫
港底
湖西
2
大武山
湖　西　鄉
尖山
馬公機場
呂福氣
4
龍門漁港
林投公園
烏崁
台灣光復紀念碑

■ 莊家莊民俗館——澎湖縣湖西鄉青螺村68-1號 (06)9921314
【大眾運輸】自馬公市搭開往龍門、青螺的班車於青螺下車，循指標可抵。
【自行開車】由馬公市沿2號縣道東行至湖西鄉，循指標轉鄉道可抵青螺。

苦心雕刻的神像遭人隨意丟棄，發願一生投入神像修護。

　　修護神像的第一步是殺蛀蟲，他研究出了一種殺蟲藥水的配方，把神像浸泡在藥水中，不但可以殺死蛀蟲，神像上的彩繪也不會脫落。他認為，修護神像並不是改造神像，所以盡可能讓神像維持原貌，不隨便上色或添加別的物件。

　　目前莊正義收藏的神像已有千尊以上，但他還打算繼續尋找被棄的舊神像，繼續當神像的「醫生」。

■ 朱盛文物紀念館──朱宏釚（1954～）

　　澎湖人，馬公高中畢業。家中排行第七，繼承父志，接掌「盛興餅舖」（創設於清同治三年，1864），成為第五代經營者。他從小就對集郵、攝影、古代文物、文石發生興趣，尤其鍾情澎湖文石。為落實鄉土文化的關懷，創立「朱盛文物紀念館」，一樓展示「盛興餅舖」歷代製作糕餅的器具、模型，餅模、糖塔、糕模、粿模，應有盡有，構圖巧思，刻工精細，為澎湖糕餅發展史，增添不少的光彩；二樓展示多年來細心蒐集的澎湖

【MAP】朱盛文物紀念館・山發文石陳列館

■ 朱盛文物紀念館──澎湖縣馬公市仁愛路36號 (06)9273050
■ 山發文石陳列館──澎湖縣馬公市中正路37號 (06)9263180
【大眾運輸】中正路與仁愛路皆位於馬公市中心，返程車都有經過。(於車上可請教司機先生)
【自行開車】中正路與仁愛路皆位於馬公市中心，循指標即可抵。

印製訂婚禮餅的清代糕仔頭（禮餅）模／
朱盛文物紀念館提供

「盛興」第一代朱盛公遺照／朱盛文物紀念館提供

朱盛文物紀念館收藏的清朝脂片龜模，其
特色是立體的造型，可身首分別印製後黏
和／朱盛文物紀念館提供

文石，特別是本地文石雕刻家歐鴻
鳴、陳世文、陳昱霖的創作，件件
精品見證文石的風華；三樓展示中
國歷代的陶瓷藝品。

「盛興」歷史悠久，內涵豐富，
是澎湖糕餅界的光榮，第五代朱宏
釪的關心民間工藝，爲產業文化提
供一個示範。

陳成塾小心捧著呂福氣的作品「石雞」／中華民俗藝術基
金會提供

■ 山發文石陳列館──陳成塾（1957～）

　　澎湖人，馬公高中畢業，經營山發特產行。他關懷
鄉土，鍾情文石。長久以來，他蒐集澎湖各類石材，分
門別類，成立「山發文石陳列館」，為澎湖地質結構入
門，提供許多方便處。

　　他推動澎湖手工藝品，不遺餘力，對藝師的鼓勵更
見細心，只要對方作品完成，他總是想盡辦法留住，希
望為澎湖人文略盡棉薄，因此，他典藏了許多文石雕刻
家的精品，例如：歐鴻鳴的「負重觀音」、陳世文的
「蟾蜍」及陳昱霖的「蠶荷」。近年來，陳成塾蒐集的澎
湖民間工藝，逐漸擴充範疇，包括：石頭、文石、陶
瓷、編織……等。他以具體的作為詮釋了澎湖意識。

結語

澎湖群島，海岸地質多變化，海洋生物資源豐富，加上古蹟民宅遍布，可謂得天獨厚。經核定為國家級風景特定區，並由交通部觀光局設立管理處，俾便發展為休閒渡假的樂園。然而，澎湖除了自然景觀外，恐怕需要多元的人文來配合，才能相得益彰，引人入勝。

澎湖人文深厚，住民意識獨特，有些人在險惡的工藝環境下，仍然孜孜矻矻，堅持原則，投入創作，這些工藝家散布城鄉，默默的閃爍光芒。只要來一趟文化之旅，當可體會「心靈在傑作中冒險」的樂趣，見證澎湖民間工藝的魅力。

最後，我們願意指出的是，澎湖民間工藝儘管多元、多采又多姿，但其中以雕刻與陶藝最具潛力，多年來已經蔚為風氣，成為菊島的新希望，倘若加以規劃、經營，當可締造產業文化，豐富人文內涵。

澎湖篇

【參考資料】

胡建偉，《澎湖紀略》，大通書局。

中華民俗藝術基金會編，1992，《澎湖民俗文化資源暨觀光活動調查計畫報告書》。

王文良，1997.6，〈澎湖的木雕師黃良師傅及其傳承上〉，《西瀛風物》第二期，頁69～83。

王文良，1997.12，〈澎湖的木雕師黃良師傅及其傳承中〉，《西瀛風物》第三期，頁82~95，。

王文良，1998.12，〈澎湖的木雕師黃良師傅及其傳承下〉，《西瀛風物》第五期，頁18～37。

陳培源、張珣生合著，1995.12，《澎湖群島之地質與地史》，澎湖縣立文化中心。

觀光局澎湖風景特定區管理籌備處編，1994，《文石之美》。

KINMEN

金門篇

◎許維民

金門 是大陸邊緣的一座小島，地理位置在福建東南的廈門港外，北邊隔著圍頭灣、金門港，與大陸的廈門市、晉江、南安、同安、海澄等縣相望，東南隔著台灣海峽，約與台中、彰化的緯度相當。

金門島的地形有如一個啞鈴，中間狹窄、兩端寬大，中間腹部最狹窄處，才只三公里，本島加上小金門（又稱烈嶼），以及周邊十二個小島，總面積約一七九平方公里，在蒼茫大海中，可說是蕞爾小島。

金門島上開始有人居住，要追溯到晉朝，當時五胡亂華，中原紛擾，士族避居島上；到了唐朝，牧馬監陳淵，奉命到島上牧馬，此時金門才躋入中國的經濟社會。宋朝神宗熙寧、元豐年間（1068～1085），金門在中國版圖上才有了蹤跡；元朝，金門開始生產食鹽，供銷內地。明太祖洪武年間，金門以瀕臨海疆，戰略地位日益重要，朝廷於是在此置重兵，守禦盜寇，並築城取名為「金門城」。此後，金門正式成為中國國防體系下的一環，與「兵燹」結下不解之緣。中國海盜、日本倭寇（明嘉靖年間）一再騷擾這塊土地；鄭氏家族也立足此地北伐東征，清康熙更派兵遣將，對金門島「堅壁清野」，一連串的戰火洗禮，把金門鍛鍊成了「戰地」。

清末民初，金門是南洋華僑的輸出站，因此有僑鄉之稱；民國肇建，旅居新加坡的金門僑民向政府陳情設縣，於是金門在一九一五年獨立為縣；日治時代，日本人曾在島上建築飛機場，種植鴉片；一九四九年古寧頭戰役後，金門又變成國共對峙的一個戰地前哨，熱戰與冷戰，漫延了半個世紀之久。

古早的金門是一個傳統的農漁牧社會，居民或避亂世、或為拓墾、或因征戍，浮舟渡海到此落地生根。為了紀念祖居地，有沿用故里地名，有直接以族姓為名，有依所選擇的聚落地形來命名。聚落的集結，大致以血緣為主，形成集村的形態，有單姓的血緣聚落，也有多姓的地緣聚落。宋元明清至今，世居金門的百姓大致來自閩南漳泉一帶。

金門是一農漁經濟結構的社會，經濟產業以第一級產業為主，國軍駐守金門後，才有第二級產業的出現，諸如酒廠、陶磁廠、花崗石廠、發電廠等，這些產業的加入，豐富了金門的經濟活動。

小農經濟結構的社會，居民所需的日常生活器物，主要是購自大陸漳、泉一帶，尤其廈門與金門更是息息相關，只有少數的生活器物是由本土匠師製作，技藝有的來自家傳，有的則是拜師，基本上脫離不了閩南一帶的風格。

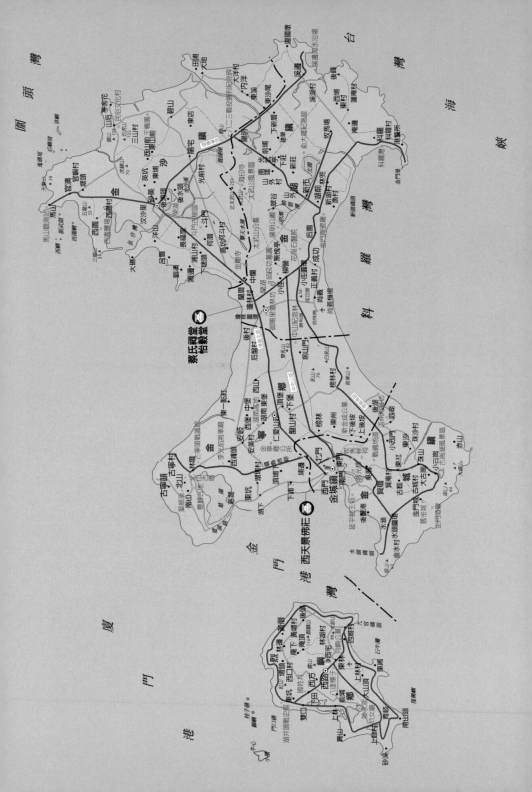

粧佛宗

　　佛像雕刻在金門島上是家傳的工夫行業，目前金城鎮的「西天景佛莊」就是一個擁有三、四百年歷史的老字號。

　　「西天景佛莊」現今的當家是黃水忠，他的父親「粧佛宗」九十餘歲，因目力衰退已退休，在刻佛七十多年歲月中，憑著一雙巧手，雕刻粉飾出來的神像，不下萬尊，個個造型美妙充滿氣韻精神，在島上有「粧佛宗」之稱。

　　「粧佛宗」的工夫來自家傳，先祖黃朝昌在明朝萬歷受聘金門沙美三忠王宮雕刻大道公，隨後定居本島，當時所開設的佛店名為「小西天」，到第九代祖黃允儒改字號為「宛如西天佛莊」，後來才改名為「西天景佛莊」。

　　「粧佛宗」的先人世代在泉州南門城外雕刻佛像，泉州派的佛像雕刻是父傳子或傳侄，功夫全賴口授心傳，對於神像喜怒哀樂的面相，全在對人世的觀察，其造型

【MAP】西天景佛莊

■ 西天景佛莊──金門縣金城鎮民族路111號 (082)325555
【大眾運輸】可從沙美搭5號公車，或從山外搭1、2、3路公車往金城，於金城站下車後，循指標步行可抵。
【自行開車】西天景佛莊近金城鎮形象商圈和模範街，循指標即可抵。

黃水忠聚精會神雕飾佛像／許維民提供　　　　　　　　　　關帝爺神像／許維民提供

神態、雕刻技巧，在長期耳濡目染的過程中，記在腦海中。

　　泉州派雕刻佛像的工夫，一般是傳子不傳女，但「粧佛宗」的八世祖何氏嫁到黃家後，因有好眼力，日久竟也有一手刻佛的好工夫，是當時島上唯一能雕刻佛像的女性，她的巧思，把灶君公藏在水袖內的手刻成向左上拱的造型（一般講究四平八穩，雙手平拱胸前），是獨特代表作。

　　「粧佛宗」的九世祖黃允儒刻佛技藝更是馳名南洋，清咸豐年間，曾受聘至馬來西亞、檳榔嶼刻佛，傳頌一時。

　　擁有顯赫名聲的黃氏刻佛，現今掌門黃水忠，慢工

掏耳羅漢神像／許維民提供

出細活仍是他承接家業的不二信念，一尊佛像要經過選
材（以樟木為主）、陰乾、開斧、粗雕、開面、過細
（細刻）、打底（塗刷黃土）、黏香補平、過光（塗二度
底漆）、糊棉底、曬乾、下漆、漆線、安金、修五官、
彩繪、畫水粉花等二十個步驟才完成。

　　黃水忠說佛像的「好」「壞」，在於造型及手工，造
型方面有所謂的「蹲三坐五站七」，即蹲姿神像頭部與
身體的比例是一比二，坐姿神像則是一比四，立姿則為
一比六。而武像要有武威、兇彪，令人望而生畏；文像

周倉神像／許維
民提供

要有慈悲、敦厚之相。至於手工之精細粗拙，在於佛像
骨架及臉部的刻繪，因此「開面」的得失就關係到神像
成敗；此外佛像衣飾的漆線，可分龍鳳兩種圖案，環多
環少，恰當與平整，也是判斷工夫好壞的依據。

　　神像雕刻在金門是一項古老的行業，也是一項黃昏
的行業，黃家十二代的薪火相傳，把一塊原始的木材，
精雕細琢，揣摩神像的形貌與線條，釋放出神祇的精神
與靈魂，是金門不可多得的文化資產。

⚫ 風獅爺

根據《金門縣誌》的記載，金門地表環境遭受大規模的破壞，是在明末清初，當時鄭成功為了軍需，以及造舟東渡台灣（1661），大量砍伐島上的林木；清康熙二年（1663），清兵在島上厲行堅壁清野，掃蕩鄭家軍立足之地的後援資源。這些措施，使地表水土流失、生態改變。清康熙二年頒行遷界令，勒令閩粵沿海居民往內地遷徙三十里，金門島上亦然，直到康熙二十二年（1683），居民才重返故土，在斷瓦殘礫中重建家園，此後居民為求安居，抵抗風害，在聚落外圍，或是在風口處，豎立風獅爺，祈求鎮風止煞。

風獅爺又名石獅爺，它融合獅子的勇猛、人的精神、神的靈性於一身。在庶民信仰中風獅爺是風神的化身，因為風獅諧音「風師」。「風師」，是中國民間對風神的稱呼，又稱風伯，具有飄石折樹的本領；民俗信仰又認為另有一個掌風的神，稱為「飛廉」。「飛廉」是一種「長毛有翼、身似鹿、頭似爵、有角、尾似蛇、大如豹」的神禽，這種造型怪異，卻又法力無邊的神禽，在先民信仰中也是一個風神。

風帶給人類生活便利，也帶來禍害，因此崇拜「風師」、「飛廉」，祈求風不再那般張狂，是先民內心虔誠的信仰。

金門的「風獅爺」，擁有獅子的威武，具有風伯、飛廉的神力，在金門百姓的心目中，它能夠驅邪攘災、安定四方，因此視之為村落守護神，尊之為爺。

風獅爺大都座落在村莊外圍，面向東北方或北方，如人的身軀、張開的大口，收納一年長達九個月的東北季風；民間習俗認為，風獅爺的血盆大口，能夠吞噬妖

瓊林村的風獅爺／許維民提供

成功村的風獅爺／許維民提供

西園村的風獅爺／許維民提供

下新厝村的風獅爺／許維民提供

風獅爺護衛著金門大地／許維民提供

大風飛起風獅爺的謝袍／許維民提供

魔鬼怪，因此成為村落的守護神。

風獅爺的雕刻，大致是應用圓雕的手法。其造型姿態，有直立、蹲坐和趴伏三種，而以直立型的風獅爺最具有特色。風獅爺的臉部雕琢，一般都刻有銅鈴般的大眼睛、塌陷的鼻樑、寬闊的鼻頭，以及露出犬齒的大口。表情似怒似笑，給人威嚴兇猛又滑稽可愛的感覺，有的在額頭上也會刻一「王」字，增加神威。

風獅爺一般的造型是手持令箭、帥印，或是身上披掛繡球彩帶，有趣的是許多風獅爺，直立張望，有如人身，顏面和藹、威嚴，像是一位敦厚的長者，有的風獅

爺在胯間會雕出生殖器官，或是以葫蘆形狀作為象徵，在在都要表現人的屬性。

風獅爺的頭頂，多半刻有蜷曲的鬃毛，從後腦、背脊到尾椎，一路垂下，在尾椎處再逆勢捲起三、四朵鬃毛收尾，形成一條美麗的鬃辮，這是風獅爺背部裝飾的重點。

風獅爺的材料，分石雕與泥塑兩種。石雕的風獅爺，造型上常有絕妙的表現，比如頭部並不全然是正向，有的向左、有的向右，呈現半面側轉的表情，五官雖然齊備，但大小不一，甚至手腳四肢亦肥瘦不同、長短不齊，這完全是將就石材的緣故；而泥塑的風獅爺，由於材料可隨心所欲的運用，比較講究左右對稱的協調性。

整體而言，整尊風獅爺有如一座柱體的半浮雕，線條凹凸有致，粗獷又細膩，歷經歲月風霜，但線條紋路蒼勁，其技藝可說已達到石雕藝術領域。

風獅爺在聚落中的位置，有在村內的，有在村郊外圍的。在村內者幾乎都是基於風水信仰所設置的，絕大多數風獅爺是在村落出入的路口，針對北風來襲的方向，孤傲直立、吞風鎮風，昂然把關。

在金門一百六十三個自然村中，五十二個村落有風獅爺，多者四尊，少者一尊，總計有六十餘尊風獅爺。當然這不是原始的數目，因為在漫漫時日當中，風獅爺必然遭受許多劫數，譬如風沙的掩埋，或是人為的破壞。

金門家具

　　從前，金門民間所使用的坐臥寢具等，不乏從鄰近的閩粵商埠購買進口，純粹金門本土木匠所製造的家具，大抵是一般較笨重者，諸如眠床、櫥櫃、神案桌椅之類，這些家具的材料一般都是「福杉」，福杉由於木理通直、質地輕軟，又有耐腐朽、耐蟲蝕、變形較小的優點，因此金門木匠普遍取之作爲家具用材。

　　金門的民間家具造型簡單大方，卯榫精密，結實粗獷的外表，色彩素淨，蘊含了金門居民的審美觀念，也反映了當時的生活條件。時至今日，現代化的家具以價廉物美的姿態進入居民生活，一些傳統家具、木匠已失去競爭力，只好改行，或釘板模、或修理寺廟的大木結構，而殘存的本土味的家具，不是燒毀，就是蟲蛀，所剩無幾。

■ 張大牧（1919～2002）

　　祖籍福建省惠安縣，幼年家境艱苦，九歲喪父，母王緊向人租借田地種植，兼撿拾沙螺、蛤及剝蚵等，撫養大牧兄妹四人。

　　十六歲時，他師事張德成，三年四個月出師，學得木工的基礎工夫，後來張德成師傅返回福建惠安，大牧司的手藝已能做□眠床、櫥櫃、條凳、板凳等一般家具，並且已熟練應用雕透、浮雕、線雕功夫，雕鑿出栩栩生動的龍鳳花草人物等花樣。

　　六〇年代，島上一般家庭迎娶媳婦都會訂做眠床、鏡台、大櫥三件一套的新房家具，時價爲台幣二千五百元左右，大牧師傅所製作的檜木眠床散布島上各村落，如湖下、古寧頭、后浦、榜林等地。

工作中的張大牧司／許維民提供

　　一九四七年，大牧司曾師事「許狗司」學大木，修建金門官裡和后垵村數間二落厝，後來「許狗司」回去大陸，大牧司的工夫也達到師傅級，十幾年後，大牧司修厝已能獨撐場面，和後浦東門庭師（名匠王益順之後人）合作了七、八年。此後金門島上許多祠堂、大厝、寺廟，大牧司都參與其事，重要者，如：瓊林蔡氏祠堂怡穀堂、山后中堡的民俗文化村等，不管大木架及各種花板的雕鑿，佛龕神案的製作，粗工細工，大牧司都能包辦。他作工精細，而且大木小木均通，堪稱全才木匠。

　　滿頭銀絲，眼力敏銳，氣力飽滿的大牧司，島上論木匠的輩份，大牧司堪稱師公輩了；李戽斗、李換生、蔡水正兄弟都曾在他門下學過工夫。

● 傳統建築

古厝之美

　　金門傳統式古厝，屬閩南傳統建築的一支，一片花崗石牆，赭紅屋瓦，佇立在青山綠野間，予人清新柔媚之感。在鋼筋水泥建築林立的時代，古厝有如一股清流，在建築景觀上憑添幾許古典的詩意，讓人體會到金門在剛強中仍蘊含許多柔和婉約之美。

　　金門厝外觀上像是一個堅硬的「石匣子」，它大量使用磚石材料，在匠師巧手妙思的安排下，緊密結合，

棋盤布局的古厝／許維民提供

古厝建築精緻典雅／許維民提供

水涯邊的古厝／許維民提供

牢不可破,予人一股穩固、厚重的感受。這除了說明此地居民營建房子就地取材的原則外,也可看出金門居民在先天環境下的一種應變方式,因為只有「石匣子」才能抵禦海風經年累月的蝕化,與東北季風肆無忌憚的侵襲。

金門厝大都自成一完整的格局,「一落兩櫸」、「一落四櫸」、「二落大厝」是最普遍的建築單元。傳統古厝在空間上講究節奏與秩序,謹守中軸線對稱,左尊右卑,前低後高的倫序原則;而在裝飾上,匠師們應用眾多的吉祥圖案及辟邪圖騰裝飾在屋坡脊堵、鏡面牆堵、地基牆腳等顯眼位置,使得房子不僅是遮風避雨的居住空間,也是一種充滿美感的「手工藝品」。

金門是一海疆小島,在追求現代文明的潮流當中,這些經歷天災、烽火、人禍的紅瓦古厝還能保存下來,的確是一項奇蹟。

寺廟壁畫

先民自閩南一帶遷移金門,也把原鄉供奉的神明、信仰方式帶到島上,長期以來,金門的民間信仰可說是「儒釋道」三教合流的局面。

在金門有村必有廟,居民建廟十分注重風水,而村民也都以村廟的信徒自居,神明的生日以及村廟的奠安,都視為大事,無不爭先恐後的參與活動。

金門地方不大,但寺廟甚多,許多村落是一村數廟,邇來人們經濟富裕,為了報答神明的庇佑,因此重建或改建廟宇的規制形式,此起彼落,新建廟宇,金碧輝煌,炫麗奪目,傳統地方特色的廟宇,則日漸難尋,這是一種無奈,也是一種辛酸,因此本土繪師的寺廟彩繪,彌足珍貴。

金門的寺廟彩繪,有直接在廟壁上以筆沾墨,應用

①剪粘的花卉圖②交趾陶的竹鹿圖③石雕的蟾虎吞腳④磚砌的工字形圖案／以上圖片由許維民提供

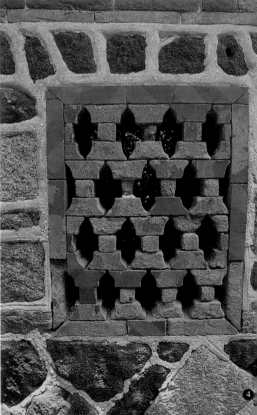

勾勒、疊暈的繪法，先勾勒出輪廓線，再填墨，由淺而深，逐次變化明暗度，形成前後遠近的立體空間感，通常在一長寬約四十公分的牆面，畫一幅圖，並在留白處題字說明故事情節。

新建廟宇，主事者為求光彩艷麗，廟宇壁畫也都換成彩磁，即採用現成的白磁磚，以色料畫成圖案後，再經電爐烘焙，以求耐久。

■ 林天助（1910～2000）

烈嶼西宅村人，祖籍是福建南安，其高祖移居烈嶼，以種植棉花，兼養蚵曬鹽為業，父林遣，改業貿易，擁有一艘二桅的帆船，名為「大春號」，專門來往金門、廈門、石碼，載運魚貨、洋貨、南北貨、日常雜貨等生意。

天助司在日治時代，曾任烈嶼保長，後從政轉商，因有繪畫天賦，二十幾歲時，在「兄弟群」的鼓吹下，

泥塑的武場人物／許維民提供

彩繪楊家將／許維民提供

畫了上林村的將軍宮，這是他首度作寺廟繪畫，然真正
以廟宇繪畫為業，大約在不惑之年，五十歲後他陸續參
加大小金門許多寺廟的壁繪工作，作品無數。一九八二
年，他曾受聘遠赴汶萊國，為當地一座騰雲殿，日夜連
畫了八個多月，畫藝揚威海外，一時傳為美談。

　　天助司並沒受過正統的學校美術教育，他的繪畫完
全是自學，堪稱是素人畫家，民間通俗的藝術工作者。
他的手藝來自觀摩大陸廈門、同安等地的廟宇壁畫，以
及查閱一些附有插畫的繡像通俗小說，或是觀賞通俗戲
曲，從中獲取人物造型的靈感，因為沒有師承，作畫全
憑己意去揣摩想像，天馬行空，即使相同故事情節，在
不同廟宇則表現出不同的圖像。

　　他的壁繪，工筆細膩，人物的比例動作及表情均甚

林天助的門神彩繪／許維民提供

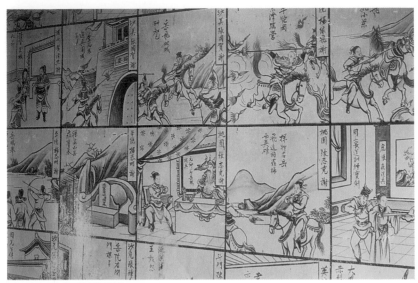

林天助的墨繪圖／許維民提供

傳神、生動，每一幅作品都讓人駐足流連。

　　天助司的藝術造詣，除了繪畫，亦擅長雕塑，今烈嶼西方村路邊的「北方王」，高達九尺，即是天助司重塑的，此尊鎮風的黑面將軍，手持九節神鞭，凶惡魁梧，是今日金門鎮風避邪將軍塑像最高大者。

　　天助司已於二○○○年過世，在烈嶼的寺廟以及官澳龍鳳宮，還可以見到他的作品。

林天助繪師／許維民提供

糊紙

　　「一紙二木三土」，金門民間習俗在宗教的儀式活動中，有將神佛偶像或祭品焚化享神的行為，「紙類」排第一，取其「現拜現燒、祭者即刻得享」的便捷功能。

　　金門的糊紙業最早傳自福建泉州、馬巷兩地，而現存的糊紙店幾乎都是家族世代相傳的行業。紙糊藝品大致可分成歲時喜慶類、廟宇祭神類、弔祭先人類等。歲時喜慶類以元宵花燈為主，舊時金門有「上元節」搭燈棚的習俗，在金城老街還是「不見天」的時代，每逢元宵，整條街會以三色布從街頭拉到街尾「結燈棚」，棚下的店家斥資延聘糊紙司糊製各種禽鳥、靈獸、器物、宮燈等貫穿在屋簷下，互爭光輝，《金門縣誌》云：「上元……謂之元宵節，小兒剪竹楮為燈，人物花鳥酷肖，夕燒燈籌，視其紅黑，以卜一年晴雨，沿街張燈結彩棚，三日夜始罷。」從前上元節，婦女能上街賞燈，並在花燈照耀下，到城裡觀音亭進香求蓮花燈，以期早

「做功德」的大厝／許維民提供

生貴子。如此盛況，只存在昏黃的縣誌扉頁了。

　　糊紙品以廟宇祭神類最爲迷人，舉凡廟宇奠安作醮，必糊製天公亭（又稱凌霄寶殿）、山神、土地公、四至神將等，彩色亮麗的亭台樓閣，炫麗奪目的華服盔甲，以及栩栩生動的龜蛇麒麟等靈獸，都是以靈巧雙手剪裁各色亮紙晶片糊製成形，這是教人讚嘆的「工夫吃」。此外，中元普渡的大士爺、七夕的七娘媽亭，不是奪人心魄，就是小巧玲瓏，繁複樸拙，都吸引了善男信女的注意。

　　糊紙司較常見的作品，是「做功德」所用的靈厝、紙轎、金童玉女、魂身等，如今糊紙司也隨時代進步，糊製了轎車、冰箱、電視、洋樓、別墅等，這些貢獻先人的祭品，讓子孫表達了孝心，也拓展了糊紙的世界。

　　糊紙這門手工藝，在金門幾乎是獨佔市場的行業，在傳統的村鎮社會結構，糊紙司憑著一雙巧手，加上好眼識，略知天文地理、民俗風情，因此能剪裁糊貼出寬裕的生活空間。

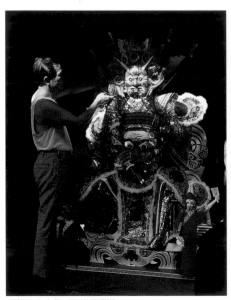

紙糊的大士爺／許維民提供

紙糊的神像威風凜凜／許維民提供

◯ 菜雕

　　在崇神拜鬼的祭祀活動中、除了要向神明奉獻金帛紙外，也必然要供上一些祭品，而祭桌上的菜雕供品，有「八大八小」、「五湖四海」、「大滿漢」、「小滿漢」等，其間的區別在於數量的多寡以及象徵含意的不同。所謂菜雕祭品，即是以豬的內臟

以雞體雕飾／許維民提供

及雞、鴨的肉體當做雕塑的主要素材，再配上蔬果、乾貨等，雕刻成各種動物形狀的祭品，這些祭品炫耀奪目，已然走入藝術的層次，叫人讚賞不已。

　　在金門菜雕高手甚多，手藝精湛，各有巧妙，例如湖下楊誠長先生做菜雕二十餘年，目前仍繼續從事此項技藝。

人物菜雕／許維民提供

結語

　　金門人文資源豐富，民間工藝琳琅滿目，古厝的營造智慧，雕刻、陶藝的獨特造型，往往引人入勝。

　　往昔金門以戰地、高粱、古厝聞名中外，近年來，隨著鄉土意識的浮現，金門人的守護神——風獅爺，一時成為焦點。

　　在機器生產逐漸取代手工的今日，這些頗富地域色彩的傳統民間工藝也將日趨沒落，令人掩不住失落與感傷之情。

　　這裡介紹數件金門本土的杉木家具，以窺其風采：

　　圖一：此款碗櫥完全不經打磨處理，也不上漆，分隔上下兩層，上層有關闔的雙門扇，下層做成柵欄式的單扇門，如此可置放菜餚，防貓鼠的偷吃。

　　圖二：此款碗櫥來自金門城北門老街內，四支櫥腳呈八字狀站立地面，給人一種樸拙厚重，散發著力道之美，撼動人心；此碗櫥的桌面是以四片木板併排起來的，經過長年累月的使用，桌面凹凸不平，呈現出歷盡滄桑的感覺。

　　圖三：此款碗櫥來自金城北門里，是一座精緻華美的碗櫥，它的寬深高是101×49×193公分，大體上可以分成上中下三部份，上層原有四片直檔式門扇，可以開闔，中層是左右對襯的兩個抽屜，下層是柵欄式的空矩；它的作工精緻細膩，上層門扇的直檔條，每條間距才○・五公厘，堪稱細工，而下層的柵欄木條有彎弧形，有直形，有酷似壽字形的圖案，極富變化，櫥身正面不加任何五金，匠師刻意把門閂做在櫥的裡面，外表看不出來，開闔必須伸指內探，真是一種巧妙設計。

圖一：西圍村的小碗櫥／許維民提供

圖二：金門城的八字形碗櫥／許維民提供

圖三：北門里的精緻碗櫥／許維民提供

馬祖篇

MATSU

◎林錦鴻

馬祖 位於東海，與大陸一衣帶水隔海相望。列島地當台灣海峽運要衝，並扼閩江口，上通上海、寧波，下達廈門，為海防要地。主要由十九個島嶼組成，包括馬祖列島（南、北竿塘），白犬列島（東犬、西犬）及東引等。相對於台灣島的地理位置，位於西北方。

馬祖地名相傳與「媽祖」信仰有關。地勢險要的馬祖，在明代曾有抗倭名將戚繼光派總兵沈有容，利用天然險要，以奇兵生擒倭寇數十人，馬祖之名因此傳遍閩浙沿海一帶。民眾的信仰中心天后宮，建於明朝嘉靖年間（1522～1566），廟內有明朝殘留碑石，記載著媽祖事蹟。

馬祖各島的面積不大，多靠海，漁業與文化的發展息息相關，只有在距海較遠的山腳下，才呈現農村形的工藝，例如南竿島的中隴、仁愛村（鐵板），北竿島的坂里村。南竿的青檀澳到達海邊需要經過一段很長的石板階梯，也有類似現象。

各島山巒起伏，平地較少。濱海之地除澳口少許沙灘之外，亦多崖壁，暗礁密佈，村落聚集澳口，依山而築。全縣共有二十二村，村民歷來以海為田。澳口是漁民出入之天然良港，道路環山而建，高空鳥瞰，蜿蜒迤邐，令人感念先民胼手胝足的拓荒精神。

最早馬祖的漁民並沒有長住於此的打算，所以往往用草類來做一些生活用品，例如以編草做茅草屋，編製草鞋、草繩……。原本等漁季結束後，就要返回福建的長樂、連江等地，後來因為政局動盪，開始有大批的人，遷居於各島。一般而言，住民的生活較為困苦，物資運輸也不方便，所以在當地做成的工藝品，往往偏向實用性，但帶著簡約的美感，所使用的民俗工藝品，則與大陸的連江縣、長樂市等沿海地區較為接近。馬祖的工藝風格，或許可以稱之為閩東文化與海洋文化，加上戰地文化三種並存融合而成的吧！

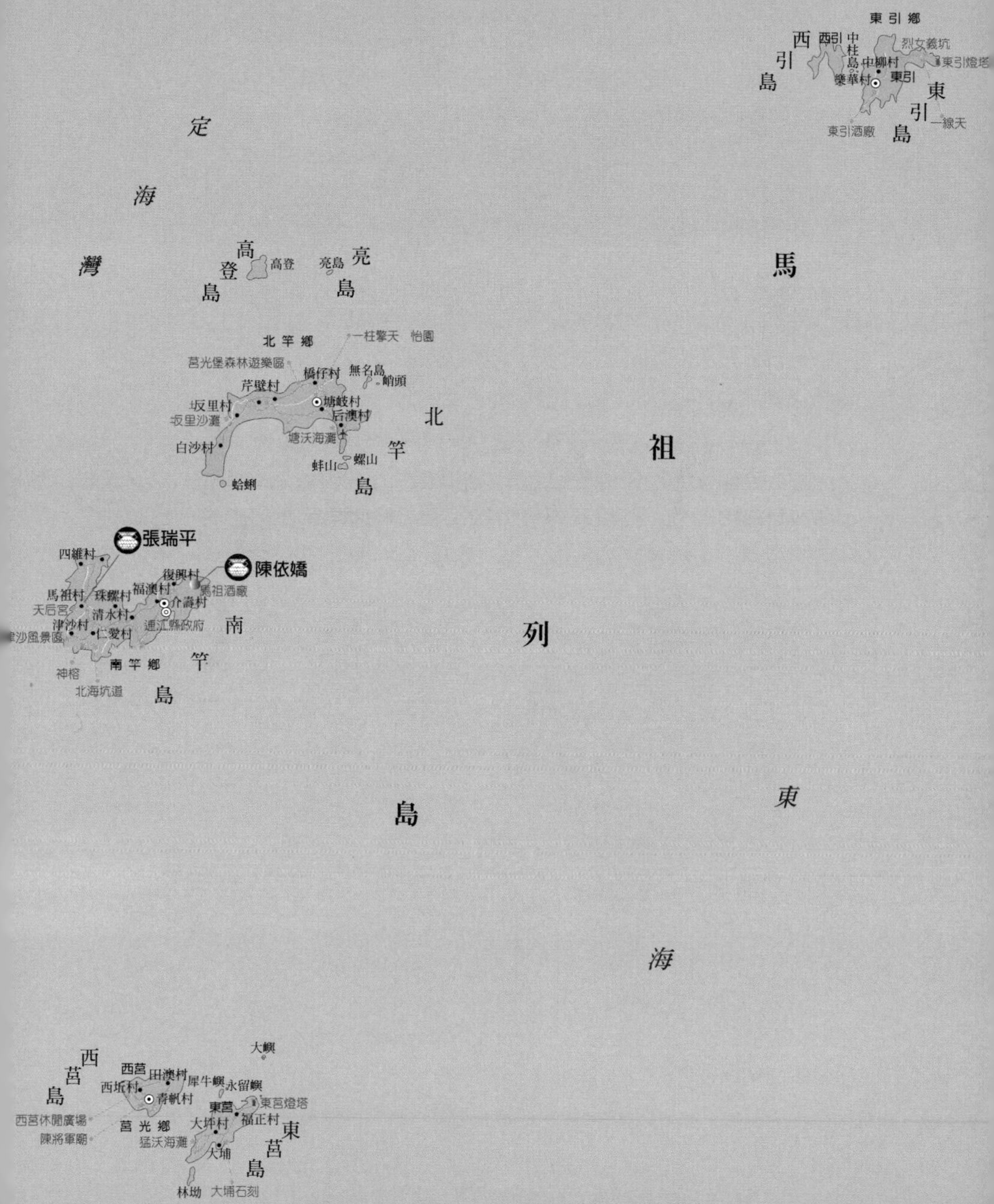

定

海

灣

馬

祖

列

島

東

海

東引鄉
東引島
西引島
西引
中柱島
中柜村
樂華村
東引
列女義坑
東引燈塔
東引酒廠
一線天

北竿鄉
高登島
高登
亮島
亮島
北竿島
莒光堡森林遊樂園
橋仔村
一柱擎天
怡園
芹壁村
無名島
坂里村
坂里沙灘
塘岐村
蛸頭
后澳村
白沙村
塘沃海灘
蛤蜊
螺山
蚌山

🏯 張瑞平

🏯 陳依嬌

南竿鄉
四維村
復興村
馬祖村
珠螺村
福澳村
馬祖酒廠
天后宮
清水村
介壽村
津沙村
仁愛村
連江縣政府
沙風景區
神榕
北海坑道

莒光鄉
西莒島
西莒休閒廣場
陳將軍廟
西坵村
田澳村
犀牛嶼
大嶼
青帆村
東莒
永留嶼
大坪村
東莒燈塔
福正村
猛沃海灘
東莒島
林坳
大埔石刻
大埔

廟宇彩繪

　　北竿的廟宇在神明出巡的行列中，最精彩的陣頭就數拱乩，所謂「拱乩」是指四人成直線抬神轎遊行的活動。「乩」（神轎）上常有裝飾的文字與圖案，例如芹壁天后宮的「乩」，中央面板有鳳形圖案，四周妝點以花卉。

　　白馬尊王是馬祖主要的信仰神祇，一般都認為是對閩王王閩知的崇拜。馬祖話也就是福州話，從語言文化上來看，天后是閩南人帶來的信仰，就圖騰的語彙來看，古代的閩越族，崇拜的是蛇與青蛙。就馬祖的歷史而言，沒有原始的閩越族圖騰留下，但我們看到芹壁天后宮的後方小廟，鐵甲將軍廟，裡面的神像就是一隻青蛙。在蛇的方面，馬祖南竿的珠螺村玄天上帝廟，傳說上記載此神為紅色的蛇，地名上也留有東莒的蛇山島，可以看出蛇這個符號的重要性，當然蛇的圖騰用蛟龍來代替也是很可能的一種方式。

　　廟內的壁畫方面，則多為軍中人才所繪。我們看到四維村（西尾）的王母廟內，左右整面牆上，各畫著四大天王與八仙渡海圖，可說全馬祖最精緻優雅的壁畫作品，由於沒有煙塵的破壞，現今保存良好。另外，清水的傳統閩東式廟宇白馬尊王廟，裡面左右偏廂的插畫，可謂簡易形式的代表，作品較古拙。

　　馬祖也有在地人士從事廟宇的彩繪工作，馬祖高中翁玉峰老師，台灣師範大學美術研究所結業，他所設計的「威靈顯赫」白馬尊王識別圖樣，位於山隴商業區的牆面上，圖中有三條龍，與山隴（介壽村）諧音，白馬昂首，造形可愛。另外在廟裡的神桌圖案，古樸而不失變化，可惜「威靈顯赫」圖樣現在已經漆除了。

四維村的廟宇彩繪：八仙過海圖／林錦鴻提供

四維村的廟宇彩繪：四大天王像／林錦鴻提供

⬤ 辟邪牌彩繪

馬祖較潮溼，早年環境惡劣，冬季北風較大，島民藉助八卦獸牌、石虎牌、擋風照牆、石敢當等辟邪物來驅除奇祟，防止沖煞，抵禦惡風，其中以辟邪牌系統最容易見到。

辟邪牌以手繪居多，以木製而成，多呈長方形，底色以採用天藍色最多，其次土黃，朱色最少，目前朱色為主色的只有在東莒島福正村發現一例，為哪吒虎牌。辟邪牌系統可以分為三大類：(1)八卦虎牌：虎頭圖案，牌內八卦多畫於虎頭上方，而山隴新街上的例子則為虎頭位於上方；(2)圓鏡麒麟：麒麟圖位於牌的上端，小圓鏡鑲在牌子的下端；(3)哪吒虎牌：三太子像在上，配合彩繪虎圖，極富特色，鐵板（仁愛村）也有一面。

八卦虎牌／林錦鴻提供

八卦虎牌的底稿／林錦鴻提供

民間書法與版畫

　　傳統的閩東式房屋裡，除了木結構外，也留下一些裝飾的石灰白牆。在南竿的津沙村，與北竿的坂里村，都發現用水墨作畫與題詩，或在門板上寫對聯的現象，但仍需要更進一步的蒐整。我們舉較為精美的書法工藝為範例，鐵板天后宮的神龕，每一個廂位都有護板保

護，有幅對聯，上聯「威靈偏鎮僑居地」，下聯「恩澤覃敷作客人」，至於較古老的民間書法，尚未有發現。

　　版畫以張瑞平（1948～）最為傑出。他自修出身，現居牛角（復興村）。戰地政務時期，民間與台灣往來不便，因此年節或節慶所需的印刷品，多為張先生所印製，如門神、灶神，他也從事辟邪牌的設計。門神的線條比其他作品流暢，應該歸功於長年從事紙雕藝術的成果。

張瑞平所設計的門神底稿／林錦鴻提供

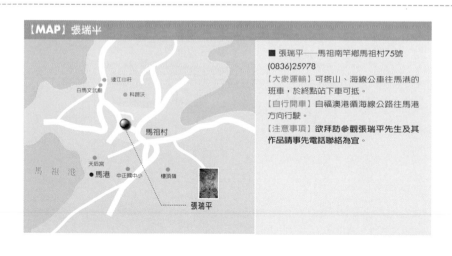

【MAP】張瑞平

連江山莊
白馬文武廟
科蹄沃
馬祖村
天后宮
馬祖港
馬港　中正國中小　樓頂頭
張瑞平

■ 張瑞平——馬祖南竿鄉馬祖村75號
(0836)25978
【大眾運輸】可搭山、海線公車往馬港的班車，於終點站下車可抵。
【自行開車】自福澳港循海線公路往馬港方向行駛。
【注意事項】欲拜訪參觀張瑞平先生及其作品請事先電話聯絡為宜。

香爐彩塑

后澳村的香爐形彩塑／林錦鴻提供

在石頭房子正門的牆邊，有些人家會用水泥做成各式各樣吉祥圖形的彩塑，上方留有插孔，應是祭拜天地後插香所需。就採集的結果發現各島都有，例如山隴有蓮花形，是目前發現最大的。最多的地方，要算北竿的后澳村，形狀有芭蕉扇、葫蘆、香爐、蝙蝠等。而僑仔村也不少，有葫蘆、蓮花、蝙蝠等形。至於最簡易的缽則隨處可見。

民宅滴水塑形

　　馬祖的滴水在造形上出現龍頭的塑形。在北竿芹壁村一戶民宅上有素色龍頭造形的滴水，氣勢頗為雄偉，陳姓家族在清末民初的商業實力可想而知。另外，在塘歧村（北竿）的蕭王府廟外牆上的龍頭，左右各一個，也是很特殊的。當然魚形的滴水較多，例如山隴白馬尊王廟前的兩戶人家門上都有鯉魚形的滴水，而南竿梅石村則有鯊魚形的滴水，據老一輩說，福清人在多鯊魚的季節，到馬祖來捕鯊，而連江、長樂人較溫和，會避開他們。東引的中柳村、樂華村，東莒的福正村也有發現。我們可從滴水裡得知先民的捕魚情況，並藉此與歷史接軌，真是有趣。

梅石村的鯊魚形滴水（右上方）／林錦鴻提供

◎ 紙藝

　　馬祖的紙藝受到閩繡的影響，以花鳥的圖案爲主。

　　仁愛村，陳英梅女士的作品，多爲剪花，原創性很高，例如「喜字」、「童男」，另外，陳女士保留的「插香袋花」也十分完整，有素面與彩色加有亮片的「插香袋花」多用於屋內，通常在灶神位的旁邊。而南竿中隴的林春蓮女士，她的作品，多以刀雕空，刀法流暢，極爲細緻，鏤空的變化也很精彩，如風燈上用的「花樣」。

①②陳英梅女士的紙藝作品／林錦鴻提供

台灣工藝地圖

4
4
6

◉ 木工藝

　　餐桌多呈方形，四周的椅子以長板凳爲主，材料大都是福杉木，通常不上漆，保留福杉木的香味。書桌則以長方形爲主，也不多雕飾。通常家具都不用釘子榫接，最多只用竹釘。在所有的家具裡，碗櫃與床是木工變化最多的地方，碗櫃會採用明式家具格窗式的簡繁變化，而床則面板上多有大塊的浮雕效果，圖案較爲簡樸。至於其他的木工藝用品，如一般用途的水桶、風箱、灶蓋、餅模……，與閩南風格接近。

餐桌／林錦鴻提供

木工藝：書桌椅／林錦鴻提供

木工藝：床／林錦鴻提供

木工藝：碗櫃／林錦鴻提供

一般用途的木工藝用品／林錦鴻提供

🌑 陶藝

　　馬祖地區的陶藝品，主要來自福州地區，與一九四
九年後的台灣北部。當然，陶瓷重鎮鶯歌可能是近年陶
瓷輸入最多的地方，例如我們見到一九五〇年後的醬油
陶罐，有著造型像木塞的蓋子，非常純樸美觀。馬祖本
地沒有專門從事窯燒的陶瓷業者或藝術家，而早年使用
的大大小小的老酒罈，也都是從大陸來的。

老酒罈／林錦鴻提供

醬油陶罐／林錦鴻提供

● 服飾

　　服飾方面，材料都從外地來。福州來的素布，先以薯榔染成赭色，其他則用原色布料加工，以黑白紅灰藍等色為主色調。婦女服飾，如年輕女子則大多是上白下紅的簡約打扮，一般婦女則以深色或灰色為主。婦女結婚時必備紅裙，裙上的繡工較精美些，而圍兜則是方便工作的配件，內有暗袋，可以放零錢。肚兜是隱密的服裝，由馬祖歷史文物館的藏品來看，以朱紅色系為主。童帽是馬祖早年流行的，款

肚兜／林錦鴻提供

式變化頗多，有的很可愛，有的像官帽，可見馬祖地區父母對孩童的寶貝。

小孩用的圍兜，無暗袋／林錦鴻提供

年輕女子的服飾（約清朝至民初）／林錦鴻提供

漁網

　　馬祖在一九七六年以前，漁業一直都很興盛。漁船
捕魚最重要的是漁網，從前幾乎所有的捕魚人都懂做網
的技術，但到了漁業興旺晚期時，此項工藝技術卻有成
爲專門技藝的趨勢。

「ㄕㄨㄟ ㄉㄚ」／林錦鴻提供

【MAP】陳依嬌

馬祖海峽

牛角嶺　　牛角●　　陳依嬌

馬祖酒廠

介壽國中小

連江縣政府

馬祖高中

呂光水道

八八坑道

山隴

大牛山

介壽運動場

復興村

■ 陳依嬌──馬祖南竿鄉復興村26號
(0836)25654
【大眾運輸】可搭山、海線公車於馬祖酒
廠下車即可抵復興村。
【自行開車】自福澳港循海線公路往山隴
方向行駛即可抵。
【注意事項】欲拜訪參觀陳依嬌女士及其
作品請事先電話聯絡爲宜。

陳依嬌女士（1926～）十三、四歲時起，就跟父親學習此藝。她說：「通常一艘普通漁船都會做十幾二十張網，這是指捕蝦皮專用的，一次出海不一定帶幾張；白天會前往別人家中補這些網，好的網就容易補，破得很厲害的，可能好

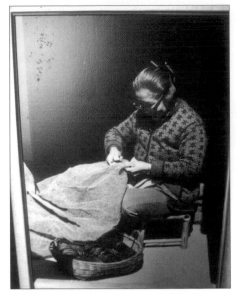

陳依嬌所補的即較小孔的「緄尾」／林錦鴻提供

幾天才補得好一張。補蝦皮的網稱『緄仔』，較小孔的稱『緄尾』，較大孔的稱『ㄗㄨㄟ ㄉㄚ』，整張網由上而下是由較大的孔接到中等寬度的孔網，再接到小孔的。採取的結編法為菱形固定結法，由左至右，再由上而下，逐層編成。」

其他生活工藝

馬祖靠海，編器漁具也多，有墨魚籠、竹筧、拾簍……，其中以竹筧較特殊，它的功能是用來曬蝦米的，呈草蓆狀。而幼兒睡的嬰兒床，也有用竹子編成的。

馬祖另一項特殊的生活工藝為「草包」，農人利用山區所產的桔梗蘭來編織，錐形體，內包米，蒸炊過後攜帶用餐，深具環保概念。

結語

　　馬祖為移民以血汗締造的樂土，經過早期百餘年的墾拓、軍管時期約四十年的基礎建設，與近十年的解嚴開發，興衰更迭，但馬祖人仍秉持對土地的深厚感情，不斷投入鄉土，成效已有顯著改善。

　　工藝最能顯現先民的智慧，在現代科技必須配合深厚人文基礎的時代裡，傳統仍是一件非常有趣且有力的切入點。馬祖工藝的式微有幾點因素，第一是對傳統的不認識，第二是對本土文化信心不足，第三是產業的改變，第四是技藝沒有加以融合創新。我們認為解決之道大概有幾個途徑：一、深入研究傳統藝師的智慧，收集、整理並加以分析；二、配合社區總體營造，將工藝與休閒產業結合；三、鼓勵青年投入工藝的研究創新。如此，對馬祖工藝水準的提昇，將有所助益。

苗栗篇

姓名	地址	電話	地圖
瓦祿工作坊	苗栗縣南庄鄉東河村4鄰111號	(037) 823797	P102
蓬萊工作坊	苗栗縣南庄鄉蓬萊村19鄰117號	(037) 821226	P102
中正國小藺草編織社	苗栗縣苑裡鎮中正里111號	(037) 861244	P104
張憲平	苗栗縣竹南鎮建仁街15號3樓	(037) 472223	P105
陳協和金紙行	苗栗縣竹南鎮番社4鄰28號	(037) 460812	P110
張益銘	苗栗縣竹南鎮中港里迎薰路87號	(037) 467449	P110
竹南蛇窯	苗栗縣竹南鎮公館里7鄰大埔頂7號	(037) 623057	P114
木雕博物館	苗栗縣三義鄉廣聲新城88號	(037) 876009	P116
神雕村	苗栗縣三義鄉廣聲新城（木雕博物館附近）		P116
木雕街	苗栗縣三義鄉勝興村水美街		P116
華陶窯	苗栗縣苑裡鎮南勢里2鄰31號	(037) 743611	P121

大台中篇

姓名	地址	電話	地圖
陳金成	台中縣外埔鄉大東村甲后路641號	(04) 26834184	P133
柯莊屘	台中縣大甲鎮如意路18-5號	(04) 26812111	P139
台中漆藝博物館	台中市建國街12號	(04) 22813106	P140
台灣傳統版印特藏室	台中市雙十路1段10-5號2樓	(04) 22217358	P143
文英館	台中市雙十路1段10-5號	(04) 22217358	P143
台中市民俗公園	台中市旅順路2段73號	(04) 22451310	P144

南投篇

姓名	地址	電話	地圖
集集添興窯	南投縣集集鎮田寮里楓林巷10號	(049) 2781130	P152
布農族傳統手工藝織布坊	南投縣信義鄉雙龍村71號	(049) 2741698	P152
水里蛇窯	南投縣水里鄉頂崁村頂崁巷41號	(049) 2770967	P155
龍南天然漆文物館	南投縣埔里鎮北平街211-1號	(049) 2982076	P158
牛耳石雕公園	南投縣埔里鎮中山路4段1-1號	(049) 2912248	P158
林淵美術館	南投縣埔里鎮中山路4段1-1號	(049) 2912248	P158
國立台灣工藝研究所	南投縣草屯鎮中正路573號	(049) 2334141	P160
竹藝博物館	南投巿建國路135號	(049) 2231191	P165

彰化篇

姓名	地址	電話	地圖
李秉圭	彰化縣鹿港鎮埔頭街51號	(04) 7772448	P179
施鎮洋	彰化縣鹿港鎮頂厝里舊港巷23-11號	(04) 7778788	P179
吳清波	彰化縣鹿港鎮民族路108巷21號	(04) 7775779	P179
施至輝	彰化縣鹿港鎮復興路655號	(04) 7774181	P179
陳萬能錫舖	彰化縣鹿港鎮龍山街81號	(04) 7777847	P183
瑞興錫舖	彰化縣鹿港鎮景福里景福巷25號	(04) 7778112	P183
天后宮媽祖文物館	彰化縣鹿港鎮中山路430號	(04) 7783364	P184
鹿港民俗文物館	彰化縣鹿港鎮中山路152號	(04) 7772019	P184
鹿港龍山寺	彰化縣鹿港鎮金門街81號	(04) 7772472	P184
徐柄垣	彰化市長興街101號	(04) 7228975	P187
簡長順	彰化市三民路237巷59號	(04) 7232073	P187

作者簡介

◎林明德
1946年生，高雄縣人。政治大學中文研究所博士。
曾任輔仁大學中文系教授，現任國立彰化師範大學國文學系教授、中華民俗藝術基金會執行長。著有《晏幾道及其詞》、《金源文學家小傳》、《跨出詩的邊疆》、《台澎金馬地區匾聯調查研究》、《澳門的匾聯文化》、《文學典範的反思》、《台灣民俗小吃》、《大溪豆腐》、《桃園第三級古蹟調查研究》、《彰化縣飲食文化》等。

◎江韶瑩
1943年生，台中人。中國文化大學藝術研究所碩士。
曾任大專院校講師、副教授，長期從事台灣文化藝術研究，及地方歷史民俗藝術博物館之研究規劃，現任國立台北藝術大學傳統藝術研究所所長、傳統藝術研究中心主任。撰有《蘭嶼雅美族原始藝術研究》、《台灣竹藝博物誌》、《台北歷史民俗博物館研究規劃報告》及手冊等十五冊。

◎林保堯
1947年生，新竹縣人。日本筑波大學學位論文博士。
曾負責教育部重要民族藝師傳習計劃、國立傳統藝術中心籌備處民間藝術傳習計劃，現任國立台北藝術大學主任秘書。撰有《公共藝術的文化觀》、《傳統藝術與地方文化》等著作。

◎陳 板
1960年生，新竹縣人。本名陳邦畛，東海大學建築系畢業。
曾擔任劇場舞台空間、第三屆台灣區客家民俗文化大展靜態設計師，及公共電視「客家風情話」、「客家風土志」社區營造設計計劃等主持人。現任第三工作室負責人、台北市客家文化基金會常務董事、行政院客家委員、中華民國社區營造學會理事等。撰有《六家庄風土》、《水與竹塹》等著作。

◎戴麗芬
1952年生，新竹縣人。逢甲大學會計系畢業。
曾從事行政管理、服裝設計、金屬工藝、傳統鐵器調查研究、石雕工藝創作，現任職於三民藝術工作室。

◎王 灝
1946年生，南投埔里人。中國文化大學中文系畢業。
曾任南投縣社區大學教師、南投縣美術學會理事。撰有《鄉親篇》、《一葉心情》、《大埔城記事》、《婚嫁的故事》、《成長的喜悅》、《市井圖》、《台灣早期童玩與野趣》等著作

◎李奕興
1958年生，彰化鹿港人。現就讀國立台灣師範大學美術研究所。
曾任台中明道高中美工科教師、中國時報美術編輯、記者，並從事地方文史工作、歷史建築修復，現任財團法人鄉土藝術文教基金會董事長。著有《彰化節孝祠彩繪藝術》、《台灣傳統彩繪》、《鹿港天后宮彩繪》、《鹿港元昌行木雕彩繪》、《古來的天地》等作。

◎陳益源
1963年生，彰化人。中國文化大學文學博士。
曾任中國古典文學研究會副秘書長，並從事「嘉義縣文化藝術長期發展計劃」等調查研究計劃工作，現任國立中正大學中文系教授、嘉義縣文藝諮詢委員。著有《台灣民間文學採錄》、《民俗文化與民間文學》、《雲林縣民間文學集》等著作。

◎葉佳雄
1935年生，台南縣人。國立高雄師範大學教育系畢業。
曾擔任督學，曾任台南縣文化局局長，現任台南縣民俗文物研究學會理事長。

◎劉文三
1939年生，台南縣人。國立師範大學美術研究所畢業。
曾從事民俗藝術研究與田野調查工作，及油畫、水彩畫創作，曾任國立台南師範學院美勞教育系教授。撰有《台灣早期民藝》、《台灣宗教藝術》、《台灣神像藝術》、《廖繼春研究》、《顏水龍傳》等著作。

◎王長華
1959年生，基隆市人。國立台灣大學人類學研究所畢業。
曾從事原住民社會文化變遷的研究，現任國立自然科學工藝博物館展示組主任。著有《高雄縣文獻叢刊——魯凱族篇》

◎許功明
1956年生，台北市人。法國巴黎第七大學東亞研究所博士。
曾任國立自然科學博物館科學教育組研究員，現任國立成功大學藝術研究所教授。撰有《魯凱族的文化與藝術》、《排灣族古樓村的祭儀與文化》、《博物館與原住民》、《阿美族的物質文化：變遷與持續之研究》等著作。

◎潘小雪
1953年生，花蓮人。國立師範大學美術系碩士、輔大哲學博士。
曾擔任輔大應用美術系講師，現任國立花蓮師院美術系副教授。著有《美學》、《未完成的象徵》、《花蓮美術發展史》等著作。

◎陳賡堯
1955年生，南投人。輔仁大學中文系畢業。
從事新聞工作十餘年，現任中國時報宜蘭縣特派員。著有《文化、宜蘭、游錫堃》一書。

◎許維民
1958年生，金門人。台灣大學地理環境資源研究所畢業。
曾從事金門人文地理田調研究工作、八十四年全國文藝季「水頭厝風情」活動主策劃，現任金門縣立金城國中教師。撰有《金門之旅》、《金門風獅爺筆記書》、《後浦歷史之旅》、《走訪金門古厝》、《風獅爺千秋》、《金門傳統美食》等著作。

◎林錦鴻
1970年生，馬祖南竿人。國立台灣師範大學美術系畢業。
曾擔任台閩地區戶外立體藝術收整工作人員、連江縣古蹟田野調查小組成員，現任馬祖藝文協會美術組召集人。撰有《連江縣立國民中學鄉土藝術活動教材》、《教師手冊》等著作。

本書圖片來源感謝下列提供者（按姓名筆劃由少至多）

三角湧文化協進會
中華民俗藝術基金會
王秀杞
王婉婷
王錫坤
王灝
王文良
元成繡莊
左羊藝術工作坊
台中縣立文化中心
合興糊紙店
朱銘美術館
朱邦雄
朱盛文物紀念館
李三祈
李登勝
李奕興
李漢卿
吳隆彬
吳清休
呂勝南
呂漢章
林明德
林健兒
林玉珠
林保堯
林再興
林洸沂
林烈旗
林烱任
林錦鴻
宜蘭縣政府文化局
南投縣政府文化局
美濃愛鄉協進會
琉璃工房
琉園水晶博物館
高雄縣政府文化局
徐韶仁
許元國
許功明
許維民
陳金泉
陳薏平

陳板
陳益源
陳贊堯
陳成塾
陳進傳
粘碧華
張益銘
張家農
葉佳雄
國立傳統藝術中心
傅柏村
華陶窯
新竹市政府文化局
新竹縣文物協會
詹文魁
廖德良
廖俊龍
劉佳玲
劉文三
蔡英傑
潘小雪
歐鴻鳴
澎湖國家風景區管理處
錦龍繡壯
戴麗芬
謝東哲
蕭武龍
顏三泰
蘇明娟
鶯歌陶瓷博物館
龔一舫

（民間工藝是產業文化的一環，本書的
出版希望能對台灣產業有所助益，特別
感謝以上資料圖片提供者）

國家圖書館出版品預行編目資料

.臺灣工藝地圖／林明德主編.－－初版.－－臺
中市：晨星，2002〔民91〕
面； 公分.－－（臺灣地圖；19）
含參考書目
ISBN 957-455-317-5（平裝）

1.美術工藝－臺灣 2.民俗藝術－臺灣

673.24 91018761

台灣地圖 19

臺灣工藝地圖

總策畫	林明德
顧問	財團法人中華民俗藝術基金會
主編	林明德
編輯	洪淑珍、蘇明娟、蕭嘉玲、陳文馨
美術設計	林淑靜

發行人	陳銘民
發行所	晨星出版有限公司
	台中市工業區30路1號
	TEL:(04)23595820　FAX:(04)23595493
	E-mail:service@morning-star.com.tw
	http://www.morning-star.com.tw
	郵政劃撥：22326758
	行政院新聞局局版台業字第2500號
法律顧問	甘龍強 律師
印刷	宏國印刷股份有限公司
製作	知文企業（股）公司　TEL:(04)23595819-120
初版	西元2002年12月30日

總經銷	知己實業股份有限公司
	〈台北公司〉台北市羅斯福路二段79號4F之9
	TEL:(02)23672044　FAX:(02)23635741
	〈台中公司〉台中市工業區30路1號
	TEL:(04)23595819　FAX:(04)23595493

定價 590 元
（缺頁或破損的書，請寄回更換）

ISBN 957-455-317-5

Published by Morning Star Publishing Inc.
Printed in Taiwan

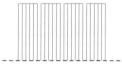
更方便的購書方式：

(1) **信用卡訂購**　填妥「信用卡訂購單」，傳真或郵寄至本公司。

(2) **郵 政 劃 撥**　帳戶：晨星出版有限公司　　帳號：22326758
　　　　　　　　　在通信欄中填明叢書編號、書名及數量即可。

(3) **通 信 訂 購**　填妥訂購人姓名、地址及購買明細資料，連同支
　　　　　　　　　票或匯票寄至本社。

◉購買1本以上9折，5本以上85折，10本以上8折優待。

◉訂購3本以下如需掛號請另付掛號費30元。

◉服務專線：(04)23595819-231　　FAX：(04)23597123

◉網　　　址：http://www.morning-star.com.tw

◉E-mail:itmt@ms55.hinet.net

◆讀者回函卡◆

讀者資料：

姓名：_____   性別：□ 男　□ 女

生日：　　／　　／　　 身分證字號：_____

地址：□□□_____

聯絡電話：　　　　（公司）　　　　　　　　（家中）

E-mail _____

職業：□ 學生　　　□ 教師　　　□ 內勤職員　□ 家庭主婦
　　　□ SOHO族　□ 企業主管　□ 服務業　　□ 製造業
　　　□ 醫藥護理　□ 軍警　　　□ 資訊業　　□ 銷售業務
　　　□ 其他_____

購買書名： 台灣工藝地圖_____

您從哪裡得知本書： □ 書店　　□ 報紙廣告　　□ 雜誌廣告　　□ 親友介紹

□ 海報　　□ 廣播　　□ 其他：_____

您對本書評價：（請填代號 1. 非常滿意　2. 滿意　3. 尚可　4. 再改進）

封面設計_____版面編排_____內容_____文／譯筆_____

您的閱讀嗜好：

□ 哲學　　　□ 心理學　　□ 宗教　　□ 自然生態　□ 流行趨勢　□ 醫療保健
□ 財經企管　□ 史地　　　□ 傳記　　□ 文學　　　□ 散文　　　□ 原住民
□ 小說　　　□ 親子叢書　□ 休閒旅遊　□ 其他_____

信用卡訂購單（要購書的讀者請填以下資料）

書　　名	數　量	金　額	書　　名	數　量	金　額

□VISA　　□JCB　　□萬事達卡　　□運通卡　　□聯合信用卡

●卡號：_____　●信用卡有效期限：_____年_____月

●訂購總金額：_____元　●身分證字號：_____

●持卡人簽名：_____（與信用卡簽名同）

●訂購日期：_____年_____月_____日

填妥本單請直接郵寄回本社或傳眞 (04) 23597123